VOCABULARY for the High School Student

Vocabulary
22000

3rd Edition

발행인	허문호
펴낸곳	YBM

저자	Harold Levine, Norman Levine, Robert T. Levine
편집	정윤영
마케팅	정연철, 박천산, 고영노, 김동진, 박찬경, 김윤하
디자인	닷츠

개정3판초판 발행　2020년 11월 10일
개정3판4쇄 발행　2024년 11월 5일

서울시 종로구 종로 104
Tel (02) 2000-0515 [구입문의] / (02) 2000-0463 [내용문의]
Fax (02) 2285-1523
신고일자 1964년 3월 28일
신고번호 제1964-000003호
Copyright © 2020 YBM
ISBN 978-89-17-23687-3

www.ybmbooks.com
YBM의 허락없이 이 책의 일부 또는 전부를 무단 복제, 전재, 발췌하는 것을 금합니다.
파본은 교환해 드립니다.

3rd Edition

Vocabulary
22000

Harold Levine   Norman Levine   Robert T. Levine

YBM

preface

서문

The principal aim of this edition is to help high school students build a superior vocabulary and learn the skills of critical thinking and close reading.

Like its predecessors, this edition involves students in a variety of vocabulary-enriching activities in chapter after chapter.

Learning New Words From the Context

Chapter 1 presents one hundred fifty-one shorts passages in which unfamiliar words can be defined with the help of clues in the context. By teaching students how to interpret such clues, this chapter provides them with an indispensable tool for vocabulary growth and, at the same time, makes them better readers.

Enlarging Vocabulary Through Central Ideas

Chapter 2 teaches twenty groups of related words. In the EATING group, students learn *condiment*, *glutton*, *palatable*, *succulent*, *voracious*, and other eating words. Each word studied in such a group helps students learn other words in the group.

Enlarging Vocabulary Through Anglo-Saxon Prefixes

Chapter 3 teaches words beginning with eight Anglo-Saxon prefixes, like FORE-, meaning "before," "beforehand," or "front." Knowing FORE-, students can more readily understand *forearm*, *forebear*, *foreboding*, *foreshadow*, *foreword*, etc.

Enlarging Vocabulary Through Latin Prefixes

Chapter 4 does the same with twenty-four Latin prefixes. It is easier for students to understand *discontent*, *discredit*, *disintegrate*, *dispassionate*, and *disrepair* when they know that the prefix DIS- means "opposite of."

Enlarging Vocabulary Through Latin Roots

Chapter 5 teaches words derived from twenty Latin roots. If students, for example, know that the root HERE- means "stick," they can better understand *adhere* ("stick to"), *cohere* ("stick together"), *incoherent* ("not sticking together"; "disconnected"), etc.

Enlarging Vocabulary Through Greek Word Elements

Chapter 6 teaches derivatives from twenty Greek elements, like AUTO-, meaning "self." Among the ten AUTO-words taught in this chapter are *autocrat* (ruler exercising self-derived power), *automation* (technique for making a process self-operating), and *autonomy* (self-government).

Expanding Vocabulary Through Derivatives

Chapter 7 teaches students how to convert one newly learned word into several—for example, *literate* into *illiterate*, *semiliterate*, *literacy*, *illiteracy*, etc. The chapter also provides an incidental review of some basic spelling rules.

Whenever something is learned, it is likely soon to be forgotten unless it is used. Therefore, students must be encouraged to use—in their writing and class discussions—the words and skills they are learning in this book. If a wordy paragraph can be made more concise or if undesirable repetition can be avoided by use of a synonym—they should be expected to do so because they have been using these very same skills in the exercises of this book. When a strange word can be understood from a knowledge of its root or prefix—or from clues in the context—they should be challenged to define it and to verify their definition in the dictionary.

Above all, they should be encouraged to own a good dictionary and to develop the dictionary habit.

The Authors

features · 이 책의 특징

어휘 분야의 스테디 셀러인 <Vocabulary 22000>이 원서를 바탕으로 풍부한 단어와 예문, 그리고 체계적인 연습문제를 통해 한층 체계화된 어휘 학습비법을 공개합니다.

1

미국의 전문가들이 만든 신뢰 가는 어휘 학습서
미국의 대학교와 고등학교 교사 등, 어휘 전문가들이 선별한 단어를 문맥과 어원을 통한 체계적인 어휘 학습법을 통해 공부할 수 있습니다.

2

상세한 기출 시험 표시
TOEFL, TEPS, SAT, GRE, GMAT, TOEIC, 편입, 공무원 등을 준비하는 학생들에게 도움이 되도록 단어별로 기출 시험을 상세히 표기했습니다.

3

부록 단어장
각종 시험에 자주 나오는 빈출 어휘와 숙어 1800개를 추가로 정리했습니다. 단어장을 들고 다니며 틈틈이 공부할 수 있습니다.

4

깜빡이 암기 동영상으로 훈련
본 책과 부록 단어장의 모든 단어가 깜빡이 동영상으로 제작되었습니다. 영단어와 발음, 한글 뜻을 확인할 수 있습니다. 반복적으로 학습한다면 많은 수의 어휘를 효과적으로 암기할 수 있을 것입니다.

application · 이 책의 활용

Pretest: 문맥 파악 연습

학습 전 자신의 어휘실력을 가볍게 테스트해 볼 수 있는 문제를 통해 예습 효과까지 얻을 수 있습니다.

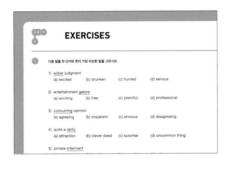

본격적인 어휘 학습

이 책의 핵심 부분으로 필수 어휘를 유의어와 한글 뜻, 예문을 통해 효과적으로 학습할 수 있습니다. 또한, 단어와 예문은 ybmbooks.com 에서 무료로 제공되는 MP3 파일을 통해 들을 수 있습니다. 이 사이트의 MP3 파일에는 영국 발음도 포함되어 있어 영미 발음 모두 학습할 수 있습니다.

연습문제를 통한 어휘 활용 연습

학습한 어휘를 사용하는 과정으로 단계적으로 짜인 문제들을 풀어보면서 단어 복습과 응용 연습의 효과를 동시에 얻을 수 있습니다.

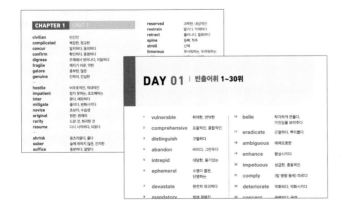

부록: 어휘 리스트 & 미니 단어장

교재 맨 앞의 한 장 분량의 어휘 리스트를 통해 본 책에 수록된 모든 어휘를 총정리 할 수 있습니다.

미니 단어장을 들고 다니며 수시로 암기한다면 어떠한 시험도 대비할 수 있을 것입니다.

contents · 목차

CHAPTER 6

ENLARGING VOCABULARY THROUGH GREEK WORD ELEMENTS

그리스어 단어 요소를 통한 어휘 확장

부록
단어장

각종 시험 빈출 어휘 1800 추가
깜빡이 암기 훈련 영상 제공

1

VOCABULARY

2 2 0 0 0

LEARNING NEW WORDS

문맥을 통한 새 어휘 학습

FROM THE CONTEXT

LEARNING NEW WORDS FROM THE CONTEXT

문맥을 통한 새 어휘 학습

What is the context?
문맥이란 무엇인가?

The context is the part of a passage in which a particular word is used and which helps to explain that word. Suppose you were asked for the meaning of bear. Could you give a definite answer? Obviously not, for bear, as presented to you, has no context.

But if you were asked to define bear in the phrase "polar bear," you would immediately know it refers to an animal. Or, if someone were to say, "Please stop that whistling — I can't bear it," you would know that in this context bear means "endure" or "stand."

문맥이란 구절에서 사용된 단어를 설명하는 데에 도움이 되는 절의 일부를 의미합니다. 만약 bear의 뜻을 묻는 질문을 받았을 때를 가정해 보세요. 명확한 답을 할 수 있나요? bear란 말이 문맥상으로 제시되지 않았기 때문에 아마도 답하기 어려울 것입니다.

그러나 polar bear라는 문구에서 bear의 의미를 묻는 질문을 받았다면, bear는 동물을 의미한다는 것을 바로 알 것입니다. 한편, 누군가가 "Please stop that whistling — I can't bear it."이라고 말하면, 이 문맥 속에서 bear는 '참다' 또는 '견디다'를 의미한다는 것을 알 것입니다.

Why is the context important?

왜 문맥이 중요한가?

An important point for those of us who want to enlarge our vocabularies is this: the context can give us the meaning not only of familiar words like bear, but also of unfamiliar words. Suppose, for example, you were asked for the meaning of valiant. You might not know it, unless, of course, you already had a fine vocabulary. But if you were to meet valiant in the following context, you would have a very good chance of discovering its meaning:

"Cowards die many times before their deaths;
The valiant never taste of death but once."
— William Shakespeare

From the above context, you can tell that the author is contrasting two ideas — "cowards" and "the valiant." Therefore, "the valiant" means the opposite of "cowards," namely "brave people." Valiant means "brave."

어휘력을 늘리고자 하는 사람들에게 중요한 점은, 문맥이 bear와 같은 친숙한 단어뿐만 아니라 낯선 단어의 의미도 알려줄 수 있다는 것입니다.
예를 들어 valiant의 뜻이 무엇이냐는 질문을 받았다고 가정해 봅시다. 뛰어난 어휘력을 갖고 있지 않다면 그 뜻을 모를 것입니다. 그러나 다음과 같은 문맥 속에서 valiant를 보면 그 뜻을 알아낼 가능성이 매우 높습니다.

"Cowards die many times before their deaths;
The valiant never taste of death but once."
("비겁한 사람들은 죽기 전에 여러 번 죽는다.
용감한 사람들은 단 한번 죽음을 맛본다.")
- 윌리엄 셰익스피어

위의 문맥에서 저자는 cowards와 the valiant의 두 개념을 대조시키고 있음을 알 수 있습니다.
그러므로 the valiant는 cowards의 반대말, 즉 brave people이라는 뜻이며, valiant는 brave를 뜻합니다.

In what ways will this chapter benefit you?

이 단원은 어떻게 당신에게 도움이 될까?

This chapter will show you how to get the meaning of unfamiliar words from the context. Once you learn this skill, it will serve you for the rest of your life in two important ways: (1) it will keep enlarging your vocabulary, and (2) it will keep making you a better and better reader.

이 단원은 문맥으로 낯선 단어의 뜻을 파악하는 방법을 알려줄 것입니다. 일단 이 기술을 배우면 첫째, 어휘력이 향상될 것이고, 둘째, 독해력이 점점 좋아질 것입니다.

대비되는 단어가 들어 있는 문맥

Contexts With Contrasting Words

꼭* 짚고 넘어가는 문맥 파악 연습 1

다음 각 예문에는 표시된 단어의 의미를 유추할 수 있는 단서로 표시된 단어와 상반된 의미를 지닌 단어가 있습니다. 아래와 같이 그 단어를 찾아 써 봅시다.

It is the responsibility of every driver to be entirely **sober** at all times. Drunk drivers pose a danger to themselves, to their passengers, and to everyone else on the road.

언제나 또렷하게 맨정신을 유지하는 것은 모든 운전자의 의무다. 음주 운전자는 스스로에게, 승객들에게, 그리고 도로 위에 있는 모든 사람에게 위험을 초래한다.

CLUE: *Drunk*

1   One sandwich for lunch usually **suffices** for you, but for me it is not enough.

넌 보통 점심으로 샌드위치 하나면 충분하지만, 난 그걸로 충분하지 않아.

CLUE: _____

2   Plastic dishes last a long time because they are unbreakable. Ordinary china is very **fragile**.

플라스틱 접시는 깨지지 않기 때문에 오래 간다. 일반 도자기는 아주 쉽게 깨진다.

CLUE: _____

3   Our tennis coach will neither **confirm** nor deny the rumor that she is going to be the basketball coach next year.

우리 테니스 코치는 내년에 농구 코치가 될 거라는 소문을 확인도 부정도 하지 않으려 한다.

CLUE: _____

4   Don't **digress**. Stick to the topic.

주제를 벗어나지 마라. 주제에 충실하라.

CLUE: _____

5 Your account of the fight **concurs** with Joanne's but differs from the accounts given by the other witnesses.

싸움에 대한 당신의 설명은 조앤의 진술과 일치하지만 다른 목격자들이 진술한 내용과는 다르다.

CLUE: _____

6 "I greatly fear your presence would rather increase than **mitigate** his unhappy fortunes." — James Fenimore Cooper

"당신이 참석하면 그 사람의 불행을 덜기는커녕 오히려 더 얹을까 몹시 두렵군요." —제임스 페니모어 쿠퍼

CLUE: _____

7 Roses in bloom are a common sight in summer, but a **rarity** in late November.

여름이면 활짝 핀 장미를 흔히 볼 수 있지만 11월 하순에는 드물다.

CLUE: _____

8 The tables in the restaurant were all occupied, and we waited more than ten minutes for one to become **vacant**.

식당 테이블이 모두 만석이어서 우리는 빈자리가 날 때까지 10분 넘게 기다렸다.

CLUE: _____

9 There are few theaters here, but on Broadway there are theaters **galore**.

여기는 극장이 별로 없지만 브로드웨이에는 극장이 많다.

CLUE: _____

정답 | 1. is not enough 2. unbreakable 3. deny 4. Stick to the topic 5. differs 6. increase 7. common 8. occupied 9. few

10　"I do not **shrink** from this responsibility; I welcome it." — John Fitzgerald Kennedy

"저는 이 책임을 피하지 않겠습니다. 오히려 책임을 기꺼이 받아들입니다." — 존 피츠제럴드 케네디

CLUE: _____

11　Ruth is an experienced driver, but Harry is a **novice**; he began taking lessons just last month.

루스는 운전에 능숙하지만 해리는 초보다. 그는 겨우 지난 달부터 교습을 받기 시작했다.

CLUE: _____

12　A bank teller can usually tell the difference between **genuine** $100 bills and counterfeit ones.

은행 창구직원은 대개 진짜 100달러 지폐와 위조지폐를 식별할 수 있다.

CLUE: _____

13　When I ask Theresa to help me with a **complicated** assignment, she makes it seem so easy.

내가 테레사에게 어려운 과제를 도와달라고 요청하면, 그녀는 과제가 아주 쉬워 보이도록 설명해준다.

CLUE: _____

14　On the wall of my room I have a copy of Rembrandt's "The Night Watch"; the **original** is in the Rijks Museum in Amsterdam.

내 방 벽에는 렘브란트의 그림 <야경꾼> 복사본이 있다. 원본은 암스테르담의 라이크스 박물관에 있다.

CLUE: _____

15　"Friends, Romans, countrymen, lend me your ears; / I come to bury Caesar, not to praise him. / The evil that men do lives after them; / The good is oft **interred** with their bones; / So let it be with Caesar." — William Shakespeare

"친구들이여, 로마인들이여, 동포들이여, 귀를 기울여 주시오. / 나는 카이사르를 묻으러 왔지, 칭송하러 온 것이 아니오. / 사람이 저지른 악행은 그 사람이 죽은 뒤에도 사라지지 않지만 / 선행은 흔히 뼈와 함께 묻혀 버리는 법. / 그러니 시저도 마찬가지요." — 윌리엄 셰익스피어

CLUE: _____

16

In some offices, work comes to a halt at noon and does not **resume** until 1 P.M.

일부 사무실에서는 정오에 업무를 중단하고 오후 1시가 돼야 업무를 재개한다.

CLUE: _____

17

When we got to the beach, my sister and I were **impatient** to get into the water, but Dad was not in a hurry.

해변에 도착하자 언니와 나는 얼른 물속으로 들어가고 싶어 안달했지만 아버지는 서두르지 않으셨다.

CLUE: _____

18

Off duty, a police officer may wear the same clothes as a **civilian**.

경찰관은 비번 시 민간인과 같은 옷을 입을 수 있다.

CLUE: _____

19

The candidate spoke for less than 20 minutes. At first, the audience appeared friendly and supportive, nodding and occasionally applauding. Before long, however, listeners turned **hostile**, voicing their disapproval with shouts and boos.

후보자는 20분도 연설하지 못했다. 처음에는 청중이 우호적이고 후보자를 응원하며 고개를 끄덕이고 가끔 박수도 쳤다. 그러나 얼마 지나지 않아 청중들은 적대적으로 변하더니 고함과 야유로 반감을 드러냈다.

CLUE: _____

정답 | 10. welcome 11. experienced driver 12. counterfeit 13. easy 14. copy 15. lives after 16. comes to a halt
17. not in a hurry 18. police officer 19. friendly

대비되는 단어가 들어 있는 문맥 1

01 civilian
수능 | 편입

n. **민간인**

Eight of the passengers were soldiers and one was a marine; the rest were civilians.

02 complicated
공무원

adj. **complex; hard to understand; elaborate; intricate**
복잡한, 이해하기 어려운, 정교한

If some of the requirements for graduation seem complicated, ask your guidance counselor to explain them to you.

03 concur
토익 | 텝스

v. **agree; coincide 일치하다, 동의하다**

The rules of the game require you to accept the umpire's decision, even if you do not concur with it.

04 confirm
텝스 | 수능

v. **verify; substantiate 확인하다, 증명하다**

My physician thought I had broken my wrist, and an X-ray later confirmed his opinion.

n. confirmation 증거, 증명

05 digress
SAT | GRE

v. **turn aside; get off the main topic; deviate**
길을 잘못 들다, 주제에서 벗어나다, 이탈하다

At one point, the speaker digressed to tell of an incident in her childhood, but then she got right back to the topic.

---

01 승객 중 여덟 명은 육군이었고 한 명은 해병이었으며 나머지는 민간인이었다.
02 졸업에 필요한 요건 일부가 복잡해 보이면 지도교사에게 설명을 요청하세요.
03 경기 규칙상 여러분은 심판의 결정에 동의하지 않더라도 그것에 승복해야 한다.
04 주치의는 내 손목이 부러졌다고 생각했는데, 나중에 엑스레이가 그의 견해를 증명했다.
05 한때 강연자는 주제를 벗어나 자신의 어린 시절 일화에 대해 이야기했지만 곧바로 다시 주제로 돌아왔다.

06 fragile

토익 | 수능 | 편입 | 공무원

adj. **breakable; weak; frail 깨지기 쉬운, 약한, 무른**

The handle is fragile, it will easily break if you use too much pressure.

07 galore

GRE

adj. **aplenty; in abundance; plentiful; abundant 풍부한, 많은**
(※ galore는 수식하는 단어 뒤에 위치한다.)

There were no cabs on the side streets, but on the main street there were cabs galore.

08 genuine

토익 | 수능 | 편입

adj. **true; real; authentic 진짜의, 진실한, 실제의, 믿을 만한**

The oil painting looked genuine, but it proved to be a copy of the original.

09 hostile

수능

adj. **unfriendly; inimical 비우호적인, 적대적인**

In the heat of battle, allies are sometimes mistaken for hostile forces.

10 impatient

토익 | 수능 | 편입

adj. **not patient; fretful; anxious**
참지 못하는, 초조해하는, 열망하는

Five minutes can seem like five hours when you are impatient.

11 inter

토플 | SAT

v. **bury; entomb 묻다, 매장하다**

Many American heroes are interred in Arlington National Cemetery.

n. interment 매장

---

06 이 손잡이는 약해서 너무 세게 다루면 잘 부러질 것이다.
07 골목길에는 택시가 없었지만 큰 거리에는 택시가 많았다.
08 그 유화는 진품처럼 보였으나 원본의 복제품으로 드러났다.
09 전투가 한창일 때는 종종 동맹군을 적군으로 오인하기도 한다.
10 초조할 때면 5분이 5시간 같을 수도 있다.
11 수많은 미국 영웅들이 알링턴 국립묘지에 안장되어 있다.

12 mitigate

SAT | 토플

v. **lessen; alleviate; soften; relieve**
줄이다, 완화시키다, 누그러뜨리다, 경감시키다

With the help of novocaine, your dentist can greatly mitigate the pain of drilling.

---

13 novice

SAT | GRE | 편입

n. **beginner; apprentice; neophyte; tyro**
초보자, 수습생, 신참

There are two slopes: one for experienced skiers and one for novices.

---

14 original

토익 | 수능

n. **prototype; archetype 원본, 원형**

This is a copy of *Thanksgiving Turkey* by Grandma Moses. The original is in the Metropolitan Museum of Art.

adj. original 1. 원래의, 최초의 2. 창의력이 풍부한, 창조적인

n. originality 새로움, 신기함, 독창적임

---

15 rarity

수능

n. **드문 것, 희귀한 것**

Rain in the Sahara Desert is a rarity.

---

16 resume

수능 | 편입 | 공무원

v. **1. begin again 다시 시작하다**
2. retake; reoccupy 다시 잡다, 되찾다, 다시 차지하다

1. School closes for the Christmas recess on December 24 and resumes on January 3.
2. Please resume your seats.

---

12 치과용 국소마취제의 도움으로 치과 의사는 치아를 깎아낼 때 겪는 고통을 크게 완화할 수 있다.
13 두 가지 슬로프가 있는데 하나는 숙련된 스키어를 위한 슬로프이고 또 하나는 초보자를 위한 슬로프이다.
14 이것은 그랜마 모제스의 작품 <추수감사절 칠면조>의 복제품이다. 진품은 메트로폴리탄 미술관에 있다.
15 사하라 사막에는 비가 드물게 내린다.
16 ① 학교는 12월 24일 크리스마스 연휴에 휴교하고 1월 3일에 다시 문을 연다.
② 부디 자리에 다시 앉아주세요.

17	**shrink** 토익 | 수능 | 공무원	v.	**1. draw back; recoil; wince 물러서다, 움츠러들다, 겁내다** **2. contract 줄다, 수축하다** 1. Wendy shrank from the task of telling her parents about the car accident, but she finally got the courage and told them. 2. Some garments shrink in washing.

| 18 | **sober**
토플 \| 수능 \| 편입 | adj. | **1. not drunk; not intoxicated 술에 취하지 않은**
2. earnest; serious 진지한, 엄숙한

1. Someone who has been drinking should not drive, even if he or she feels sober.
2. When he learned of his failure, George thought of quitting school. But after sober consideration, he realized that would be unwise. |

| 19 | **suffice**
수능 | v. | **be adequate or sufficient; serve; do**
충분하다, 알맞다, 족하다

I had thought that $60 would suffice for my school supplies. As it turned out, it was not enough. |

| 20 | **vacant**
편입 \| GRE | adj. | **empty; unoccupied; tenantless; not being used**
빈, 공허한, 점유되지 않은, 거주자가 없는, 이용되지 않는

I had to stand for the first half of the performance because I could not find a vacant seat. |
| | | n. | vacancy 공석, 빈 방 |

---

17 ① 웬디는 부모님께 교통사고에 대해 말씀 드리는 것을 겁냈으나 결국 용기를 내 부모님께 말씀드렸다.
　　② 일부 의류는 세탁 시 줄어든다.
18 ① 술을 마신 사람은 설령 안 취한 듯해도 운전해서는 안 된다.
　　② 낙제한 것을 알고 조지는 학교를 그만둘까 생각했다. 그러나 진지한 고민 끝에 그는 그것이 현명하지 못하다는 것을 깨달았다.
19 나는 60달러면 내 학용품을 마련하기에 충분하다고 생각했다. 나중에 알고 보니 그것은 충분치 않았다.
20 나는 빈자리를 찾지 못해 공연 전반부 동안 서 있어야 했다.

EXERCISES

1 다음 밑줄 친 단어와 뜻이 가장 비슷한 말을 고르시오.

1) <u>sober</u> judgment

   (a) excited   (b) drunken   (c) hurried   (d) serious

2) entertainment <u>galore</u>

   (a) exciting   (b) free   (c) plentiful   (d) professional

3) <u>concurring</u> opinion

   (a) agreeing   (b) impatient   (c) anxious   (d) disagreeing

4) quite a <u>rarity</u>

   (a) attraction   (b) clever deed   (c) surprise   (d) uncommon thing

5) private <u>interment</u>

   (a) entrance   (b) burial   (c) reception   (d) exit

2 왼쪽 줄에 있는 각 단어나 표현의 반의어가 오른쪽 줄에 있다. 정확한 반대말의 기호를 빈칸에 써 넣으시오.

1) occupied   _____

2) scarce   _____

3) experienced person   _____

4) strong   _____

5) did not shrink   _____

6) simple   _____

7) deny   _____

(a) frail
(b) vacant
(c) novice
(d) abundant
(e) recoiled
(f) confirm
(g) complicated

3 다음 두 단어 중 문맥에 적합한 것을 고르시오.

1) In your opinion, is the report _____ or authentic?
   (a) genuine   (b) untrue

2) The fighting has _____, but it is expected to resume soon.
   (a) begun   (b) stopped

3) By his _____ to the officer who arrested him, the driver hoped to mitigate his offense.
   (a) explanation (b) resistance

4) Will these supplies suffice, or are they _____?
   (a) enough   (b) inadequate

4 빈칸에 가장 알맞은 단어를 아래 목록에서 골라 쓰시오.

digressed   complicated   hostile   adequate   civilian

1) I can't understand why Terry has become so _____ to me. We have always been friends.

2) You should have no trouble following these directions. They are not _____.

3) When someone asked Mr. Oliver how many times we should write each spelling word, she said five times would be _____.

4) Not a single _____ was appointed to the dictator's cabinet. All the posts were given to military officers.

5) Mrs. Spears stopped Vincent as soon as he _____ and suggested that he return to the main topic.

정답 | 1. 1) (d) 2) (c) 3) (a) 4) (d) 5) (b) 2. 1) (b) 2) (d) 3) (c) 4) (a) 5) (e) 6) (g) 7) (f) 3. 1) (b) 2) (b) 3) (a) 4) (b)
4. 1) hostile 2) complicated 3) adequate 4) civilian 5) digressed

꼭 짚고 넘어가는 문맥 파악 연습 2

다음 각 예문에는 표시된 단어의 의미를 유추할 수 있는 단서로 표시된 단어와 상반된 의미를 지닌 단어가 있습니다.
그 단어를 찾아 써 봅시다.

1   "Then such a scramble as there is to get aboard, and to get ashore, and to
take in freight and to **discharge** freight!" — Mark Twain
"그러면 서로 앞다투어 배에 오르고, 내리고 화물을 싣고 내리느라 난리가 나지!" — 마크 트웨인
CLUE: _____

2   The owner is selling his gas station because the profit is too small. He hopes
to go into a more **lucrative** business.
주인은 수익이 너무 적어서 주유소를 팔려고 한다. 그는 좀 더 돈벌이가 되는 사업에 뛰어들고 싶어한다.
CLUE: _____

3   I tried reading Lou's notes but I found them **illegible**. However, yours were
easy to read.
루의 메모를 읽어보려고 했지만 알아볼 수가 없었어요. 하지만 당신 메모는 읽기 쉬웠어요.
CLUE: _____

4   Debbie, who has come late to every meeting, surprised us today by being
punctual.
회의 때마다 늦던 데비가 오늘은 제시간에 와서 우리를 놀라게 했다.
CLUE: _____

5   As I hurried to the board, I **inadvertently** stepped on Alan's foot, but he
thinks I did it on purpose.
나는 서둘러 이사회로 가다가 무심코 앨런의 발을 밟았는데 앨런은 내가 일부러 그랬다고 생각한다.
CLUE: _____

6 / 7

"When I was a boy, there was but one **permanent** ambition among my comrades in our village on the west bank of the Mississippi River. That was, to be a steamboatman. We had **transient** ambitions of other sorts... When a circus came and went, it left us all burning tobecome clowns... Now and then we had a hope that, if we lived and were good, God would permit us to be pirates. These ambitions faded out, each in its turn; but the ambition to be a steamboatman always remained." — Mark Twain

"어린 시절, 미시시피 강 서쪽 둑에 있는 마을 친구들에게는 변치 않는 야망이 딱 하나 있었다. 그건 증기선 선원이 되는 것이었다. 우리에겐 잠깐 스쳐가는 다른 야망도 있었다… 서커스단이 왔다 가면 우린 모두 광대가 되고 싶은 욕망에 불탔다… 때때로 착하게 살면 하나님께서 해적이 되게 허락하시리라는 희망도 품었다. 이런 야망들은 차례 차례 서서히 사라져 갔다. 하지만 증기선 선원이 되고 싶다는 야망은 언제나 그대로였다." — 마크 트웨인

CLUE: _____

8

When you chair a discussion, it is unfair to call only on your friends. To be **equitable**, you should call on all who wish to speak, without favoritism.

토론을 주재할 때 친구들에게만 발언권을 주는 것은 불공평하다. 공평하게 하려면, 편애하지 않고 말하고 싶은 사람 모두에게 발언권을 줘야 한다.

CLUE: _____

9

The only **extemporaneous** talk was Jerry's; all the other candidates gave memorized speeches.

즉흥 연설은 제리가 유일했다. 다른 후보자들은 모두 외워서 연설했다.

CLUE: _____

10

"What's up" may be a suitable greeting for a friendly note, but it is completely **inappropriate** for a business letter.

"What's up"은 친구 사이에 주고 받는 편지에는 적당한 인사말일지 모르지만, 업무용 편지로는 아주 부적절하다.

CLUE: _____

정답 | 1. take in 2. the profit is too small 3. easy to read 4. come late 5. on purpose 6/7. transient, permanent 8. unfair 9. memorized 10. suitable

11 If you agree, write "yes"; if you **dissent**, write "no."

동의하면 "예", 반대하면 "아니오"라고 적으세요.

CLUE: _____

12 "Mr. Hurst looked at her [Miss Bennet] with astonishment.
'Do you prefer reading to cards?' said he; 'that is rather singular[strange].'
'Miss Eliza Bennet,' said Miss Bingley, 'despises cards. She is a great reader, and has no pleasure in anything else.'
'I deserve neither such praise nor such **censure**,' cried Elizabeth; 'I am not a great reader, and I have pleasure in many things.'" — Jane Austen

"허스트 씨는 놀라워하며 그녀[베넷 양]를 쳐다봤다.

'카드놀이보다 독서를 더 좋아하시나요? 좀 이상하군요.' 그가 말했다.

'엘리자 베넷 양은 카드놀이를 경멸해요. 대단한 독서광이어서 독서 외엔 어떤 것도 즐기지 않아요.' 빙글리 양이 말했다.

'그런 칭찬도, 비난도 마땅치 않아요. 전 대단한 독서광도 아니고 다양한 일을 즐기거든요.'라고 엘리자베스가

외쳤다." — 제인 오스틴

CLUE: _____

13 A child trying to squeeze through the iron fence became stuck between two bars, but luckily she was able to **extricate** herself.

아이는 철책 사이로 비집고 나가려다 두 창살 사이에 끼었지만 다행히 빠져나갈 수 있었다.

CLUE: _____

14 When you let me take your bishop, I thought it was unwise of you; later I saw you had made a very **astute** move.

당신이 비숍(체스 게임의 말)을 잡히도록 내주었을 땐 어리석다고 생각했어요. 나중에 보니 아주 빈틈없이 움직인 것이었죠.

CLUE: _____

15 At first I was blamed for damaging Dad's computer, but when my sister said she was responsible, I was **exonerated**.

처음에는 아버지 컴퓨터를 못쓰게 만들어서 꾸지람을 들었지만 누나가 자기 탓이라고 말하자 나는 누명을 벗었다.

CLUE: _____

16 "If you once **forfeit** the confidence of your fellow citizens, you can never regain their respect and esteem." — Abraham Lincoln

"한 번 시민들의 신뢰를 잃으면 결코 존경과 명성을 되찾을 수 없을 것이다." — 에이브러햄 링컨

CLUE: _____

17 Parking on our side of the street is **prohibited** on weekdays between 4 P.M. and 7 P.M. but permitted at all other times.

도로변 주차는 평일 오후 4시에서 7시 사이에 금지되지만 다른 시간에는 허용된다.

CLUE: _____

18 The caretaker expected to be praised for his efforts to put out the fire. Instead, he was **rebuked** for his delay in notifying the fire department.

경비원은 불을 끄려고 노력했으니 칭찬을 받으리라 기대했다. 하지만 오히려 소방서에 늦게 알렸다고 질책을 당했다.

CLUE: _____

19 If we can begin the meeting on time, we should be able to complete our business and **adjourn** by 4:30 P.M.

제시간에 회의를 시작할 수 있다면 오후 4시 30분까지 안건을 끝내고 휴회할 수 있을 것이다.

CLUE: _____

20 Before the new hotel can be constructed, the two old buildings now on the site will have to be **demolished**.

새 호텔을 짓기 전에 현재 그 자리에 있는 낡은 건물 두 동을 철거해야 할 것이다.

CLUE: _____

정답 | 11. agree 12. praise 13. stuck 14. unwise 15. blamed 16. regain 17. permitted 18. praised
19. begin the meeting 20. constructed

대비되는 단어가 들어 있는 문맥 2

01 adjourn
텝스 | 수능 | GRE

v. **suspend the business of a meeting; recess**
회의를 연기하다, 휴회하다

When we visited Washington, D.C., Congress was not in session; it had **adjourned** for the Thanksgiving weekend.

02 astute
토플 | 편입

adj. **1. shrewd; wise, perspicacious; sagacious**
빈틈없는, 현명한, 총명한, 통찰력이 있는, 기민한
2. crafty; cunning; sly; wily
교활한, 약삭빠른, 비열한, 계략을 쓰는

1. Marie was the only one to solve the riddle; she is a very **astute** thinker.
2. An **astute** Greek tricked the Trojans into opening the gates of Troy.

03 censure
SAT | 토익 | 수능 | 편입

n. **rebuke; reprimand** 비난, 질책

Ali was about to reach for a third slice of cake but was stopped by a look of **censure** in Mother's eyes.

04 demolish
토플 | GRE

v. **tear down; destroy; raze; smash; wreck**
허물다, 파괴하다, 무너뜨리다

It took several days for the wrecking crew to **demolish** the old building.

n. **demolition** 파괴, 분쇄

05 discharge
수능 | 공무원

v. **1. unload** 짐을 내리다
2. dismiss; fire 해고하다, 면직하다

1. After **discharging** its cargo, the ship will go into dry dock for repairs.
2. One employee was **discharged**.

---

01 우리가 워싱턴 D.C.를 방문했을 때는 의회가 열리지 않았다. 의회는 추수감사절 주말로 휴회 중이었다.
02 ① 마리는 수수께끼를 푼 유일한 사람이었다. 그녀는 아주 총명하다.
    ② 어느 교활한 그리스인이 트로이인들을 속여서 트로이의 성문을 열게 했다.
03 알리는 세 번째 케이크 조각을 향해 손을 뻗었지만 어머니의 눈에서 꾸짖는 눈빛을 보고 단념했다.
04 철거반이 그 낡은 건물을 허무는 데 며칠이 걸렸다.
05 ① 배는 화물을 내린 뒤 수리를 위해 선박수리소에 들어갈 것이다. ② 직원 한 사람이 해고되었다.

06 dissent

토플 | 편입

v. **disagree; object 의견이 다르다, 반대하다**

There was nearly complete agreement on Al's proposal.
Enid and Alice were the only ones who **dissented**.

n. dissension 불화, 불일치

---

07 equitable

수능

adj. **just; impartial; objective; unbiased
공정한, 공평한, 객관적인, 편견이 없는**

The only **equitable** way for the three to share the $600
profit is for each to receive $200.

adj. inequitable 공정치 못한, 부당한

---

08 exonerate

SAT | 토익 | 토플

v. **acquit; absolve 무죄로 하다, 면제하다**

The other driver **exonerated** Isabel of any responsibility
for the accident.

---

09 extemporaneous

토플 | GRE

adj. **offhand; impromptu; improvised 즉석의, 즉흥적인**

It was obvious that the speaker's talk was memorized,
though she tried to make it seem **extemporaneous**.

---

10 extricate

SAT | 토익 | GRE | 편입

v. **disentangle; disencumber; release
곤경에서 해방시키다, 풀어놓다**

If you let your assignments pile up, you may get into a
situation from which you will not be able to **extricate**
yourself.

---

06 앨의 제안에 거의 모두 동의했다. 반대한 사람은 에니드와 앨리스뿐이었다.
07 세 사람이 600달러의 이익을 공평하게 나누는 유일한 방법은 각자 200달러씩 받는 것이다.
08 상대방 운전자는 이사벨은 사고에 대해 어떤 책임도 없다고 밝혔다.
09 연사는 즉석에서 하는 강연처럼 보이도록 노력했지만 그녀의 강연은 외운 것이 분명했다.
10 과제가 쌓이도록 내버려 두면 해결할 수 없는 상황에 처할 수도 있다.

11	**forfeit**	v.	**neglect, or fault; sacrifice 몰수당하다, 단념하다, 포기하다**
	SAT | 토익 | 토플		One customer gave a $150 deposit on an order of slipcovers. When they were delivered, she decided she didn't want them. Of course, she forfeited her deposit.

12	**illegible**	adj.	**indecipherable 판독할 수 없는**
	수능 | 편입		It is fortunate that Miguel uses a computer to do his reports because his handwriting is illegible.
		adj.	legible 읽을 수 있는, 읽기 쉬운

13	**inadvertently**	adv.	**unintentionally; thoughtlessly; carelessly; accidentally 무심코, 부주의하게, 우연히**
	편입 | 공무원		I finally found my glasses on the windowsill. I must have left them there inadvertently.

14	**inappropriate**	adj.	**unsuitable; unbecoming; not appropriate; improper 어울리지 않는**
	텝스 | 수능 | 편입		Since I was the one who nominated Bruce, it would be inappropriate for me to vote for another candidate.
		adj.	appropriate 적당한, 어울리는, 타당한, 고유의

15	**lucrative**	adj.	**moneymaking; profitable; remunerative 돈벌이가 되는, 이익이 있는, 수지맞는**
	토플 | GRE		This year's school dance was not so lucrative; we made only $150 compared to $375 last year.

---

11 한 고객이 가구 덮개를 주문하면서 계약금 150달러를 지불했다. 가구 덮개들이 배달되자 그녀는 필요 없다고 판단했다. 물론 그녀는 계약금을 포기했다.

12 미구엘의 필체는 읽기 어렵기 때문에 미구엘이 컴퓨터를 이용해 보고서를 작성해서 다행이다.

13 나는 마침내 창턱에서 안경을 찾았다. 내가 무심코 안경을 거기에 둔 게 틀림없다.

14 브루스를 추천한 사람이 나였으므로 내가 다른 후보에게 투표한다면 부적절할 것이다.

15 올해 학교 댄스파티는 그다지 수익이 좋지 않았다. 지난해에는 375달러를 벌었는데 비해 150달러밖에 벌지 못했다.

16	**permanent**	adj.	**lasting; enduring; stable** 오래가는, 지속적인, 영속적인

SAT | 텝스 | 수능

Write to me at my temporary address, the Gateway Hotel. As soon as I find an apartment, I shall notify you of my **permanent** address.

17	**prohibit**	v.	**forbid; ban; enjoin; interdict** 금지하다, 막다

토플 | 텝스 | 수능

The library's regulations **prohibit** the borrowing of reference books.

n. prohibition 금지(령), 금기

18	**punctual**	adj.	**on time; prompt; timely** 시간을 지키는, 신속한, 적시의

토익 | 토플 | 수능 | 편입

Be **punctual**. If you are late, we shall have to depart without you.

n. punctuality 신속, 기민

19	**rebuke**	v.	**reprimand; reprove** 질책하다, 꾸짖다

토플 | GRE | 편입

Our coach **rebuked** the two players who were late for practice, but he praised the rest of the team for their punctuality.

20	**transient**	adj.	**short-lived; fleeting; momentary; ephemeral; transitory** 일시적인, 순간적인, 덧없는

토익 | GRE | 편입

It rained all day upstate, but down here we had only a **transient** shower; it was over in minutes.

n. transient 잠시 머무는 방문객

---

16 제 임시 주소인 게이트웨이 호텔로 편지를 쓰세요. 제가 아파트를 구하는 즉시 집 주소를 알려드릴게요.
17 도서관 규정으로 참고서 대출은 금지된다.
18 시간을 꼭 지키세요. 당신이 늦으면 우리는 당신을 두고 출발해야 합니다.
19 코치는 연습에 늦은 두 선수를 꾸짖었지만 팀의 나머지 선수들은 시간을 엄수했다며 칭찬했다.
20 주 북부에는 하루 종일 비가 내렸지만, 여기는 소나기만 잠깐 내리다가 몇 분 내에 그쳤다.

EXERCISES

다음 밑줄 친 단어와 뜻이 가장 비슷한 말을 고르시오.

1) cater to <u>transients</u>
   (a) civilians   (b) short-time visitors   (c) permanent guests   (d) novices

2) record of <u>punctuality</u>
   (a) promptness   (b) attendance   (c) achievement   (d) lateness

3) omitted <u>inadvertently</u>
   (a) temporarily   (b) on purpose   (c) accidentally   (d) permanently

4) <u>discharging</u> supplies
   (a) unloading   (b) destroying   (c) unsuitable   (d) fleeting

다음 네 개의 단어 중 의미상 나머지 셋과 관련이 <u>없는</u> 단어를 고르시오.

1) (a) object   (b) disagree   (c) demolish   (d) dissent

2) (a) ban   (b) exonerate   (c) prohibit   (d) forbid

3) (a) stable   (b) legible   (c) permanent   (d) lasting

4) (a) abundant   (b) plentiful   (c) lucrative   (d) galore

5) (a) shrewd   (b) extemporaneous   (c) offhand   (d) impromptu

6) (a) improvised   (b) softened   (c) mitigated   (d) lessened

7) (a) temporary   (b) momentary   (c) prompt   (d) short-lived

8) (a) reprimand   (b) forfeit   (c) censure   (d) reprove

3 다음 두 단어 중 문맥에 적합한 것을 고르시오.

1) The lettering on the old monument is almost _____.
   (a) legible   (b) illegible

2) If the jury's verdict is _____, the defendant will be exonerated.
   (a) guilty   (b) innocent

3) Eric has already had two turns at bat, while some of us haven't had even one.
   It isn't _____!
   (a) inequitable   (b) equitable

4) If you are impatient, you may fall into a trap from which it will be hard to
   _____ yourself.
   (a) extricate   (b) raze

4 빈칸에 가장 알맞은 단어를 아래 목록에서 골라 쓰시오.

rebuked   astute   forfeited   dissented   extemporaneously

1) Joan failed to appear for her scheduled ping-pong match. As a result,
   according to the tournament rules, she has _____ the game.

2) I will have to speak _____, inasmuch as I did not expect to be
   asked to give a talk.

3) Three of the club members who _____ have said they will quit.

4) You shouldn't expect a novice at chess to be as _____ as an
   experienced player.

5) The traffic policeman _____ the driver who had tried to make a
   prohibited turn.

정답 | 1. 1) (b) 2) (a) 3) (c) 4) (a) 2. 1) (c) 2) (b) 3) (b) 4) (c) 5) (a) 6) (a) 7) (c) 8) (b) 3. 1) (b) 2) (b) 3) (b)
4) (a) 4. 1) forfeited 2) extemporaneously 3) dissented 4) astute 5) rebuked

유사한 단어가 들어 있는 문맥

Contexts With Similar Words

이번 섹션에는 낯선 단어나 표현의 의미를 문맥 속의 유사한 단어나 표현을 통해 찾아내는 방법을 배워 봅시다.

① **remuneration은 무슨 뜻일까요? 다음 구절에서 알아봅시다.**

> All school officials receive a salary except the members of the Board of Education, who serve without remuneration.
>
> 보수를 받지 않고 일하는 교육위원회 위원을 제외하고 모든 교직원은 급여를 받는다.

여기서 remuneration은 문맥상 salary와 유사한 뜻임을 알 수 있습니다.

② **baker's dozen은 무슨 뜻일까요? 다음 구절에서 그 뜻을 찾아봅시다.**

> "Mrs. Joe has been out a dozen times, looking for you, Pip. And she's out now, making it a baker's dozen." — Charles Dickens
>
> "조 부인이 널 찾으러 열두 번이나 나가셨어, 핍. 그리고 지금 또 나가셨으니 열세 번째구나." — 찰스 디킨스

열둘에 하나를 더한 것이 baker's dozen입니다. 따라서 그 뜻은 열셋이 됩니다.

③ **마지막으로 다음 구절에서 comprehension의 뜻을 찾아봅시다.**

> I understand the first problem, but the second is beyond my comprehension.
>
> 나는 첫 번째 문제는 이해하지만 두 번째 문제는 이해할 수 없다.

여기서 실마리는 understand입니다. comprehension이 understanding이란 뜻임을 알 수 있습니다.

단어의 뜻을 파악하려면 때때로 응용이 필요하다는 점을 꼭 유의하세요. 예를 들어 마지막 구절에서는 실마리가 되는 단어 understand의 형태를 understanding으로 바꾸어야 한다든가 두 번째 구절에서는 열둘 더하기 하나가 baker's dozen이니 더하기를 해야 한다는 등 말이지요. 한편 첫 번째 구절에서처럼 실마리가 되는 단어 salary가 그대로 remuneration의 뜻이 되기도 한다는 것도 함께 알아두세요.

꼭 짚고 넘어가는 문맥 파악 연습 1

표시된 단어나 표현의 뜻을 문맥에서 찾아 빈칸에 써 봅시다. (문맥에 유사한 단어나 표현이 있음)

1
"In the marketplace of Goderville was a great crowd, a mingled **multitude** of men and beasts." — Guy de Maupassant

"고더빌 장터에는 수많은 사람과 짐승이 뒤섞인 엄청난 무리가 있었다." — 기 드 모파상

multitude means _____

2
When I invited you for a **stroll**, you said it was too hot to walk.

내가 산책 가자고 하자 당신은 걷기엔 너무 덥다고 말했죠.

stroll means _____

3
Jane's little brother has discovered the **cache** where she keeps her photographs. She'll have to find another hiding place.

제인의 남동생은 제인이 사진을 감춰 두는 비밀장소를 발견했다. 그녀는 숨길 곳을 또 찾아야 할 것이다.

cache means _____

4
The **spine**, or backbone, runs along the back of human beings.

척추, 즉 등뼈는 인간의 등을 따라 쭉 뻗어 있다.

spine means _____

5
"The king and his court were in their places, opposite the twin doors — those fateful **portals** so terrible in their similarity." — Frank R. Stockton

"왕과 신하들은 쌍둥이 문 맞은편, 제각기 위치에 있었다. 그 불길한 문들은 끔찍할 정도로 비슷했다." — 프랭크 R. 스톡튼

portals means _____

6
Ellen tried her best to hold back her tears, but she could not **restrain** them.

엘렌은 애써 눈물을 삼켰지만 억누를 수 없었다.

restrain means _____

7 | Why are you so **timorous**? I tell you there is nothing to be afraid of.

왜 그렇게 두려워해요? 정말이지 두려울 게 아무것도 없어요.

timorous means _____

8 | Our club's first president, who knew little about democratic procedures, ran the meetings in such a **despotic** way that we called him "the dictator."

민주적 절차에 대해 거의 알지 못했던 우리 클럽의 초대 회장은 회의를 너무 독단적인 방식으로 운영해서 우리는 그를 "독재자"라고 불렀다.

despotic means _____

9 | "The 'Hispaniola' still lay where she had anchored, but, sure enough, there was the **Jolly Roger** — the black flag of piracy — flying from her peak."
— Robert Louis Stevenson

"'히스파니올라' 호는 여전히 정박해둔 곳에 있었지만, 아니나 다를까 돛대 끝에는 해적의 검은 깃발이 나부끼고 있었다."
— 로버트 루이스 스티븐슨

Jolly Roger means _____

10 | The Empire State Building is a remarkable **edifice**; it has more than a hundred stories.

엠파이어 스테이트 빌딩은 놀라운 건축물로, 100층이 넘는다.

edifice means _____

11 | Some children who are **reserved** with strangers are not at all uncommunicative with friends.

낯선 사람과 말을 잘 섞지 않는 몇몇 아이들도 친구들과는 이야기를 잘 나눈다.

reserved means _____

12 | The problems of the period we are living through are different from those of any previous **era**.

우리가 살아가고 있는 시대의 문제점은 이전 어떤 시대의 문제와도 다르다.

era means _____

13

Why should I **retract** my statement? It is a perfectly true remark, and I see no reason to withdraw it.

내가 왜 진술을 철회해야 하죠? 정말 진실된 말이니 철회할 이유가 없다고 생각해요.

retract means _____

14

Jerry thought he saw a ship in the distance. I looked carefully but could **perceive** nothing.

제리는 멀리서 배를 본 듯했다. 나도 유심히 살폈지만 아무것도 보이지 않았다.

perceive means _____

15

Nina claims that I started the quarrel, but I have witnesses to prove that she **initiated** it.

니나는 내가 먼저 시비를 걸었다고 주장하지만, 그녀가 먼저 싸움을 시작했다는 것을 입증해줄 증인들이 있다.

initiated means _____

16

"He praised her taste, and she **commended** his understanding."
— Oliver Goldsmith

"그는 그녀의 취향을 높이 샀고, 그녀는 그의 분별력을 칭찬했다." — 올리버 골드스미스

commended means _____

17

Students attending private schools pay **tuition**. In the public schools, however, there is no charge for instruction.

사립학교에 다니는 학생들은 등록금을 낸다. 그러나 공립학교는 수업료가 없다.

tuition means _____

18

"His facts no one thought of **disputing**; and his opinions few of the sailors dared to oppose." — Richard Henry Dana

"아무도 그가 주장하는 사실들에 반박할 생각을 못했고, 그의 의견에 감히 반대하는 선원도 거의 없었다." — 리처드 헨리 데이너

disputing means _____

정답 | 1. great crowd 2. walk 3. hiding place 4. backbóne 5. doors 6. hold back 7. afraid 8. dictatorial
9. the black flag of piracy 10. building 11. uncommunicative 12. period 13. withdraw 14. see 15. started
16. praised 17. charge for instruction 18. opposing

유사한 단어가 들어 있는 문맥 1

---

01 **cache**
SAT

n. **은닉처**

After confessing, the robber led detectives to a cache of stolen gems in the basement.

---

02 **commend**
토익 | 토플

v. **praise; compliment 칭찬하다**

The volunteers were commended for their heroic efforts to save lives.

adj. commendable 칭찬할 만한, 기특한

---

03 **cur**

n. **쓸모 없는 개, 잡종개**

Lassie is a kind and intelligent animal. Please don't refer to her as a cur.

---

04 **despotic**
수능

adj. **domineering; dictatorial; tyrannical; autocratic**
권력을 휘두르는, 독재적인, 폭군의, 독재자의

The American colonists revolted against the despotic rule of George III.

n. despotism 폭정, 독재

---

05 **dispute**
텝스 | 편입

v. **argue about; debate; call into question; oppose; challenge**
논하다, 토론하다, 논쟁하다, 문제삼다, 반대하다, 의심하다

Charley disputed my solution until I showed him definite proof that I was right.

adj. disputatious 논쟁을 좋아하는

---

01 강도는 자백한 뒤 형사들을 이끌고 훔친 보석을 숨겨 둔 지하실로 데리고 갔다.
02 자원봉사자들은 생명을 구하려는 영웅적인 노력에 대해 칭찬 받았다.
03 래시는 온순하고 똑똑한 동물이에요. 제발 잡종개라고 부르지 마세요.
04 미국의 식민지 개척자들은 조지 3세의 폭정에 맞서 반란을 일으켰다.
05 찰리는 내가 옳다는 확실한 증거를 보여줄 때까지 내 해결책을 문제 삼았다.

06	**edifice** 토플	n.	**building, especially a large or impressive building** **특히 크거나 인상적인 건물**

The huge **edifice** under construction near the airport will be a hotel.

07	**era** 토익 | 수능	n.	**historical period; period of time; age; epoch** **역사상의 시대, 시기, 획기적인 시대**

The atomic **era** began with the dropping of the first atomic bomb in 1945.

08	**initiate** 토익 | 텝스 | 공무원	v.	**1. begin; introduce; originate; inaugurate** **시작하다, 소개하다, 창안하다** **2. admit; induct 입회시키다**

1. The Pilgrims **initiated** the custom of celebrating Thanksgiving Day.
2. Next Friday our club is going to **initiate** three new members.

n. initiation 가입, 입회, 임관, 취임

09	**Jolly Roger**	n.	**pirates' flag 해적의 깃발**

The **Jolly Roger** flying from the mast of the approaching ship indicated that it was a pirate ship.

10	**multitude** 편입 | 수능	n.	**crowd; throng; horde; swarm 군중, 무리, 떼**

There was such a **multitude** outside the store waiting for the sale to begin that we decided to return later.

adj. multitudinous 많은, 다수의

---

06   공항 근처에 공사 중인 거대한 건물은 호텔이 될 것이다.
07   원자 시대는 1945년 처음으로 원자폭탄이 투하되면서 시작되었다.
08   ① 필그림(미국으로 처음 이주한 청교도)들이 추수감사절을 기념하는 풍습을 시작했다.
     ② 다음 주 금요일에 우리 클럽에서 신입회원 세 명을 입회시킬 예정이다.
09   다가오는 배의 돛대에서 펄럭이는 해적 깃발로 보아 배가 해적선임을 알 수 있었다.
10   가게 밖에는 판매가 시작되기를 기다리는 사람이 너무 많아서 우리는 나중에 다시 오기로 했다.

11 perceive

토플 | 수능 | 공무원

v. see; note; observe; behold; understand
깨닫다, 알아차리다, 인지하다, 보다, 이해하다

When the lights went out, I couldn't see a thing, but gradually I was able to perceive the outlines of the larger pieces of furniture.

n. perception 인식, 이해, 개념, 파악

---

12 portal

토플

n. (usually plural) door; gate; entrance, especially, a grand or impressive one
(보통 복수형으로) 문 입구, 문, 특히 웅장하거나 인상적인 출입구

The original doors at the main entrance have been replaced by bronze portals.

---

13 reserved

SAT | 토익 | 수능

adj. 1. reticent; uncommunicative; tight-lipped; taciturn
과묵한, 말이 적은, 속을 터놓지 않는
2. unsociable; aloof; withdrawn
비사교적인, 내성적인, 냉담한, 무관심한

Mark was reserved at first but became much more communicative when he got to know us better.

---

14 restrain

토플 | 공무원

v. hold back; check; curb; repress; keep under control
말리다, 억제하다, 억누르다, 구속하다, 통제 하에 두다

Mildred could not restrain her impulse to open the package immediately, even though it read, "Do not open before Christmas!"

---

15 retract

토익 | 공무원

v. draw back; withdraw; take back; unsay
물러나다, 철회하다, 취소하다

You can depend on Frank. Once he has given his promise, he will not retract it.

---

11 불이 나가자 나는 아무것도 보이지 않았지만, 점차 큰 가구들의 윤곽을 감지할 수 있었다.
12 중앙 입구에 있던 원래 문들은 청동 문으로 교체되었다.
13 마크는 처음에는 말수가 적었지만 우리와 더 친해지면서 훨씬 말이 많아졌다.
14 포장된 꾸러미에는 "크리스마스 전에는 개봉 금지!"라고 적혀 있었지만 밀드레드는 당장 열어보고 싶은 충동을 억누를 수 없었다.
15 프랭크는 믿어도 돼요. 그가 일단 약속했다면 번복하지 않을 거예요.

16	**spine**	n.	**backbone 등뼈, 척추**
	GRE		The ribs are curved bones extending from the spine and enclosing the upper part of the body.
		adj.	spineless 등뼈가 없는, 우유부단한, 겁 많은, 소심한

| 17 | **stroll** | n. | **idle and leisurely walk; ramble 천천히 한가하게 걷기, 산책** |
| | 텝스 | | It was a warm spring afternoon, and many people were out for a stroll. |

| 18 | **timorous** | adj. | **full of fear; afraid; timid 무서워하는, 두려워하는, 겁 많은** |
| | 토플 \| GRE | | I admit I was timorous when I began my speech, but as I went along, I felt less and less afraid. |

| 19 | **tuition** | n. | **교육비, 수업료** |
| | 토익 \| 공무원 | | When I go to college, I will probably work each summer to help pay the tuition. |

20	**version**	n.	**1. 특정한 관점에서의 이야기 또는 설명, 해석**
	토플 | 텝스 | 편입		**2. translation 번역(서)**
			1. Now that we have Vera's description of the accident, let us listen to your version.
			2. *The Count of Monte Cristo* was written in French, but you can read it in the English version.

---

16 갈비뼈는 척추에서 뻗어 나와 상체를 감싸고 있는 구부러진 뼈들이다.
17 따뜻한 봄날 오후여서 많은 사람들이 산책하러 나왔다.
18 솔직히 연설을 시작할 때는 두려웠지만, 연설을 진행하면서 두려움이 차츰 사라졌다.
19 내가 대학에 가면, 등록금에 보태기 위해 아마 여름마다 일할 것이다.
20 ① 사고에 대해 베라의 설명을 들었으니, 이젠 당신 이야기를 들어보죠.
    ② <몬테크리스토 백작>은 프랑스어로 저술되었지만, 영문 번역서로도 읽을 수 있다.

EXERCISES

1 왼쪽 말과 뜻이 같은 단어를 오른쪽에서 골라 빈칸에 그 기호를 쓰시오.

1) historical period   _____

2) hiding place   _____

3) account from
   a particular viewpoint   _____

4) worthless dog   _____

5) black flag with
   white skull and crossbones   _____

6) without a backbone   _____

7) impressive building   _____

8) impressive door   _____

(a) cur
(b) cache
(c) Jolly Roger
(d) era
(e) edifice
(f) version
(g) spineless
(h) portal

2 왼쪽 줄에 있는 각 단어와 표현은 오른쪽 줄에 그 반의어가 있다. 정확한 반대말의 기호를 빈칸에 써 넣으시오.

1) ended   _____

2) not afraid   _____

3) reserved   _____

4) small group   _____

5) did not withdraw   _____

6) democratic   _____

7) not argued about   _____

8) failed to see   _____

(a) multitude
(b) initiated
(c) retracted
(d) timorous
(e) disputed
(f) communicative
(g) despotic
(h) perceived

3 다음 두 단어 중 문맥에 적합한 것을 고르시오.

1) Isn't it a pity that this beautiful edifice is going to be _____?
   (a) raised   (b) razed

2) Sandra should have been _____ for being punctual.
   (a) commended   (b) reprimanded

3) When it comes into power, a despotic government usually _____ freedom of speech and press.
   (a) bans   (b) permits

4) If all of us _____, there is nothing to dispute.
   (a) dissent   (b) concur

4 빈칸에 가장 알맞은 단어를 아래 목록에서 골라 쓰시오.

portal tuition stroll perceived restrained

1) The boys were going to trade blows, but I managed to hold one of them back and my friend _____ the other.

2) Many colleges are expanding to be able to serve the increasing numbers of high school graduates knocking at their _____s.

3) I started to do the wrong assignment, but luckily I _____ my mistake after a few minutes.

4) If you go to an out-of-town college, you will have expenses for room and board, as well as _____.

5) Because I got up late, I had to rush to school. There was no time for my usual _____.

정답 | 1. 1) (d) 2) (b) 3) (f) 4) (a) 5) (c) 6) (g) 7) (e) 8) (h) 2. 1) (b) 2) (d) 3) (f) 4) (a) 5) (c) 6) (g) 7) (e) 8) (h) 3. 1) (b) 2) (a) 3) (a) 4) (b) 4. 1) restrained 2) portal 3) perceived 4) tuition 5) stroll

꼭 짚고 넘어가는 문맥 파악 연습 2

표시된 단어나 표현의 뜻을 문맥에서 찾아 빈칸에 써 봅시다. (문맥에 유사한 단어나 표현이 있음)

1
"When all at once I saw a crowd, / A **host**, of golden daffodils." — William Wordsworth

"문득 나는 보았네 / 수많은 황금빛 수선화 무리를. " — 윌리엄 워즈워스

host means _____

2
Choosing a career is a matter that calls for **reflection**, but I haven't yet given it enough thought.

직업 선택은 심사숙고 해야 하는 문제지만, 나는 아직 충분히 생각해 보지 않았다.

reflection means _____

3
How can Alice **tolerate** your whistling while she is studying? I would never be able to bear it.

앨리스는 공부하는 동안 어떻게 네 휘파람 소리를 참을 수 있지? 나 같으면 절대 못 참을 거야.

tolerate means _____

4
We can't meet in the music room tomorrow because another group has reserved it. We shall have to **convene** somewhere else.

내일은 다른 그룹이 예약해서 음악실에서 만날 수 없어. 우리는 다른 곳에서 모여야 할 거야.

convene means _____

5
Some of the students who arrive early gather near the main entrance, even though they are not supposed to **congregate** there.

일찍 도착한 학생들 중 일부는 정문에 모이면 안 되는데도 정문 근처에 모인다.

congregate means _____

6
I can **dispense** with a midmorning snack, but I cannot do without lunch.

나는 아침나절 간식은 안 먹어도 되지만, 점심은 반드시 먹는다.

dispense with means _____

7

Up to now Diane has always started the disputes; this time Caroline is the **aggressor**.

지금까지는 언제나 다이앤이 싸움을 시작했지만 이번엔 캐롤라인이 먼저 싸움을 시작했다.

aggressor means _____

8

Some pitchers try to **intimidate** batters by throwing fastballs very close to them, but they can't frighten a hitter like Joe.

어떤 투수들은 속구를 타자에게 바짝 던져 위협하려 하지만 조 같은 타자를 겁먹게 할 수는 없다.

intimidate means _____

9

"Rip now resumed his old walks and habits. He soon found many of his former **cronies**, though all rather the worse for the wear and tear of time; so Rip preferred making friends among the younger generation, with whom he soon grew into great favor." — Washington Irving

"립은 이제 과거 행실과 버릇으로 되돌아갔다. 얼마 안 가 예전 벗들도 찾았는데, 많은 이들이 세월의 풍파로 더욱 볼품없는 몰골이 되어 있었다. 그래서 립은 젊은 세대들 사이에서 친구를 사귀려고 했고 곧 그들의 환심을 사게 됐다. — 워싱턴 어빙

cronies mean _____

10

The English Office is at one end of the hall, and the library entrance is at the other **extremity**.

영어과 사무실은 복도 한쪽 끝에 있고, 도서관 입구는 반대쪽 끝에 있다.

extremity means _____

11

'Slow, lad, slow,' he said. 'They might round upon us in a twinkle of an eye, if we was seen to hurry.' Very **deliberately**, then, did we advance across the sand..." — Robert Louis Stevenson

"'이봐 얘, 천천히, 천천히.' 그가 말했다. '우리가 서두르는 걸 본다면 녀석들이 눈 깜짝할 사이에 우리를 덮칠지도 몰라.' 그러고 나서 우리는 아주 천천히 모래를 가로질러 나아갔다…" — 로버트 루이스 스티븐슨

deliberately means _____

정답 | 1. crowd 2. thought 3. bear 4. meet 5. gather 6. do without 7. a person who starts a dispute 8. frighten
9. friends 10. end 11. slowly

12 Two hours ago the weather bureau predicted rain for tomorrow; now it is **forecasting** rain mixed with snow.

두 시간 전에 기상청은 내일 비가 온다고 예보했다. 그런데 지금은 진눈깨비를 예보하고 있다.

forecasting means _____

13 The old edition had a **preface**. The new one has no introduction at all.

구판에는 서문이 있었다. 신판에는 서문이 아예 없다.

preface means _____

14 Patricia's dog ran off with our ball and would not **relinquish** it until she made him give it up.

패트리샤의 개가 우리 공을 물고 도망갔는데 패트리샤가 공을 포기하게 만들자 그제야 개는 공을 놓았다.

relinquish means _____

15 By noon we had climbed to a height of more than 2000 feet. From that **altitude**, the housetops in the town below seemed tiny.

정오가 되자 우리는 2000피트가 넘는 높이까지 올라갔다. 그 고도에서 보면 아래 마을에 있는 지붕들이 아주 작게 보였다.

altitude means _____

16 "He bade me observe it, and I should always find, that the **calamities** of life were shared among the upper and lower part of mankind; but that the middle station had the fewest disasters."— Daniel Defoe

"그는 내게 잘 보라고 말했고 나는 언제나 깨닫게 됐다. 인생의 불행은 인류의 상류층과 하류층이 나누어 갖지만 중간층은 불행을 가장 적게 겪는다는 것을." — 다니엘 디포

calamities means _____

17 Yesterday it looked doubtful that I could finish my report on time. Today, however, it seems less **dubious**.

어제는 보고서를 제시간에 끝낼 수 있을지 가늠하기 어려웠다. 그런데 오늘 보니 덜 불확실한 것 같다.

dubious means _____

정답 | 12. predicting 13. introduction 14. give up 15. height 16. disasters 17. doubtful

유사한 단어가 들어 있는 문맥 2

01 aggressor
SAT | 토플 | GRE | 편입 | 공무원

n. **assailant; invader 침략자, 침입자**

In World War II, Japan was the aggressor; its surprise attack on Pearl Harbor started the conflict in the Pacific.

n. aggression 정당한 이유가 없는 공격, 습격, 침입

---

02 altitude
수능 | 편입 | 공무원

n. **height; elevation; high position; eminence 높이, 고도 높은 곳**

Mount Washington, which rises to an altitude of 6,288 feet, is the highest peak in the White Mountains.

---

03 calamity
텝스 | GRE | GMAT | 공무원

n. **great misfortune; catastrophe; disaster 큰 불행, 큰 재해, 천재, 참사**

The assassinations of John F. Kennedy and Martin Luther King, Jr. were national calamities.

adj. calamitous 비참한, 재난의

---

04 congregate
편입 | 공무원

v. **assemble; gather 집합하다, 모이다**

Some homeowners near the school do not like students to congregate on their property.

---

01 제2차 세계대전에서 일본은 침략국이었다. 일본이 진주만을 기습 공격하면서 태평양에서 전쟁이 시작되었다.

02 해발 6,288피트까지 치솟은 워싱턴 산은 화이트 산맥에서 가장 높은 봉우리다.

03 존 F. 케네디와 마틴 루터 킹 주니어가 암살 당한 일은 나라의 불행이었다.

04 학교 인근에 사는 일부 집주인들은 학생들이 그들의 소유지에 모이는 것을 좋아하지 않는다.

05	**convene**	v.	**모이다**

수능 | 공무원

The board of directors will **convene** next Tuesday to elect a new corporation president.

n. convention 조약, 협정, 협약, 계약

06	**cordiality**	n.	**friendliness; warmth of regard; amiability**

GRE

친절, 따뜻한 호의, 상냥함

Pam's parents greeted me with **cordiality** and made me feel like an old friend of the family.

adj. cordial 따뜻하고 친절한, 호의적인, 정중한, 마음으로부터의

07	**crony**	n.	**intimate friend; chum; associate 친한 친구, 짝, 동료**

텝스

Some students socialize only with their **cronies** and rarely try to make new friends.

08	**deliberately**	adv.	**1. in a carefully thought out manner; purposely; intentionally**

토익 | 수능

깊이 생각한 태도로, 계획적으로, 의도적으로

2. in an unhurried manner; slowly 서두르지 않고, 천천히

1. We **deliberately** kept Glenda off the planning committee because we didn't want her to know that the party was to be in her honor.

2. The chef measured out the ingredients **deliberately**, wanting the amounts to be precise.

09	**dispense**	v.	**1. deal out; distribute 나누어주다, 분배하다, 배급하다**

편입 | 공무원

2. (followed by the preposition *with*) do without; get along without; forgo
(전치사 with와 함께) ~없이 지내다, ~없이 때우다

1. Some charitable organizations **dispense** food to the needy.

2. When our club has a guest speaker, we **dispense** with the reading of the minutes to save time.

---

05 이사회는 다음 주 화요일에 모여 새 회장을 선출할 예정이다.

06 팸의 부모님은 나를 따뜻하게 맞아 주셨고, 내가 가족의 오랜 친구처럼 느끼도록 대해 주셨다.

07 어떤 학생들은 친한 친구들하고만 어울리고 새로운 친구를 좀체 사귀려고 하지 않는다.

08 ① 우리는 일부러 글렌다를 기획위원회에서 배제했다. 왜냐하면 그녀를 위한 파티라는 걸 그녀가 몰랐으면 했기 때문이다.

② 요리사는 양을 정확하게 하려고 천천히 재료를 계량했다.

09 ① 일부 자선단체는 형편이 어려운 사람들에게 음식을 나누어 준다.

② 우리 클럽에 초빙 연사가 있을 때는 시간을 절약하려고 회의록 낭독을 생략한다.

| 10 | **dubious** | adj. | **doubtful; uncertain; questionable**
의심스러운, 불확실한, 수상한 |
| | SAT \| 토플 \| GRE | | There is no doubt about my feeling better, but it is **dubious** that I can be back at school by tomorrow. |

| 11 | **extremity** | n. | **very end; utmost limit; border 맨 끝, 극단, 경계** |
| | 수능 | | Key West is at the southern **extremity** of Florida. |

| 12 | **forecast** | v. | **predict; foretell; prophesy; prognosticate**
예측하다, 예고하다, 예보하다 |
| | 토익 \| 수능 \| 공무원 | | The price of oranges has gone up again, as you **forecasted**. |

| 13 | **hibernate** | v. | **동면하다, (사람이) 추위를 피하다** |
| | 토플 \| 수능 \| 편입 | | When animals **hibernate**, their heart rate drops sharply and their body temperature decreases. |

14	**host**	n.	**1. large number; multitude; throng; crowd; flock** **다수, 군중, 무리, 떼** **2. 주인**
	텝스 | 수능		1. The merchant had expected a **host** of customers, but only a few appeared. 2. Dad treats his guests with the utmost cordiality; he is an excellent **host**.
		n.	hostess 여자주인, 안주인

| 15 | **intimidate** | v. | **frighten; cow; overawe; coerce**
위협하다, 겁을 주다, 강요하다 |
| | 토플 \| 편입 | | A few spectators were **intimidated** by the lion's roar, but most were not frightened. |

10　좀 나았다는 건 틀림없지만, 내일 학교에 다시 갈 수 있을지는 불확실하다.

11　키웨스트는 플로리다 남쪽 끝에 있다.

12　당신이 예측한 대로 오렌지 가격이 다시 올랐다.

13　동물들은 겨울잠을 자면 심박수가 급격히 떨어지고 체온이 낮아진다.

14　① 상인은 많은 손님을 기대했지만 몇 사람만 왔다.

　　② 아버지는 손님을 극진히 대접한다. 아버지는 아주 훌륭한 주인이다.

15　관객 몇 명은 사자의 포효에 겁먹었지만 대다수는 놀라지 않았다.

16 preface
수능 | 편입

n. **introduction (to a book or speech); foreword; prologue; preamble; exordium**
(책이나 연설문의) 서문, 머리말, 서곡, 전문, 서론

Begin by reading the preface; it will help you to get the most out of the rest of the book.

v. preface 머리말로 도입하거나 시작하다, 전제하다

---

17 recoil
SAT

v. **draw back because of fear or disgust; shrink; wince; flinch**
무섭거나 싫어서 움츠리다, 뒷걸음치다, 주춤하다, 꽁무니 빼다

Marie recoiled at the thought of singing in the amateur show, but she went through with it because she had promised to participate.

---

18 reflection
수능 | 공무원

n. **1. careful thought; cogitation; deliberation**
   주의 깊은 생각, 사고, 숙고
2. blame; discredit; aspersion; slur
   비난, 불신, 비방, 중상

1. When a question is complicated, don't give the first answer that comes to mind. Take time for reflection.
2. Yesterday's defeat was no reflection on our players; they did their very best.

---

19 relinquish
토플 | GRE | 편입

v. **give up; abandon; let go; release; surrender; cede**
포기하다, 버리다, 놓아 주다, 내주다

When an elderly man entered the crowded bus, one of the students relinquished her seat to him.

---

20 tolerate
토플 | 수능 | 편입

v. **endure; bear; put up with; accept; permit**
견디다, ~을 참다, 감수하다, 묵인하다

Very young children will cry when rebuked; they cannot tolerate criticism.

adj. tolerable 견딜 수 있는, 참을 수 있는

---

16   서문 읽기부터 시작하라. 그렇게 하는 것이 책의 나머지 부분을 최대한 활용하는 데 도움이 될 것이다.
17   마리는 아마추어 쇼에서 노래한다는 생각에 위축되었지만 참가하기로 약속했기 때문에 끝까지 해냈다.
18   ① 질문이 복잡할 때는 가장 먼저 떠오르는 대답을 하지 말라. 숙고할 시간을 가져라.
     ② 어제의 패배는 우리 선수들에게 수치가 아니었다. 그들은 최선을 다했다.
19   한 노인이 만원 버스에 오르자 학생들 중 한 명이 자신의 자리를 노인에게 내주었다.
20   아주 어린 아이들은 꾸지람을 들으면 운다. 그들은 비난을 견디지 못한다.

EXERCISES

1 왼쪽 말과 뜻이 같은 단어를 오른쪽에서 골라 빈칸에 그 기호를 쓰시오.

1) meet for a specific purpose _____

2) intimate friend _____

3) influence by fear _____

4) person who receives a guest _____

5) utmost limit _____

6) warmth of regard _____

7) spend the winter _____

8) nation that starts a quarrel _____

9) in an unhurried manner _____

10) great misfortune _____

(a) intimidate
(b) host
(c) cordiality
(d) extremity
(e) calamity
(f) deliberately
(g) convene
(h) hibernate
(i) crony
(j) aggressor

2 다음 네 개의 단어 중 의미상 나머지 셋과 관련이 <u>없는</u> 단어를 고르시오.

1) (a) arrive   (b) assemble   (c) congregate   (d) gather

2) (a) doubtful   (b) questionable   (c) certain   (d) dubious

3) (a) dissent   (b) blame   (c) discredit   (d) reflection

4) (a) permit   (b) endure   (c) bare   (d) tolerate

5) (a) shrink   (b) flinch   (c) recoil   (d) pinch

6) (a) host   (b) spectator   (c) multitude   (d) crowd

7) (a) prophesy   (b) foretell   (c) predict   (d) forego

8) (a) edifice   (b) elevation   (c) altitude   (d) eminence

9) (a) abandon   (b) surrender   (c) ban   (d) relinquish

10) (a) cow   (b) overawe   (c) frighten   (d) intimate

3 다음 단어와 비슷한 말이나 반대말을 고르시오.

1) inadvertently

(a) slowly   (b) seldom   (c) deliberately   (d) quickly

2) chum

(a) discharge   (b) object   (c) novice   (d) friend

3) forfeit

(a) relinquish   (b) forbid   (c) digress   (d) prohibit preface

4) preface

(a) repeat   (b) usher in   (c) stress   (d) practice

4 빈칸에 가장 알맞은 단어를 아래 목록에서 골라 쓰시오.

hibernated	intimidated	dispensed	tolerated
guest	prohibited	convened	relinquished
reflection	host	preface	prophesied

1) Was I surprised when the book I had left on the bus was returned to me! I assure you I had _____ all hope of getting it back.

2) If I leave some of my dinner, Mother takes it as a(an) _____ on her cooking.

3) The social committee _____ in room 219 after school to plan the Thanksgiving Dance.

4) You are a very poor fortune-teller. Whenever you have _____ we would win, we have lost.

5) Next week, all members of the study group are invited to my house. I shall be glad to be their _____.

6) Grandpa _____ with his early morning stroll today because it was too windy.

7) Most textbooks begin with a(an) _____ and end with an index.

8) Many a sea voyager in the olden times was _____ when he saw the Jolly Roger flying from the mast of a ship.

9) In late March, the patient returned from Florida where he had _____ since Christmas.

10) Mr. Black said that whispering during the assembly exercises is discourteous and will not be _____.

정답 | 1. 1) (g) 2) (i) 3) (a) 4) (b) 5) (d) 6) (c) 7) (h) 8) (j) 9) (f) 10) (e) 2. 1) (a) 2) (c) 3) (a) 4) (c) 5) (d) 6) (b) 7) (d) 8) (a) 9) (c)
10) (d) 3. 1) (c) 2) (d) 3) (a) 4) (b) 4. 1) relinquished 2) reflection 3) convened 4) prophesied 5) host
6) dispensed 7) preface 8) intimidated 9) hibernated 10) tolerated

상식으로 아는 문맥

Commonsense Contexts

모든 단어를 알기는 어려운 일입니다. 그러나 모르는 단어는 문맥을 통해 알아낼 수 있습니다. 예를 들어 **famished**의 뜻을 모른다면, 다음과 같이 문맥을 통해 알아 봅시다.

"The morning had passed away, and Rip felt famished for want of his breakfast."
— Washington Irving

아침나절은 이미 지났는데 립은 아침밥을 먹지 못해 몹시 배가 고팠다." — 워싱턴 어빙

아침이 다 가도록 밥을 못 먹으면 어떤 기분이 들까요? 당연히 배가 많이 고프겠지요. 따라서 위의 문맥에서 famished는 '배가 매우 고픈'이라는 뜻이 됩니다.

위의 문맥은 지금까지 배운 것과는 사뭇 다릅니다. famished의 뜻을 이해하는 데 도움이 되는 반의어나 유의어가 없기 때문이지요. 그러나 for want of his breakfast 즉, 아침을 못 먹었다는 내용이 실마리가 되어 상식으로 그 뜻을 알 수 있습니다.

상식적인 문맥을 하나 더 살펴보도록 합시다. 아래 문장에서 inundated의 뜻이 무엇인지 살펴봅시다.

As a result of a break in the water main, many cellars in the area were inundated.

급수본관이 터져서 그 지역에 있는 많은 지하실이 물에 잠겼다.

수도 본관이 터지면? 당연히 그 주변은 물에 잠기게 됩니다. 따라서 위의 문맥에서 inundated는 '침수된'의 뜻임을 알 수 있습니다.

꼭 짚고 넘어가는 **문맥 파악 연습 1**

다음은 몇 개의 상식적인 문맥을 예로 든 것입니다. 각 문맥에는 단어의 뜻에 대한 실마리가 들어 있습니다. 앞에서 들었던 예문과 같이 상식적인 문맥에서 다음 표시된 단어들의 의미를 한글로 빈칸에 써 봅시다.

1

"Mrs. Linton's funeral was appointed to take place on the Friday after her **decease**." — Emily Brontë

"린튼 부인이 사망한 후 장례식은 금요일에 치르기로 했다." — 에밀리 브론테

decease means _____

2

The race ended in a tie when Paul and Abe crossed the finish line **simultaneously**.

폴과 에이브가 동시에 결승선을 통과하면서 경기는 무승부로 끝났다.

simultaneously means _____

3

If you stand up in the boat, it may **capsize**, and we'll find ourselves in the water.

배 위에서 일어서면 배가 뒤집혀 우린 물속에 빠질 겁니다.

capsize means _____

4

I cannot tell you the secret unless you promise not to **divulge** it.

비밀을 누설하지 않겠다고 약속해야 얘기해 줄 수 있어요.

divulge means _____

5

"I now made one or two attempts to speak to my brother, but in some manner which I could not understand the **din** had so increased that I could not make him hear a single word, although I screamed at the top of my voice in his ear." — Edgar Allan Poe

"나는 이제 형에게 한두 번 말을 걸어보려고 했다. 하지만 어찌된 영문인지 소음이 너무 커져서 형 귀에다 대고 목청껏 소리를 질렀지만 형은 한 마디도 알아듣지 못했다." — 에드거 앨런 포

din means _____

6

We had no use for our flashlights; the moon **illuminated** our path very clearly.

우리는 손전등을 쓸 필요가 없었다. 달이 우리가 가는 길을 훤하게 비췄다.

illuminated means _____

7

Sandra became **incensed** when I refused to return her library books for her, and she has not spoken to me since then.

산드라는 대신 도서관 책을 반납해 달라는 부탁을 거절하자 몹시 화가 나 그 뒤론 내게 말도 걸지 않았다.

incensed means _____

8

The President heads our national government, the Governor our state government, and the Mayor our **municipal** government.

대통령은 중앙정부를 이끄는 수반이며, 주지사는 주정부, 시장은 시정을 이끄는 수반이다.

municipal means _____

9

On February 12, 1809, in a Kentucky log cabin, there was born a boy who **subsequently** became the sixteenth President of the United States.

1809년 2월 12일 켄터키의 통나무집에서 한 소년이 태어났는데 그 아이는 나중에 16대 미국 대통령이 되었다.

subsequently means _____

10

"All was dark within, so that I could **distinguish** nothing by the eye." — Robert Louis Stevenson

"내부는 온통 깜깜해서 눈으로는 아무것도 분별할 수 없었다." — 로버트 루이스 스티븐슨

distinguish means _____

11

There was a noise like the explosion of a firecracker when Karen **punctured** the balloon with a pin.

카렌이 풍선을 핀으로 찌르자 폭죽이 터지는 듯한 소리가 났다.

punctured means _____

12

President Franklin D. Roosevelt died in 1945, and his wife, Eleanor, in 1962; she **survived** him by seventeen years.

프랭클린 D. 루즈벨트 대통령은 1945년에, 그의 아내 엘리노는 1962년에 사망했다. 그녀는 루즈벨트보다 17년 더 오래 살았다.

survived means _____

13

Every time you cross a busy street against the light, you are putting your life in **jeopardy**.

신호등을 무시하고 번잡한 도로를 건널 때마다 자신의 목숨을 위태롭게 만들고 있다.

jeopardy means _____

14

By automobile, you can **traverse** the bridge in two minutes; on foot, it takes about half an hour.

자동차로 2분 안에 그 다리를 건널 수 있다. 걸어서는 30분 정도 걸린다.

traverse means _____

15

"I was witness to events of a less peaceful character. One day when I went out to my woodpile, or rather my pile of stumps, I observed two large ants, the one red, the other much larger, nearly half an inch long, and black, fiercely **contending** with one another." — Henry David Thoreau

"나는 썩 평화롭지 못한 사건들을 목격했다. 어느 날 장작더미, 아니 더 정확히 말하면 그루터기 더미가 있는 곳으로 나갔는데 커다란 개미 두 마리, 하나는 붉고 하나는 훨씬 커서 거의 0.5인치나 '되는 길이에 검었는데, 이 두 마리가 서로 맹렬하게 싸우는 모습을 보았다." — 헨리 데이비드 소로우

contending means _____

16

The microscope is of the utmost importance in the study of biology because it can **magnify** objects too small to be seen by the naked eye.

현미경은 육안으로 보기엔 너무 작은 물체를 확대할 수 있기 때문에 생물학 연구에서 더할 나위 없이 중요하다.

magnify means _____

17

At one point during the hurricane, the winds reached a **velocity** of 130 miles an hour.

허리케인이 휘몰아치는 동안 한때 바람이 시속 130마일에 이르렀다.

velocity means _____

18

Farmers will be in trouble unless the **drought** ends soon; it hasn't rained in six weeks.

가뭄이 곧 끝나지 않으면 농부들은 곤경에 처할 것이다. 6주 동안 비가 내리지 않는다.

drought means _____

정답 | 1. 사망 2. 동시에 3. 뒤집히다 4. 누설하다 5. 큰 소음 6. 비췄다 7. 몹시 화가 난 8. 시의 9. 나중에 10. 구별하다 11. 찔렸다 12. 보다 오래 살았다 13. 위험 14. 건너다 15. 싸우는 16. 확대하다 17. 속도 18. 가뭄

상식으로 아는 문맥 1

01 capsize
공무원

v. **overturn; upset 뒤집어엎다, 전복시키다, 뒤집히다**

When Sam's canoe capsized, I swam over to help him turn it right side up.

02 contend
편입 | 수능

v. **1. compete; vie; take part in a contest; fight; struggle
겨루다, 경쟁하다, 시합에 참가하다, 싸우다, 투쟁하다**
　　**2. argue; maintain as true; assert
우기다, 사실이라고 주장하다, 단언하다**

1. Every spring some baseball writers try to predict which two teams will contend in the next World Series.
2. Don't argue with the umpire. If she says you are out, it's no use contending you are safe.

adj. contentious 싸우기를 좋아하는, 호전적인

03 decease
GRE

n. **death; demise 죽음, 사망, 서거**

Shortly after President Kennedy's decease, Vice President Johnson was sworn in as the new chief executive.

04 din
토익

n. **loud noise; uproar; clamor; racket
큰 소음, 소란, 야단 법석**

I couldn't hear what you were saying because the plane passing overhead made such a din.

---

01 샘의 카누가 뒤집히자 나는 헤엄쳐 가서 샘이 카누를 돌려 바로 세우도록 도왔다.
02 ① 해마다 봄이면 일부 야구 기자는 다음 월드시리즈에서 어떤 두 팀이 겨룰지 예측하려 한다.
　　② 심판과 언쟁을 벌이지 마라. 심판이 아웃이라고 하면, 세이프라고 우겨도 소용없다.
03 케네디 대통령이 서거한 직후, 존슨 부통령이 새 대통령으로 취임했다.
04 머리 위로 비행기가 굉음을 내고 지나가서 당신이 무슨 말을 하는지 못 들었어요.

05 distinguish
수능

v. **tell apart; differentiate; recognize**
식별하다, 구별하다, 알아보다, 인지하다

The twins are so alike that it is hard to distinguish one from the other.

---

06 divulge
SAT | GRE | 편입

v. **make known; reveal; disclose**
알리다, 폭로하다, 털어놓다

Yesterday our teacher read us a composition without divulging the name of the writer.

---

07 drought
수능 | 공무원

n. **dryness 가뭄**

While some regions are suffering from drought, others are experiencing heavy rains and floods.

---

08 famish
토플

v. **starve; make extremely hungry**
굶주리다, 몹시 배고프게 하다

The missing hikers were famished when we found them; they had not eaten for more than twelve hours.

---

09 illuminate
토익 | 수능

v. **light up; lighten; brighten**
(불을) 밝히다, 알기 쉽게 하다, 밝게 하다

The bright morning sun illuminated the room; there was no need for the lights to be on.

---

10 inaudible
수능

adj. **incapable of being heard; not audible**
들을 수 없는, 들리지 않는

The only part of your answer I could hear was the first word; the rest was inaudible.

---

05   그 쌍둥이는 너무 닮아서 서로 구별하기가 어렵다.
06   어제 선생님은 작가의 이름을 밝히지 않고 우리에게 작품을 읽어 주셨다.
07   어떤 지역은 가뭄에 시달리고 있는데 다른 지역은 호우와 홍수를 겪고 있다.
08   우리가 실종된 등산객들을 발견했을 때 그들은 12시간 이상 먹지 못하고 굶주린 상태였다.
09   밝은 아침 햇살이 방을 비췄다. 불을 켤 필요가 없었다.
10   네 대답에서 내가 유일하게 들을 수 있었던 부분은 첫 단어였고, 나머지는 들리지 않았다.

| 11 | **incense** | v. | **enrage; madden; infuriate** |
| | SAT | | **격분시키다, 성나게 하다** |

Some of the members were so **incensed** by the way Tamar opened the meeting that they walked right out.

| 12 | **inundate** | v. | **flood; swamp; deluge 범람하다, 침수하게 하다** |
| | 편입 \| 공무원 | | |

The rainstorm **inundated** a number of streets in low-lying areas.

| 13 | **jeopardy** | n. | **danger; peril 위험, 모험** |
| | SAT \| 토플 \| GRE | | |

If you arrive late for a job interview, your chances of being hired will be in serious **jeopardy**.

v.   **jeopardize** 위태롭게 하다, 위험에 빠뜨리다

| 14 | **magnify** | v. | **enlarge; amplify; exaggerate 확대하다, 증대시키다, 과장하다** |
| | 토익 \| 수능 | | |

The bacteria shown in your textbook have been greatly **magnified**; their actual size is considerably smaller.

| 15 | **municipal** | adj. | **of a city or town 시(市)의** |
| | SAT \| 수능 | | |

Your mother works for the city? How interesting! My father is also a **municipal** employee.

| 16 | **puncture** | v. | **pierce; perforate 뾰족한 물건으로 뚫다, 구멍을 내다** |
| | 토플 | | |

Our neighbor swept a nail off his curb, and later it **punctured** one of his own tires.

---

11   일부 회원은 타마르가 회의를 여는 방식에 격분해 바로 퇴장했다.

12   폭풍우로 저지대에 있는 수많은 거리가 물에 잠겼다.

13   만약 취업 면접에 늦으면 채용될 가능성은 위태로운 수준으로 떨어질 것이다.

14   교과서에 보이는 박테리아는 크게 확대된 것으로, 실제 크기는 훨씬 더 작다.

15   어머니께서 시청에서 일하신다고요? 이렇게 신기할 수가! 우리 아버지도 시청 직원이에요.

16   이웃이 못을 하나 도로 경계석 밖으로 쓸어 보냈는데 나중에 그 못 때문에 그의 타이어 중 하나에 구멍이 났다.

17 rummage

GRE | 편입

v. **ransack** 샅샅이 뒤지다

Someone must have **rummaged** my desk; everything in it is in disorder.

18 simultaneously

토익 | 편입 | 공무원

adv. **at the same time; concurrently; together** 같은 시간에, 동시에

The twins began school **simultaneously**, but they did not graduate at the same time.

19 subsequently

수능 | 편입

adv. **later; afterward; next** 뒤에, 나중에, 다음에

When I first saw that dress, it was $49.95; **subsequently** it was reduced to $29.95; now it is on sale for $19.95.

20 survive

토익 | 수능

v. **outlive; outlast** 보다 오래 살다, 보다 오래 견디다

After landing at Plymouth, the Pilgrims suffered greatly; about half of them failed to **survive** the first winter.

21 traverse

토플 | GRE | 수능

v. **pass across, over, or through; cross** 가로지르다, 횡단하다

The Trans-Siberian Railroad, completed in 1905, **traverses** the Asian continent.

22 velocity

토플

n. **speed; swiftness; celerity; rapidity** 속도, 속력

Do you know that light travels at a **velocity** of 186,000 miles a second?

---

17 틀림없이 누군가가 내 책상을 뒤졌다. 책상 안에 있는 모든 것들이 흐트러져 있다.
18 쌍둥이는 동시에 입학했지만 동시에 졸업하지는 않았다.
19 내가 처음 저 드레스를 봤을 때는 49.95달러였다. 나중에 29.95달러로 내리더니 지금은 19.95달러에 판매되고 있다.
20 필그림들은 플리머스에 상륙한 후 엄청난 고난을 겪었다. 그들 중 절반 정도는 첫해 겨울을 넘기지 못하고 죽었다.
21 1905년에 완공된 시베리아 횡단 열차는 아시아 대륙을 가로지른다.
22 빛이 초속 186,000마일로 움직인다는 사실을 아시나요?

EXERCISES

1 다음 두 단어 중 문맥에 적합한 것을 고르시오.

1) Since the jury's decision has been divulged, _____ of us know about it.

(a) all   (b) none

2) Anyone could see that Herb was incensed; there was no sign of his usual _____.

(a) unfriendliness   (b) cordiality

3) My bowling club meets Saturday afternoon. If your party is being held _____, I won't be able to come to it.

(a) simultaneously (b) subsequently

4) Our hopes for taking the championship will be in jeopardy if we _____ tonight's game.

(a) lose   (b) win

5) This room is poorly illuminated; we need more _____.

(a) air   (b) light

2 왼쪽 단어의 정확한 뜻을 오른쪽에서 찾아 빈칸에 그 기호를 써 넣으시오.

1) puncture   _____

2) decease   _____

3) drought   _____

4) survivor   _____

5) ransacked   _____

6) contender   _____

7) din   _____

8) audible   _____

(a) one who takes part in a contest

(b) thoroughly searched through

(c) long period of dry weather

(d) one who outlives

(e) death

(f) make a hole with a pointed object

(g) loud noise

(h) capable of being heard

3 다음 네 개의 단어 중 의미상 나머지 셋과 관련이 <u>없는</u> 단어를 고르시오.

1) (a) upset   (b) intimidated   (c) overturned   (d) capsized
2) (a) peril   (b) jeopardy   (c) safety   (d) danger
3) (a) lately   (b) subsequently   (c) later   (d) afterwards
4) (a) velocity   (b) clarity   (c) rapidity   (d) speed
5) (a) razed   (b) deluged   (c) destroyed   (d) demolished
6) (a) amplified   (b) magnified   (c) contracted   (d) enlarged
7) (a) struggle   (b) compete   (c) commend   (d) vie
8) (a) ransack   (b) traverse   (c) search   (d) rummage

4 빈칸에 가장 알맞은 단어를 아래 목록에서 골라 쓰시오.

concurrently   famished   jeopardy   inundated   rummaged

1) I was _____ by the time I got home because I had skipped lunch.

2) French 1 must be taken before French 2. According to school regulations, you are not allowed to study both _____.

3) This morning I _____ through the chest for the mate to a green sock, without finding it.

4) Rice fields are _____ because it takes a great deal of water to grow rice.

5) The Bill of Rights says no person can be tried twice for the same offense; to do so would put him in double _____.

정답 | 1. 1) (a) 2) (b) 3) (a) 4) (a) 5) (b) 2. 1) (f) 2) (e) 3) (c) 4) (d) 5) (b) 6) (a) 7) (g) 8) (h) 3. 1) (b) 2) (c) 3) (a) 4) (b) 5) (b) 6) (c) 7) (c) 8) (b) 4. 1) famished 2) concurrently 3) rummaged 4) inundated 5) jeopardy

꼭* 짚고 넘어가는 문맥 파악 연습 2

상식적인 문맥에서 다음 표시된 단어들의 의미를 한글로 빈칸에 써 봅시다.

1
"Now, the point of the story is this: Did the tiger come out of that door, or did the lady? The more we **reflect** upon this question, the harder it is to answer."
— Frank R. Stockton

"자, 이야기의 요점은 다음과 같습니다. 저 문에서 호랑이가 나왔을까요, 아니면 숙녀가 나왔을까요? 이 질문에 대해 곰곰이 생각하면 할수록 대답하기가 더 어려워집니다." — 프랭크 R. 스톡튼

reflect means _____

2
According to the rules, as soon as you lose a match, you are **eliminated** from the tournament.

규정에 따르면 경기에서 지면 바로 토너먼트에서 탈락한다.

eliminated means _____

3
In the midst of waxing the car, I became so **fatigued** that I had to stop for a rest.

나는 차에 왁스를 칠하던 중에 너무 피곤해서 잠시 멈추고 쉬어야 했다.

fatigued means _____

4
Realizing that I was going the wrong way on a one-way street, I quickly **reversed** direction.

일방통행로에서 엉뚱한 방향으로 가고 있다는 것을 알아차린 후 나는 황급히 방향을 뒤바꾸었다.

reversed means _____

5
"And he took care of me and loved me from the first, and I'll **cleave** to him as long as he lives, and nobody shall ever come between him and me." — George Eliot

"그리고 그 사람은 처음부터 나를 보살피고 사랑했어요. 그 사람이 살아 있는 한 전 그에게 충실할 거고, 아무도 그 사람과 나 사이에 끼어들지 못할 거예요." — 조지 엘리엇

cleave means _____

6
My father is a sales agent, but I plan to go into some other **vocation**.

아버지는 영업사원이시지만, 나는 다른 일에 몸담을 계획이다.

vocation means _____

7

Tenants usually do not stop complaining about the lack of heat until they are **content** with the temperature.

세입자들은 보통 온도에 만족할 때까지 난방이 부족하다며 불평을 멈추지 않는다.

content means _____

8

The speaker kept the audience laughing with one **facetious** remark after another.

연사는 연신 익살스러운 말로 청중을 웃겼다.

facetious means _____

9

Ms. Muldoon thought I was to blame for the whispering, unaware that the girl behind me was the true **culprit**.

멀둔 씨는 소곤거린 진짜 장본인은 내 뒤에 있는 소녀라는 걸 모른 채 내 탓이라고 생각했다.

culprit means _____

10

"We set out with a fresh wind... never dreaming of danger, for indeed we saw not the slightest reason to **apprehend** it." — Edgar Allan Poe

"우리는 상쾌한 바람을 타며 출발했다… 위험하리라곤 꿈에도 생각 못 한 채 말이다. 사실 위험을 걱정할 만한 이유가 전혀 없어 보였기 때문이다." — 에드가 앨런 포

apprehend means _____

11

In your sentence, "She refused to accept my invitation to the party," omit the words "to accept"; they are **superfluous**.

"그녀는 나의 파티 초대를 수락하기를 거절했다"는 당신이 쓴 문장에서 "수락하기를"이라는 말은 빼세요. 이 말은 필요 없어요.

superfluous means _____

12

In New York City, Philadelphia, Chicago, Los Angeles, and most other large **urban** centers, traffic is a serious problem.

뉴욕 시, 필라델피아, 시카고, 로스앤젤레스 등 대다수 다른 대도시 중심지에서 교통은 심각한 문제다.

urban means _____

정답 | 1. 심사숙고하다 2. 탈락시키다 3. 피곤한 4. 뒤바꿨다 5. 충실하다 6. 직업 7. 만족한 8. 우스운 9. 범인 10. 염려하다 11. 불필요한 12. 도시의

13 Room 109 is too small for our club; it can **accommodate** only 35, and we have 48 members.

109호는 우리 클럽이 쓰기에 너무 작다. 그 방은 고작 35명만을 수용할 수 있는데 우리 회원은 48명이다.

accommodate means _____

14 Everyone makes a mistake once in a while; no one is **infallible**.

누구나 가끔 실수를 한다. 실수하지 않는 이는 없다.

infallible means _____

15 "Now, in the whale-ship, it is not every one that goes in the boats. Some few hands are reserved, called ship-keepers, whose **province** it is to work the vessel while the boats are pursuing the whale." — Herman Melville

"자, 포경선에선 모두 보트에 타는 건 아냐. 선박 관리인이라는 사람이 몇 명 남는데, 이 사람들 임무는 보트들이 고래를 쫓는 동안 배를 관리하는 거지." — 허먼 멜빌

province means _____

16 Don't dive there! The water is too **shallow**! Do you want to fracture your skull?

거기서 다이빙하지 마! 물이 너무 얕아! 두개골 깨지고 싶어?

shallow means _____

17 The detectives continued their search of the apartment, believing that the missing letter was **concealed** somewhere in it.

형사들은 사라진 편지가 아파트 어딘가에 숨겨져 있다고 보고 계속 찾았다.

concealed means _____

18 There are no clothing shops in the **vicinity** of the school; the nearest one is about a mile away.

학교 근처에는 옷가게가 없다. 가장 가까운 곳이 1마일 정도 떨어져 있다.

vicinity means _____

정답 | 13. 수용하다 14. 실수하지 않는 15. 임무 16. 얕은 17. 숨기다 18. 근처

상식으로 아는 문맥 2

01 accommodate
수능 | 공무원

v. **1. 수용하다, 수용할 공간이 되다**
2. 은혜를 베풀다, 부탁을 들어주다, 원하는 것을 제공하다

1. The new restaurant will accommodate 128 persons.
2. I'm sorry I have no pen to lend you. Ask Norman. Perhaps he can accommodate you.

02 apprehend
토플 | GRE | 수능

v. **1. dread 우려하다, 염려하다**
2. arrest 체포하다

1. Now I see how foolish I was to apprehend the outcome of the test. I passed easily.
2. The escaped prisoners were apprehended as they tried to cross the border.

n. apprehension 공포, 불안, 걱정
adj. apprehensive 두려워하는, 겁내는, 불안한

03 cleave
토플

v. **stick; adhere; cling; be faithful**
고수하다, 집착하다, 매달리다, 충실하다

Some of the residents are hostile to new ways; they cleave to the customs and traditions of the past.

04 conceal
토익 | 수능 | 편입

v. **keep secret; withdraw from observation; hide; secrete**
비밀에 부치다, 감시를 피하다, 숨기다, 은닉하다

I answered all questions truthfully, for I had nothing to conceal.

---

01 ① 새 식당은 128명을 수용하게 된다.
② 미안한데 빌려줄 펜이 없네요. 노먼에게 부탁하세요. 어쩌면 노먼은 줄 수 있을 거예요.

02 ① 시험 결과를 걱정했던 게 얼마나 어리석었는지 이제 깨달았다. 나는 수월하게 합격했다.
② 탈옥한 죄수들은 국경을 넘으려다 체포되었다.

03 주민들 중 일부는 새로운 방식에 강한 거부감을 보인다. 그들은 과거의 관습과 전통에 집착한다.

04 나는 숨길 것이 없었기 때문에 모든 질문에 정직하게 대답했다.

| 05 | **content** | adj. | **satisfied; pleased** 만족한, 기뻐하는 |
| | 토익 \| 텝스 | | If you are not **content** with the merchandise, you may return it for an exchange or a refund. |

| 06 | **culprit** | n. | **offender; wrongdoer** 범인, 가해자 |
| | 토플 \| 편입 | | The last time we were late for the party, I was the **culprit**. I wasn't ready when you called for me. |

| 07 | **eliminate** | v. | **drop; exclude; remove; get rid of; rule out** 없애다, 생략하다, 제외하다, 제거하다 |
| | GRE \| 수능 \| 편입 | | The new director hopes to reduce expenses by **eliminating** unnecessary jobs. |

| 08 | **facetious** | adj. | **given to joking; witty; funny** 농담의, 재치 있는, 우스운 |
| | GRE | | Bea meant it when she said she was quitting the team. She was not being **facetious**. |

09	**fatigue**	v.	**tire; exhaust; weary** 지치게 하다, 피로하게 하다, 싫증나게 하다
	수능		Why not take the elevator? Climbing the stairs will **fatigue** you.
		n.	fatigue 극도의 피로, 피곤

| 10 | **infallible** | adj. | **incapable of being in error; sure; certain; absolutely reliable** 실수하지 않는, 확실한, 전적으로 믿을 수 있는 |
| | SAT \| 텝스 \| GRE \| 수능 \| 편입 | | When Phil disputes my answer or I question his, we take it to our math teacher. We consider her judgment **infallible**. |

---

05 상품에 만족하지 않을 경우 반품해서 교환이나 환불을 받을 수 있다.
06 우리가 지난번 파티에 늦은 건 제 잘못이었어요. 당신이 데리러 왔을 때 전 준비가 안 되어 있었어요.
07 신임 이사는 불필요한 자리를 없애서 경비를 절감하고 싶어한다.
08 팀에서 나가겠다고 했을 때 비는 진심이었다. 농담이 아니었다.
09 엘리베이터를 타는 게 어때요? 계단으로 올라가면 지칠 거예요.
10 필이 내 답에 이의를 제기하거나 내가 필의 답에 의문을 가지면 우리는 수학 선생님께 가져간다.
   우리는 선생님의 판단에는 실수가 없다고 생각한다.

| 11 | **pilfer** | v. | **steal (in small amounts); purloin** (소량으로) 훔치다, 좀도둑질하다 |

토플

The shoplifter was apprehended after **pilfering** several small articles.

| 12 | **province** | n. | **1. proper business or duty; sphere; jurisdiction** 합당한 일이나 의무, 영역, 권한 |

수능 | 편입

2. territory; region; domain 영토, 지방, 지역

If your brother misbehaves, you have no right to punish him; that is not your **province**.

| 13 | **reflect** | v. | **meditate; contemplate** 심사숙고하다 |

토플 | 텝스 | 수능 | 편입

I could have given a much better answer if I had had the time to **reflect**.

| 14 | **reverse** | v. | **완전히 뒤집다, 반대로 바꾸다, 취소하다, 무효로 하다** |

GRE | 토플 | 수능

If found guilty, a person may appeal to a higher court in the hope that it will **reverse** the verdict.

n. reverse 역행, 역전, 좌절, 패배
adj. reversible 양면으로 쓸 수 있는, 뒤집을 수 있는

| 15 | **shallow** | adj. | **1. not deep** 깊지 않은, 얕은 |

수능 | 공무원

2. superficial; uncritical 피상적인, 판단력이 없는

Non swimmers must use the **shallow** part of the pool.

| 16 | **superfluous** | adj. | **surplus; needless** 과잉의, 불필요한 |

SAT | 토플 | GRE | 수능

We already have enough volunteers; additional help would be **superfluous**.

11	좀도둑은 자잘한 물건을 몇 개 훔쳤다가 체포되었다.
12	동생이 못된 짓을 한다고 해도 당신은 벌할 권리가 없어요. 그건 당신 권한이 아니니까요.
13	내게 심사숙고할 시간이 있었다면 훨씬 더 나은 대답을 할 수 있었을 텐데.
14	유죄 판결을 받으면 판결이 뒤집히기를 바라면서 상급 법원에 항소할 수 있다.
15	수영을 못하는 사람들은 수영장에서 얕은 부분을 이용해야 한다.
16	우리에게는 이미 자원봉사자가 충분하다. 도움이 추가로 필요하지는 않을 것이다.

| 17 | **surmount** | v. | **conquer; overcome; climb over 정복하다, 극복하다** |

수능 | 공무원

At the end of the third quarter, the visitors were ahead by 18 points, a lead that our team was unable to **surmount**.

| 18 | **urban** | adj. | **도시의** |

수능 | 편입 | 공무원

In the United States today, the **urban** population far outnumbers the farm population.

| 19 | **vicinity** | n. | **neighborhood; locality 이웃, 부근, 근처** |

수능 | 편입

Katerina lost her keys in the **vicinity** of Pine Street and Wyoming Avenue.

| 20 | **vocation** | n. | **occupation; calling; business; trade; profession 직업(특히 손으로 하는 일), 일, 사명, 천직** |

토익 | 텝스 | 수능

Ruth will be studying to be an engineer. Bob plans to enter teaching. I, however, have not yet chosen a **vocation**.

---

17 3쿼터 막판에는 원정팀이 18점 앞서고 있었는데, 우리 팀이 극복할 수 없는 우세였다.
18 오늘날 미국에는 농촌 인구보다 도시 인구가 훨씬 많다.
19 카트리나는 파인 가와 와이오밍 가 근처에서 열쇠를 잃어버렸다.
20 루스는 엔지니어가 되기 위해 공부할 것이다. 밥은 교직에 몸 담을 계획이다. 그러나 나는 아직 직업을 고르지 못했다.

EXERCISES

① 왼쪽에 있는 각 단어나 표현은 오른쪽에 그 반의어가 있다. 정확한 반대말의 기호를 빈칸에 써 넣으시오.

1) be conquered   _____

2) superfluous   _____

3) included   _____

4) facetious   _____

5) divulged   _____

6) infallible   _____

7) victory   _____

8) shallow   _____

9) fatigued   _____

10) accommodate   _____

(a) to be taken seriously
(b) rested
(c) surmount
(d) fail to oblige
(e) necessary
(f) deep
(g) unreliable
(h) eliminated
(i) reverse
(j) concealed

② 다음 밑줄 친 단어와 뜻이 가장 비슷한 말을 고르시오.

1) nothing to dread
   (a) conceal   (b) intimidate   (c) apprehend   (d) annul

2) still cleaving
   (a) turning   (b) clinging   (c) excluding   (d) joking

3) superfluous remarks
   (a) necessary   (b) additional   (c) witty   (d) needless

4) shallow dish
   (a) not filled   (b) empty   (c) deep   (d) not deep

5) time to meditate
   (a) reflect   (b) rest   (c) withdraw   (d) change

6) within your jurisdiction
   (a) judgment   (b) province   (c) knowledge   (d) ability

7) unknown <u>culprit</u>

    (a) victim   (b) enemy   (c) crony   (d) offender

8) glad to <u>accommodate</u>

    (a) do a favor   (b) remove   (c) get together (d) let go

9) far from <u>content</u>

    (a) full   (b) displeased   (c) satisfied   (d) unhappy

10) common <u>pilferer</u>

    (a) thief   (b) jeopardy   (c) criminal   (d) novice

3 다음 두 단어 중 문맥에 적합한 것을 고르시오.

1) Medical help was remote. There was _____ physician in the vicinity.

    (a) no   (b) a

2) If the apprehended man is _____, then who is the real culprit?

    (a) guilty   (b) innocent

3) Yesterday's reverse was our fifth in a row. We have not _____ a game since March 8.

    (a) lost   (b) won

4) I know my judgment is fallible because I have often been _____ in the past.

    (a) wrong   (b) right

5) Our _____ population keeps declining, while our urban population continues to grow.

    (a) city   (b) farm

4 빈칸에 가장 알맞은 단어를 아래 목록에서 골라 쓰시오.

adhere	eliminated	superfluous	jurisdiction
accommodated	pilfer	facetious	conceal
vocational	reversed	fatigued	surmount

1) A _____ counselor can help you select an occupation or profession for which you are qualified.

2) I have already stated quite clearly what I think about your idea. Any further comment by me on this subject would be _____.

3) Don't make any promises that you feel you cannot _____ to.

4) I _____ the fourth sentence. It merely repeated what I had already stated.

5) Mother sat down, exhausted after a hectic day, but the children seemed not the least bit _____.

6) Junior is very fond of sweets; he will _____ cookies from the jar when Mother isn't watching.

7) Before the new wing was added, our school _____ only 1050 students.

8) A moment ago you were for the dance, and now you are against it. Why is it that you _____ your opinion so suddenly?

9) If you try your best, you should be able to _____ your difficulties.

10) Some of the students didn't believe me when I said I "enjoyed" the assignment. They thought I was being _____.

여러 가지 문맥

Mixed Contexts

이번 단원에서는 지금까지 공부한 모든 형태의 문맥, 즉 대비어, 유사 단어, 또는 상식적인 실마리가 들어 있는 문맥을 다루도록 하겠습니다.

꼭* 짚고 넘어가는 문맥 파악 연습 1

표시된 단어의 의미를 빈칸에 써 봅시다.

1   "You shall hear how Hiawatha / Prayed and fasted in the forest, / Not for greater skill in hunting, / Not for greater **craft** in fishing..."
    — Henry Wadsworth Longfellow
    "하이어워사가 숲속에서 어떻게 기도하며 금식했는지 들려 주겠소. / 사냥 솜씨가 더 좋아지게 해달라고 빌지 않았고 / 낚시 솜씨가 더 좋아지게 해달라고 빌지도 않았다오…" — 헨리 워즈워스 롱펠로우

    craft means _____

2   If you lose the key to your apartment, go to the superintendent. He has a **duplicate** of every key in our building.
    아파트 열쇠를 잃어버리면 관리인을 찾아가세요. 그는 우리 건물 열쇠의 복사본을 전부 갖고 있어요.

    duplicate means _____

3   Geri didn't notice me in the crowd, but she spotted my brother, who is **conspicuous** because of his red hair.
    제리는 군중 속에서 나를 알아보지 못했지만, 내 남동생은 찾아냈다. 동생은 빨간 머리 때문에 눈에 띈다.

    conspicuous means _____

4   Children who do not want their cereal should not be required to finish it against their **volition**.
    시리얼을 먹기 싫어하는 아이들에게 의지에 반해 억지로 시리얼을 다 먹도록 강요하면 안 된다.

    volition means _____

5

"Daring burglaries by armed men, and highway robberies, took place in the capital itself every night; families were publicly cautioned not to go out of town without removing their furniture to upholsterers' warehouses for **security**." — Charles Dickens

"무장한 남성들이 저지르는 대담한 절도나 노상강도 사건이 매일 밤 수도에서 발생했다. 가족들은 안심하려면 시내를 벗어날 때 반드시 실내 장식업자 창고에 가구를 옮겨 놓으라는 주의를 공개적으로 받았다." — 찰스 디킨스

security means _____

6

The team's uniforms were **immaculate** at the start of play, but by the end of the first quarter they were dirty with mud.

경기를 시작할 때는 팀의 유니폼이 티끌 하나 없이 깨끗했지만, 1쿼터가 끝날 무렵에는 진흙이 묻어 더러웠다.

immaculate means _____

7

Let's wait. It's raining too hard now. As soon as it **abates**, we'll make a dash for the car.

기다립시다. 지금은 비가 너무 많이 와요. 비가 잦아드는 대로 차를 향해 돌진하면 돼요.

abates means _____

8

Cows, pigs, and chickens are familiar sights to a **rural** youngster, but they are rarely seen by an urban child.

소, 돼지, 닭은 시골 아이에겐 익숙한 광경이지만 도시 어린이는 이런 것들을 좀체 볼 수 없다.

rural means _____

9

A pound of **miniature** chocolates contains many more pieces than a pound of the ordinary size.

작은 초콜릿 1파운드에는 보통 크기 초콜릿 1파운드보다 더 초콜릿 조각이 많다.

miniature means _____

정답 | 1. skill 2. copy 3. noticeable 4. will 5. protection 6. absolutely clean 7. lessens 8. living in the country 9. small

10   "Stubb was the second mate. He was a native of Cape Cod; and hence, according to local usage, was called a Cape-Codman. A happy-go-lucky; neither **craven** nor valiant." — Herman Melville

"스텁은 2등 항해사였지. 케이프 코드 출신이어서 지역 관습에 따라 케이프 코드맨이라고 불렸어. 천하태평에 비겁하지도, 용맹하지도 않았어." — 허먼 멜빌

craven means _____

11   I expected the medicine to alleviate my cough, but it seems to have **aggravated** it.

난 약이 기침을 가라앉히리라 기대했는데 오히려 악화시킨 것 같다.

aggravated means _____

12   After their quarrel, Cynthia and Warren didn't talk to each other until Ann succeeded in **reconciling** them.

신시아와 워런은 말다툼 끝에 서로 말도 하지 않다가 앤이 서로 화해시키고 나서야 말을 했다.

reconciling means _____

13   "The Man Without a Country," by Edward Everett Hale, is not a true story; the incidents and characters are entirely **fictitious**.

에드워드 에버렛 헤일의 <조국이 없는 남자>는 실화가 아니다. 사건과 등장인물들은 완전히 허구다.

fictitious means _____

14   When traveling in Canada, you may exchange American money for Canadian **currency** at any bank.

캐나다를 여행할 때 어느 은행에서든 미국 돈을 캐나다 화폐로 교환할 수 있다.

currency means _____

15   Some students would probably collapse if they had to run two miles; they don't have the **stamina**.

어떤 학생들은 2마일을 뛰어야 한다면 아마 쓰러질 것이다. 그들에겐 그만한 체력이 없다.

stamina means _____

16

Donald was defeated in last year's election, but that won't **deter** him from running again.

도널드는 지난해 선거에서 졌지만, 그렇다고 재출마를 단념하지는 않을 것이다.

deter means _____

17

Several neutral countries are trying to get the **belligerent** nations to stop fighting.

몇몇 중립국들은 교전 중인 국가들이 전투를 멈추도록 노력하고 있다.

belligerent means _____

18

Company and union officials have been in conference around the clock in an attempt to reach an **accord** on wages.

회사와 노조 간부들은 임금 합의에 도달하기 위해 24시간 회의를 하고 있다.

accord means _____

19

The fight might have been serious if a passerby had not **intervened** and sent the participants on their way.

행인이 끼어들어 싸우는 사람들을 가던 길로 보내지 않았다면 싸움이 심각해졌을지도 모른다.

intervened means _____

20

Our band now has four players and, if you join, it will become a **quintet**.

우리 밴드에는 지금 연주자가 네 명인데 당신이 합류한다면 5인조가 되겠죠.

quintet means _____

정답 | 10. cowardly 11. worsened 12. restoring to friendship 13. imaginary 14. money 15. endurance
16. discourage 17. warring 18. agreement 19. came between to settle a quarrel 20. group of five

여러 가지 문맥 1

01 **abate**
SAT

v. **1. decrease; diminish; let up** 줄다, 감소하다, 누그러지다
2. reduce; moderate 줄이다, 경감시키다

1. The water shortage is **abating**, but it is still a matter of some concern.
2. Helen's close defeat in the tennis tournament has not **abated** her zeal for the game.

n. abatement 감소, 폐지

02 **accord**
토플 | GRE | 수능

n. **agreement; understanding** 합의, 일치, 협정

If both sides to the dispute can be brought to the conference table, perhaps they can come to an **accord**.

v. accord 동의하다, 일치하다

03 **aggravate**
수능 | 편입 | 공무원

v. **worsen; intensify** 악화시키다, 심하게 하다

If your sunburn itches, don't scratch; that will only **aggravate** it.

04 **belligerent**
SAT | 토플 | 편입

adj. **warlike; combative** 호전적인, 도전적인

Bert still has a tendency to settle his arguments with his fists. When will he learn that it's childish to be so **belligerent**?

05 **conspicuous**
GRE | 토플 | 수능 | 편입

adj. **noticeable; prominent; striking** 두드러진, 눈에 띄는, 현저한

Among Manhattan's skyscrapers, the Empire State Building is **conspicuous** for its superior height.

---

01 ① 물 부족 사태는 수그러들고 있지만 여전히 걱정되는 문제다.
　② 헬렌은 테니스 시합에서 아슬아슬하게 졌지만 경기에 대한 그녀의 열정은 사그라들지 않았다.
02 논쟁 중인 양측을 모두 회담장으로 불러낼 수만 있다면, 그들은 아마 합의에 이를 수 있을 것이다.
03 햇볕에 타서 가려우면 긁지 마세요. 긁으면 악화될 뿐입니다.
04 버트는 여전히 주먹으로 자신의 주장을 관철하는 경향이 있다. 그렇게 호전적인 태도가 유치하다는 걸 언제쯤이면 알게 될까?
05 맨해튼의 고층 건물들 중에서 엠파이어 스테이트 빌딩은 월등한 높이로 쉽게 눈에 띈다.

| 06 | **craft** | n. | **1. skill; art; trade 기술, 재주, 손일** |
| | 수능 \| 편입 | | **2. guile 교활, 간계** |

1. The weavers of Oriental rugs are famous for their remarkable **craft**.
2. The Greeks took Troy by **craft**; they used the trick of the wooden horse.

adj. **crafty** 교활한, 비열한, 약삭빠른

| 07 | **craven** | adj. | **cowardly; dastardly; pusillanimous; gutless** |
| | 토플 \| GRE | | **비겁한, 비열한, 겁 많은, 소심한** |

Henry Fleming thought he would be a hero, but as the fighting began he fled from the field in **craven** fear.

n. **craven** 겁쟁이, 비겁한 자

| 08 | **currency** | n. | **money; coin; bank notes** |
| | 토익 \| 토플 | | **돈, 화폐, 은행 어음, 지폐** |

Some New England tribes used beads as **currency**.

| 09 | **deter** | v. | **discourage; hinder; keep back** |
| | 수능 \| 편입 \| 공무원 | | **단념시키다, 방해하다, 억제하다** |

The heavy rain did not **deter** people from coming to the play. Nearly every seat was occupied.

| 10 | **duplicate** | n. | **copy; reproduction 복사, 복제, 모조** |
| | SAT \| 토플 \| 수능 | | |

If the photocopying machine had been working, I could have made a **duplicate** of my history notes for my friend who was absent.

---

06 ① 오리엔탈 카펫을 짜는 사람들은 비범한 손재주로 유명하다.
　　② 그리스인들은 계책으로 트로이를 점령했는데 목마를 속임수로 이용했다.
07 헨리 플레밍은 영웅이 되리라 생각했지만 전투가 시작되자 겁에 질려 전장에서 도망쳤다.
08 일부 뉴잉글랜드 부족들은 구슬을 화폐로 사용했다.
09 폭우도 연극을 보러 오는 사람들을 막지 못했다. 거의 모든 좌석이 꽉 찼다.
10 복사기가 작동했다면 내가 결석한 친구를 위해 역사 노트를 복사해줄 수 있었을 텐데.

| 11 | **fictitious** | adj. | **1. made up; imaginary; not real**
꾸민, 상상의, 실재하지 않는
2. false; pretended 거짓의, 외양만의 |
| | SAT \| GRE | | |

1. In *Johnny Tremain*, there are fictitious characters like Johnny and Rab, as well as real ones, like Samuel Adams and Paul Revere.
2. The suspect said she lived at 423 Green Street, but she later admitted it was a fictitious address.

| 12 | **immaculate** | adj. | **spotless; without a stain; unblemished**
더럽혀지지 않은, 얼룩이 없는, 결점이 없는 |
| | 편입 \| 공무원 | | |

The curtains were spotless; the tablecloth was immaculate, too.

| 13 | **intervene** | v. | **1. 사이에서 일어나다, 사이에 있다, 사이에 끼다**
2. intercede; interfere 중재하다, 간섭하다 |
| | 토플 \| 텝스 \| 수능 | | |

1. More than two months intervene between a president's election and the day he takes office.
2. Ralph is unhappy that I stepped into the dispute between him and his brother. He did not want me to intervene.

n. intervention 간섭, 중재, 개입

| 14 | **miniature** | adj. | **small; tiny 작은, 소형의** |
| | 토익 \| 수능 | | |

Kim has a miniature stapler in her bag. It takes up very little room.

| 15 | **quintet** | n. | **5인조** |
| | 텝스 | | |

A basketball team, because it has five players, is often called a quintet.

11	① <조니 트리메인>에는 사무엘 애덤스나 폴 리비어 같은 실제 인물뿐만 아니라 조니나 랩 같은 가공의 인물도 등장한다.
	② 용의자는 그린 가 423번지에 살고 있다고 했지만, 나중에 가짜 주소라고 시인했다.
12	커튼은 얼룩 하나 없었고, 식탁보 역시 티끌 하나 없이 깨끗했다.
13	① 대통령 당선과 취임일 사이에 두 달이 넘는 기간이 끼어 있다.
	② 랄프는 자신과 동생의 다툼에 내가 끼어들었다며 불쾌해 한다. 그는 내가 개입하는 것을 원하지 않았다.
14	김 씨는 가방 안에 작은 스테이플러를 가지고 있다. 그것은 거의 공간을 차지하지 않는다.
15	농구팀에는 선수 5명이 있기 때문에 종종 5인조라고 부른다.

| 16 | **reconcile** | v. | **1. 화해시키다** |
| | 토플 \| GRE \| 수능 | | **2. settle; resolve 결말짓다, 해결하다** |

1. Pat and Tom are friends again. I wonder who **reconciled** them.
2. We are friends again; we have **reconciled** our differences.

| 17 | **rural** | adj. | **시골의** |
| | 토익 \| 수능 | | |

Six inches of snow fell in the city and up to fourteen inches in the **rural** areas upstate.

| 18 | **security** | n. | **1. safety; protection 안전, 보호** |
| | 토익 \| 편입 \| 수능 | | **2. 경계** |

1. Guests are advised to deposit their valuables in the hotel's vault for greater **security**.
2. **Security** has been tightened at airports.

| 19 | **stamina** | n. | **strength; vigor; endurance 힘, 정력, 끈기** |
| | 토플 \| 텝스 \| GRE | | |

Swimming the English Channel is a feat that requires considerable **stamina**.

| 20 | **volition** | n. | **will; choice 의지, 의도, 선택(의 자유)** |
| | SAT \| GRE | | |

Did the employer dismiss him, or did he leave of his own **volition**?

16　① 팻과 톰은 다시 친구가 됐다. 누가 둘을 화해시켰는지 궁금하다. ② 우리는 다시 친구가 됐다. 우리는 서로의 차이를 해소했다.
17　도시에는 6인치, 주 북부 시골지역에는 14인치까지 눈이 내렸다.
18　① 투숙객은 귀중품을 더 안전하게 보관하려면 호텔 금고에 맡기시도록 권고합니다. ② 공항 보안이 강화되었다.
19　영국 해협을 수영으로 건너는 일은 상당한 체력이 요구되는 대단한 위업이다.
20　고용주가 그를 해고했나요, 아니면 그가 자의로 그만두었나요?

EXERCISES

1 다음 네 개의 단어 중 의미상 나머지 셋과 관련이 <u>없는</u> 단어를 고르시오.

1) (a) craft (b) guile (c) art (d) volition
2) (a) augment (b) exaggerate (c) abate (d) amplify
3) (a) combative (b) timid (c) belligerent (d) warlike
4) (a) pretended (b) authentic (c) genuine (d) true
5) (a) unwisely (b) astutely (c) cunningly (d) craftily
6) (a) agreement (b) accord (c) altercation (d) understanding
7) (a) miniature (b) tiny (c) fragile (d) small
8) (a) argued (b) intervened (c) contended (d) asserted

2 다음 밑줄 친 단어와 뜻이 가장 비슷한 말을 고르시오.

1) not to be <u>deterred</u>
(a) discouraged (b) repeated (c) divulged (d) surmounted

2) <u>inconspicuous</u> position
(a) prominent (b) unnoticeable (c) permanent (d) striking

3) <u>duplicating</u> machine
(a) folding (b) adding (c) copying (d) enlarging

4) <u>unreconciled</u> foes
(a) hostile (b) timid (c) at peace (d) friendly

5) <u>guileless</u> answer
(a) tricky (b) crafty (c) incorrect (d) honest

3 다음 두 단어 중 문맥에 적합한 것을 고르시오.

1) Edith was conspicuous at the dance. Almost _____ noticed her.
   (a) everyone   (b) no one

2) In the latest dispute between the freshmen and the sophomores,
   Mr. Alberti has followed a policy of nonintervention. He has interceded on
   _____ side.
   (a) each   (b) neither

3) Janice expects to be _____ tomorrow, unless her cold becomes
   aggravated.
   (a) absent   (b) present

4) I would be more _____ about my answer if it corresponds with
   the one in the book.
   (a) certain   (b) dubious

4 빈칸에 가장 알맞은 단어를 아래 목록에서 골라 쓰시오.

security   immaculately   stamina   currency   quintet

1) The pioneers who lived through the first bitter winter in the rugged
   wilderness must have had remarkable _____.

2) Saving banks pay an attractive rate of interest and provide
   _____ against theft.

3) Our basketball team was more than a match for the opposing _____.

4) Mrs. Ross was annoyed that her son spilled soup on his white shirt just after
   she had laundered it so _____.

5) The burglars took some furs and jewelry, as well as $150 in _____.

정답 | 1. 1) (d) 2) (c) 3) (b) 4) (a) 5) (a) 6) (c) 7) (c) 8) (b) 2. 1) (a) 2) (b) 3) (c) 4) (a) 5) (d) 3. 1) (a) 2) (b) 3) (b) 4) (a)
   4. 1) stamina 2) security 3) quintet 4) immaculately 5) currency

꼭* 짚고 넘어가는 문맥 파악 연습 2

표시된 단어의 의미를 빈칸에 써 봅시다.

1   "...I doubted not that I might one day, by taking a voyage, see with my own eyes the little fields, houses, and trees, the **diminutive** people, the tiny cows..." — Charlotte Brontë

"…언젠가 항해를 떠나 작은 들판과 집, 나무, 작은 사람들, 작은 소들을 내 눈으로 직접 보게 되리라고 믿어 의심치 않았다…"
— 샬롯 브론테

diminutive means _____

2   Walter left, saying he would return **presently**, but he was gone for a long time.

월터는 곧 돌아오겠다며 떠났지만, 오랫동안 떠나 있었다.

presently means _____

3   If you miss the bus, you have the choice of walking or waiting an hour for the next bus. There is no other **alternative**.

버스를 놓치면 걷거나 한 시간 동안 다음 버스를 기다리거나 둘 중 하나를 택해야 한다. 다른 대안이 없다.

alternative means _____

4   My aim for this weekend is to finish my history and English assignments. I shall be disappointed if I cannot achieve this **objective**.

나의 이번 주말 목표는 역사 숙제와 영어 숙제를 끝내는 것이다. 만약 이 목표를 달성하지 못한다면 나는 낙담할 것이다.

objective means _____

5   "In most books, the I, or first person, is omitted; in this it will be **retained**..." — Henry David Thoreau

"대다수 책에서는 나, 즉 1인칭이 생략된다. 하지만 이 책에서는 1인칭을 계속 유지할 것이다…" — 헨리 데이비드 소로우

retained means _____

6

The Goodmans don't mind leaving their children in your **custody** because you are an excellent babysitter.

굿맨 부부는 당신 손에 아이들을 맡기는 걸 마다하지 않아요. 왜냐면 당신은 아이를 아주 잘 돌보니까요.

custody means _____

7

Is it fair for the partner who made the smaller investment to receive the **major** share of the profits?

더 적게 투자한 동업자가 수익을 더 많이 분배 받는 것이 공평한가요?

major means _____

8

Most people will change their minds when shown they are wrong, but not Timothy. He is too **opinionated**.

대다수 사람들은 틀렸다는 걸 보여주면 생각을 바꾸겠지만, 티모시는 그렇지 않다. 그는 너무 고집이 세다.

opinionated means _____

9

Last year, I shared a gym locker with another student. Now I have one **exclusively** for myself.

지난해에 나는 다른 학생과 체육관 사물함을 같이 썼다. 지금은 나 혼자 쓰는 사물함이 생겼다.

exclusively means _____

10

"Perceiving myself in a **blunder**, I attempted to correct it." — Emily Brontë

"나는 실수했다는 걸 깨닫고 그것을 바로잡으려고 애썼다." — 에밀리 브론테

blunder means _____

11

Some volcanoes have erupted in recent times; others have been **dormant** for many years.

일부 화산은 최근에 폭발했고, 다른 화산들은 몇 년째 활동이 없다.

dormant means _____

정답 | 1. tiny 2. soon 3. choice 4. goal 5. kept 6. care 7. larger 8. unduly attached to one's own opinion
9. solely 10. stupid or careless mistake 11. inactive

12   Frequent absences will make you fall behind in your work and **imperil** your chances of passing.

결석이 잦으면 공부에 뒤처지고 합격할 가능성이 위태로워질 것이다.

imperil means _____

13   There were no soft drinks. The only **beverages** on the menu were milk, coffee, tea, and hot chocolate.

청량음료는 없었다. 메뉴에 있는 음료수라곤 우유, 커피, 차, 핫초콜릿뿐이었다.

beverages means _____

14   Two girls at the next table started quarreling, but I couldn't learn what their **controversy** was about.

옆 테이블에 있던 두 소녀가 말다툼을 시작했지만, 나는 무엇 때문에 논쟁을 벌이는지 알 수 없었다.

controversy means _____

15   "As the news of my arrival spread through the kingdom, it brought **prodigious** numbers of rich, idle, and curious people to see me; so that the villages were almost emptied..." — Jonathan Swift

"내가 도착했다는 소식이 왕국에 퍼지면서 부자며 게으름뱅이며, 호기심 많은 사람들이 나를 보러 엄청나게 몰려 왔다. 그래서 마을들이 텅텅 비다시피 했다…" — 조나단 스위프트

prodigious means _____

16   Everyone in the class must take the final examination to pass the course. No student is **exempt**.

그 과목에 합격하려면 학급에 속한 누구나 기말시험을 치러야 한다. 어떤 학생도 면제 받지 않는다.

exempt means _____

17   Don't put off what you should do today to "tomorrow," or "next week," or simply "later." Stop **procrastinating**.

오늘 해야 할 일을 '내일'이나 '다음 주', 혹은 그저 '나중'으로 미루지 마라. 꾸물거리지 마라.

procrastinating means _____

18

My fears of the dentist were **dispelled** when I had a relatively painless first visit.

처음 치과에 갔을 때 비교적 아프지 않아서 치과에 대한 두려움이 사라졌다.

dispelled means _____

19

Dad fell behind in his work at the office because of a **protracted** illness lasting several weeks.

아버지는 병이 몇 주째 계속 낫지 않아 직장 일이 밀렸다.

protracted means _____

20

"For though Lorna's father was a nobleman of high and goodly **lineage**, her mother was of yet more ancient and renowned descent..."
— Richard D. Blackmore

"로나의 아버지는 지체 높은 명문가 귀족이었지만, 로나의 어머니는 훨씬 더 유서 깊고 고명한 가문의 후손이었다…"
— 리처드 D. 블랙모어

lineage means _____

정답 | 12. jeopardize 13. drinks 14. quarrel 15. extraordinary 16. released from a rule 17. putting things off
18. driven away 19. prolonged 20. descent

여러 가지 문맥 2

01	**alternative** SAT | 수능 | 편입 | 공무원	n. **1. 선택, 양자택일** **2. 대안** If given the choice of making either an oral or a written report, I would pick the second **alternative**.

02	**beverage** 토익 | 수능 | 편입	n. **drink 음료** Orange juice is a healthful **beverage**.

03	**blunder** 토플 | 편입	n. **mistake; error 실수** Have you ever committed the **blunder** of mailing a letter without a postage stamp?

04	**controversy** 텝스 | 수능 | 공무원	n. **dispute; quarrel; debate; strife** **언쟁, 싸움, 토론, 논쟁** The Republicans and the Democrats have been engaged in a **controversy** over which party is responsible for the increased taxes.
		adj. controversial 논쟁을 일으키는, 다투기 좋아하는

05	**custody** 토플 | 텝스 | 편입	n. **care; safekeeping; guardianship** **보호, 돌봄, 보관, 호위, 수호** The treasurer has **custody** of our club's financial records.

---

01 만약 구두보고나 서면보고 중에서 고를 수 있는 선택권을 준다면, 나는 두 번째 대안을 선택할 것이다.
02 오렌지 주스는 건강에 좋은 음료수다.
03 우표 없이 편지를 부치는 실수를 저지른 적이 있나요?
04 공화당원들과 민주당원들은 세금 인상이 어느 당 책임인지를 놓고 입씨름을 벌여왔다.
05 회계 담당자가 우리 클럽의 재무 기록을 보관하고 있다.

06 diminutive
GRE

adj. **small; tiny 작은**

To an observer in an airplane high over the city, even the largest buildings seem diminutive.

---

07 dispel
토플 | 편입

v. **scatter; disperse 흩어지게 하다, 쫓아버리다**

The two officers were commended for their skill in dispelling the mob and preventing violence.

---

08 dormant
토플 | 텝스 | GRE | 편입 | 공무원

adj. **inactive, sleeping; quiet; sluggish; resting**
움직이지 않는, 자고 있는, 조용한, 부진한, 쉬고 있는

In early spring, new buds begin to appear on trees and shrubs that have been dormant all winter.

---

09 exclusively
토플 | 수능

adv. **solely; without sharing with others**
혼자, 다른 사람과 나누지 않고

Mrs. Lopez had bought the computer for all of her children, but the oldest behaved as if it were exclusively his.

adj. exclusive 독점적인, 단독의, 혼자의, 1인용의

---

10 exempt
토익 | 텝스 | 수능

adj. **면제된**

A certain portion of each person's income is legally exempt from taxation.

n. exemption 면제

---

11 imperil
수능

v. **endanger; jeopardize 위태롭게 하다, 위험에 처하게 하다**

The fishing vessel was imperiled by high winds, but it managed to reach port safely.

---

06 도시 상공에 뜬 비행기에서 내려다보는 사람에게는 가장 큰 건물들조차 작아 보인다.
07 두 경찰관은 군중을 해산하고 폭력 사태를 방지하는 수완이 뛰어나 칭찬 받았다.
08 초봄이면 겨울 동안 잠자던 나무와 덤불에서 새싹이 나기 시작한다.
09 로페즈 부인은 아이들 모두를 위해 컴퓨터를 샀지만, 맏이는 컴퓨터가 혼자 독차지하는 물건처럼 굴었다.
10 개인 소득 중 일정 부분은 법적으로 세금이 면제된다.
11 고깃배는 강풍으로 위험에 처했지만 용케 무사히 항구에 도착했다.

| 12 | **lineage** | n. | **descent; ancestry; family; extraction** |
| | 토플 \| 텝스 | | 가계, 계통, 가문, 혈통 |

A study of Franklin D. Roosevelt's **lineage** shows that he was descended from a Dutch ancestor who settled in America about 1638.

| 13 | **major** | adj. | **greater; larger; more important; principal** |
| | 텝스 \| 수능 \| 편입 \| 공무원 | | 보다 큰, 더 큰, 보다 중요한, 주요한 |

When the **major** companies in an industry raise prices, the smaller ones usually follow suit.

| 14 | **objective** | n. | **aim or end (of an action); goal** (행동의) 목표나 목적 |
| | 텝스 \| 수능 | | |

Our fund has already raised $650; its **objective** is $1000.

| | | adj. | objective 객관적인 |

| 15 | **opinionated** | adj. | **obstinate; stubborn** 고집이 센, 완고한 |
| | 편입 \| 공무원 | | |

If you keep arguing that you are right, in the face of overwhelming objective evidence that you are wrong, you are **opinionated**.

| 16 | **presently** | adv. | **in a little time; shortly; soon; before long** |
| | 토익 \| 텝스 \| 수능 | | 잠시 후, 곧, 머지않아 |

We won't have to wait long for our bus. It will be here **presently**.

| 17 | **procrastinate** | v. | **put things off; delay; postpone; defer; dawdle** |
| | GRE \| 편입 \| 공무원 | | 연기하다, 미루다, 빈둥거리다, 꾸물거리다 |

When a book is due, return it to the library promptly. Otherwise you will be fined 10¢ for every day you **procrastinate**.

---

12 프랭클린 D. 루즈벨트의 가문을 연구해 보니 그는 1638년경 미국에 정착한 어느 네덜란드인 조상의 후손이었다.
13 업계의 대기업들이 가격을 인상하면 대개 중소기업들도 따라서 가격을 올린다.
14 기금으로 벌써 650달러가 모였는데 목표액은 1000달러다.
15 자신이 틀렸다는 너무도 강력하고 객관적 증거에도 계속 자신이 옳다고 주장한다면, 지나치게 완고한 것이다.
16 우리는 버스를 오래 기다리지 않아도 될 거예요. 버스는 곧 올 거예요.
17 책을 반납할 때가 되면 즉시 도서관에 반납하세요. 그렇지 않으면 하루씩 연체할 때마다 과태료 10센트가 부과됩니다.

18	**prodigious**	adj.	**vast; enormous; huge; amazing** 거대한, 막대한, 놀랄 정도의, 굉장한
	SAT | 토플 | GRE		The average American city requires a prodigious amount of fresh milk daily.
		n.	prodigy 보통이 아닌 것, 불가사의, 경이로운 사건

| 19 | **protract** | v. | **draw out; prolong; extend**
길게 하다, 시간을 연장하다, 늘리다 |
| | 토플 \| GRE | | The visitors had planned to stay for a few hours only, but they were persuaded to protract their visit. |

20	**retain**	v.	**keep** 지키다, 보유하다
	토플 | 수능 | 편입		The corporation will close its restaurants but retain its most profitable clothing stores.
		adj.	retentive 보존력이 있는, 기억력이 좋은

---

18 보통의 미국 도시에는 매일 엄청난 양의 신선한 우유가 필요하다.
19 방문객들은 몇 시간만 머물 계획이었으나, 설득을 당해 방문 기간을 연장했다.
20 회사는 식당들을 폐쇄할 예정이지만 가장 수익성이 높은 의류 매장은 계속 보유할 것이다.

EXERCISES

1 왼쪽 단어의 빈칸에 정확한 뜻을 가진 기호를 오른쪽에서 골라 쓰시오.

1) descent   _____

2) dispel   _____

3) objective   _____

4) strife   _____

5) subjective   _____

6) protract   _____

7) prodigious   _____

8) exempted   _____

9) procrastinate   _____

10) opinionated   _____

(a) involving personal feelings rather than facts

(b) released from a duty

(c) extraordinary in size

(d) involving facts rather than opinions

(e) extraction

(f) controversy

(g) put things off

(h) unduly attached to one's own opinion

(i) draw out

(j) drive away by scattering

2 왼쪽에 있는 각 단어나 표현은 오른쪽에 그 반의어가 있다. 정확한 반대말의 기호를 빈칸에 써 넣으시오.

1) minor   _____

2) not soon   _____

3) active   _____

4) few alternative   _____

5) safe   _____

6) not kept   _____

7) full of blunders   _____

8) not solely   _____

(a) dormant

(b) many choices

(c) major

(d) retained

(e) presently

(f) imperiled

(g) errorless

(h) exclusively

3 다음 두 단어 중 문맥에 적합한 것을 고르시오.

1) Jeffrey _____ hands his reports in on time. You can't accuse him of procrastinating.

(a) never   (b) always

2) The food was served in diminutive portions. No wonder we were _____ when we left the table!

(a) famished   (b) well fed

3) As soon as the employee learned that he was being retained, he _____ looking for a new position.

(a) started   (b) stopped

4) You cannot be objective if you present nothing but _____.

(a) opinions   (b) facts

4 빈칸에 가장 알맞은 단어를 아래 목록에서 골라 쓰시오.

prolong   custody   dispel   prodigious   lineage

1) In contrast to the diminutive people of Lilliput, Gulliver seemed a(an) _____ giant.

2) The Emperor, claiming to be a descendant of King Solomon and the Queen of Sheba, is exceptionally proud of his _____.

3) I wanted to end the discussion because it was serving no purpose, but Pat did everything she could to _____ it.

4) Gary left his wristwatch in my _____ before diving into the pool.

5) The mass of objective evidence on the effects of smoking should _____ the notion that it is a harmless habit.

정답 | 1. 1) (e) 2) (j) 3) (d) 4) (f) 5) (a) 6) (i) 7) (c) 8) (b) 9) (g) 10) (h) 2. 1) (c) 2) (e) 3) (a) 4) (b) 5) (f) 6) (d) 7) (g) 8) (h)
3. 1) (b) 2) (a) 3) (b) 4) (a) 4. 1) prodigious 2) lineage 3) prolong 4) custody 5) dispel

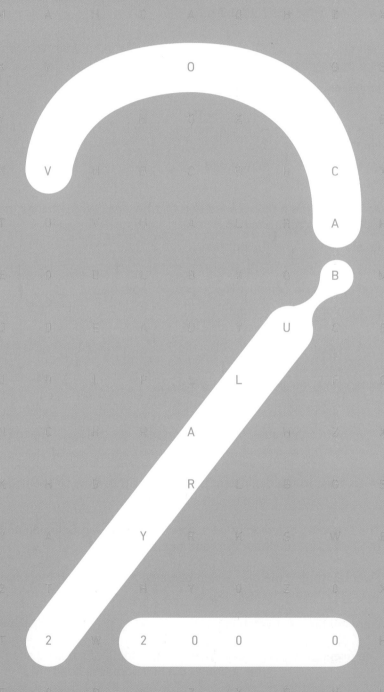

CHAPTER

2

VOCABULARY

2 2000

ENLARGING VOCABULARY THROUGH CENTRAL IDEAS

중심 개념으로
어휘 확장

ENLARGING VOCABULARY THROUGH CENTRAL IDEAS

중심 개념으로 어휘 확장

What is a central idea?

중심 개념이란 무엇인가?

Examine these words: *devour, edible, glutton, luscious, palatable, voracious.* What do they have in common? As you may have guessed, these words revolve around the idea of *eating*. We may therefore call *EATING* the central idea of this word group. Every central idea discussed in this book has several words that we can associate with it. For example, under *DISAGREEMENT* we may include *antagonize, discord, discrepancy, dissent, irreconcilable,* and *wrangle*. Similarly, we may group *bulwark, dynamic, impregnable, invigorate, robust,* and *vigor* under the central idea *STRENGTH*. In this chapter you will enlarge your vocabulary by learning words grouped under twenty central ideas like *EATING, DISAGREEMENT,* and *STRENGTH.*

다음 단어들을 살펴봅시다: devour, edible, glutton, luscious, palatable, voracious. 이들의 공통점은 무엇일까요? 이미 짐작한 분도 있겠지만, 이 단어들은 모두 '먹는다'는 의미를 지니고 있습니다. 따라서 이 단어군의 중심 개념이 '먹기(EATING)'라고 할 수 있는 것이지요. 이 책에서 논의되는 모든 중심 개념은 각각 그것과 관련시킬 수 있는 여러 개의 단어들을 갖고 있습니다. 예를 들면 '불일치(DISAGREEMENT)'라는 중심 개념 아래 antagonize, discord, discrepancy, dissent, irreconcilable, wrangle을, '힘(STRENGTH)'이라는 중심 개념 아래 bulwark, dynamic, impregnable, invigorate, robust, vigor를 같이 묶을 수 있겠습니다. 이 단원에서는 EATING, DISAGREEMENT, STRENGTH 등 20개의 중심 개념 아래 묶여져 있는 단어들을 학습함으로써 어휘력을 효과적으로 향상시킬 수 있습니다.

Why study words through central ideas?

왜 중심 개념을 통해 단어를 공부하는가?

When you study vocabulary by the central-ideas method, you are dealing with groups of related words. Each word you learn helps you with some other word, or words, in the group. Consider, for example, the words *frugal* and *economize* that you will meet under *POVERTY*. *Frugal* means "thrifty" or "avoiding waste." To *economize* is to "cut down expenses" or to "be frugal." Notice that *economize* can strengthen your grasp of *frugal*, and vice versa. As a result, you should be better able to understand, as well as use, both *frugal* and *economize*. By the interesting central ideas method, you can effectively learn many words in a short time.

중심 개념 방식으로 어휘를 공부할 때, 여러분은 '관련된' 단어들을 묶어서 다루게 될 것입니다. 여러분이 배우는 각 단어는 단어군 속의 다른 여러 단어들을 아는 데 도움이 됩니다. 예를 들어 '빈곤(POVERTY)'이라는 개념 아래 만나게 될 frugal과 economize 두 단어를 생각해 봅시다. frugal은 '절약하는(thrifty)', '소비를 피하는(avoiding waste)' 뜻이고, economize는 '비용을 줄이다 (to cut down expenses)', '절약하다(be frugal)'를 의미합니다. economize는 frugal의 뜻을 파악하는 데 도움이 되고, 그 반대의 경우도 마찬가지임을 주목하십시오. 결과적으로, 여러분은 frugal과 economize를 둘 다 더 잘 이해하고 사용할 수 있을 것입니다. 이러한 흥미로운 중심 개념 방식을 통해 여러분은 단시일 내에 많은 단어를 효과적으로 학습할 수 있습니다.

How to use this vocabulary chapter

이 단원의 활용 비법

1. Pay particular attention to the example sentences. Each sentence has been constructed to help you fix in mind the meaning and use of a new word. Follow up by constructing, at least in your mind, a similar sentence using your own context.
2. Do the exercises thoughtfully, not mechanically. Then review each word you have missed.
3. Make a point of using newly learned words whenever appropriate: in class discussions, informal conversations, compositions, and letters. A new word does not become a part of your vocabulary until you have used it a few times.

1. 예문을 특히 주의 깊게 살펴봅시다. 각 문장은 새로운 단어의 의미와 쓰임을 외우는 데에 도움이 되도록 만들어져 있으므로 적어도 머리 속에서 자기만의 문맥으로 이와 유사한 문장을 만들며 학습합니다.
2. 연습 문제를 기계적이 아닌 의미를 되새겨 가며 풀어봅시다. 틀린 문제는 다시 검토하세요.
3. 새로 배운 단어는 교실에서 토의할 때나 친구와 얘기할 때, 작문할 때, 편지 쓸 때 등 적절한 때에 언제든지 사용해 봅시다. 새로운 단어는 자주 사용해야 자기 것이 된다는 것을 잊지 마세요.

UNIT 1

중심 개념 1-5
Central Ideas 1–5

PRETEST

01 빈칸에 가장 적합한 답을 골라 그 기호를 써 넣으시오.

1 If you are **versatile**, you _____.
만약 다재다능하다면, 많은 일들을 잘할 수 있다.

(A) like sports   (B) are easily angered   (C) can do many things well

2 You have no reason to be **apprehensive**. Stop _____.
걱정할 이유가 없어요. 걱정 그만해요.

(A) boasting   (B) worrying   (C) arguing

3 When you are **rash**, you are _____.
경솔하게 행동한다면 위험을 무릅쓰게 된다.

(A) taking risks   (B) not in a hurry   (C) too cautious

4 **Affluent** people are _____.
부유한 사람은 재물이 아주 많다.

(A) polite   (B) poor   (C) very wealthy

5 Since we have _____, we don't have to be **frugal**.
우리는 넉넉하게 갖고 있으므로 알뜰하게 아끼지 않아도 된다.

(A) no means   (B) more than enough   (C) very little

중심 개념 1-5를 공부하면서 여러분은 방금 학습한 단어를 포함한 여러 가지 재미있고 유용한 단어를 익히게 될 것입니다.

정답 | 1. (C) 2. (B) 3. (A) 4. (C) 5. (B)

1. SKILL 기술

---

01 adroit
GRE | 공무원

adj. **skillful; clever; deft; dexterous**
능숙한, 영리한, 솜씨 좋은, 교묘한

Our adroit passing enabled us to score four touchdowns.

---

02 ambidextrous
GRE

adj. **양손잡이의**

Ruth is an ambidextrous hitter; she can bat right-handed or left-handed.

---

03 apprentice
토익 | 수능

n. **learner; beginner; novice; tyro**
견습공, 초보자, 신참

Young Ben Franklin learned the printing trade by serving as an apprentice to his half brother James.

---

04 aptitude
토플 | 텝스 | GRE | 수능

n. **bent; talent 소질, 재주**

Cindy is not clumsy with tools; she has mechanical aptitude.

---

05 craftsperson
수능

n. **artisan 기술자**

To build a house, you need the services of carpenters, bricklayers, plumbers, and electricians; each one must be a skilled craftsperson.

---

01 우리는 능숙한 패스 덕분에 터치다운 득점을 네 번 할 수 있었다.
02 루스는 양손잡이 타자다. 그녀는 오른손이나 왼손 모두 칠 수 있다.
03 어린 벤 프랭클린은 이복 형 제임스 밑에서 견습공으로 일하면서 인쇄업을 익혔다.
04 신디는 도구를 다루는 데 서툴지 않다. 그녀는 기계 다루는 재주를 타고났다.
05 집을 지으려면 목수, 벽돌공, 배관공, 전기기사의 도움이 필요한데 모두 숙련된 기술자여야 한다.

06 **dexterity**

토플

n. **deftness; adroitness; expertise** 솜씨, 전문 기술

You can't expect an apprentice to have the same **dexterity** as a skilled worker.

---

07 **maladroit**

GRE | 공무원

adj. **clumsy; inept; awkward** 솜씨 없는, 서투른, 무능한

A **maladroit** worker banged his thumb with a hammer.

---

08 **versatile**

SAT | GRE | 편입

adj. **many-sided; all-around** 다방면의, 다재 다능한

Leonardo da Vinci was remarkably **versatile**. He was a painter, sculptor, architect, musician, engineer and scientist.

---

06 견습공에게 숙련공과 똑같은 전문 기술을 기대할 수는 없다.

07 서투른 일꾼이 망치로 엄지손가락을 내리쳤다.

08 레오나르도 다빈치는 놀라울 정도로 다재다능했다. 그는 화가이자 조각가였으며 건축가이자 음악가, 엔지니어, 과학자였다.

---

m **mini exercise**　　**SKILL**　　　　　　　　　　　번역 P. 388

skill에 있는 단어의 빈칸을 채워 봅시다.

01 If you have musical ___ ___ ___ **it** ___ ___ ___, you ought to learn to play an instrument.

02 A century ago, one learned a trade by serving as a(n) ___ ___ ___ **rent** ___ ___ ___ .

03 Janet is a(n) ___ ___ ___ **sat** ___ ___ ___ athlete with letters in swimming, tennis, and volleyball.

04 When I injured my right hand, I realized what an advantage it must be to be ___ ___ **bid** ___ ___ ___ ___ ___ ___ ___.

05 A(n) ___ **rafts** ___ ___ ___ ___ ___ ___'s dexterity with tools is the result of years of experience.

정답 | 01. aptitude　02. apprentice　03. versatile　04. ambidextrous　05. craftsperson

2. POVERTY 빈곤

01	**destitute**	adj.	**not possessing the necessities of life; needy; indigent** **생활 필수품이 없는, 가난한, 곤궁한**

SAT | GRE | 수능 | 편입 | 공무원

The severe earthquake killed hundreds of persons and left thousands destitute.

02	**economize**	v.	**비용을 줄이다, 절약하다**

토익 | 편입

Consumers can economize by buying their milk in gallon containers.

03	**frugal**	adj.	**1. scanty 부족한** **2. economical; saving; thrifty 절약하는, 검소한**

토플 | GRE | 수능 | 공무원

1. The old man had nothing to eat but bread and cheese; yet he offered to share this frugal meal with his visitor.
2. My weekly allowance for lunches and fares isn't much, but I can get by on it if I am frugal.

04	**impoverish**	v.	**make very poor; bankrupt; ruin; pauperize** **매우 가난하게 하다, 파산시키다**

수능 | 편입

The increase in dues of only a dollar a year will not impoverish anyone.

05	**indigence**	n.	**poverty; penury 가난, 빈곤, 궁핍**

토플

By hard work, countless thousands of Americans have raised themselves from indigence to wealth.

---

01 강진으로 수백 명이 죽었고 수천 명은 생계가 어려워졌다.
02 갤런 용기에 든 우유를 구입하면 소비자들은 돈을 아낄 수 있다.
03 ① 노인에게 먹을 것이라곤 빵과 치즈밖에 없었다. 그러면서도 노인은 손님에게 이 부족한 끼니를 나눠먹자고 제의했다.
　　② 내가 점심값과 차비로 받는 일주일 용돈은 얼마 안 되지만, 절약하면 그럭저럭 버틸 수 있다.
04 1년에 회비가 고작 1달러 오른다고 해서 궁핍해질 사람은 없을 것이다.
05 수많은 미국인들이 열심히 일해서 가난에서 벗어나 부자가 됐다.

3. WEALTH^부

01 **affluent**
토플 | 탭스 | 편입

adj. **very wealthy; rich; opulent 매우 부유한, 풍부한, 풍족한**

The new wing to the hospital is a gift from an **affluent** humanitarian.

---

02 **avarice**
토플 | GRE

n. **greediness; cupidity 탐욕, 욕심**

If manufacturers were to raise prices without justification, they could be accused of **avarice**.

---

03 **avaricious**
SAT | 편입 | 공무원

adj. **greedy; grasping; covetous
욕심 많은, 탐욕스러운**

An **avaricious** person likes to get and keep, but not to give or share.

---

04 **covet**
토플 | 공무원

v. **desire; long for; crave 바라다, 열망하다, 갈망하다**

Jorge **coveted** his neighbor's farm but could not get her to sell it.

---

05 **dowry**
GRE

n. **지참금**

The **dowry** that his wife brought him enabled the Italian engraver Piranesi to devote himself completely to art.

---

01   병원에 새로 생긴 부속건물은 부유한 박애주의자의 선물이다.
02   제조업체가 정당한 이유 없이 가격을 올린다면 탐욕스럽다는 비난을 받을 수 있다.
03   탐욕스러운 사람은 취하고 지니는 것은 좋아하지만 남에게 주거나 남과 나누는 것은 좋아하지 않는다.
04   호르헤는 이웃의 농장이 탐났지만 그녀가 팔게 만들 수는 없었다.
05   아내가 가져온 지참금 덕분에 이탈리아 판화가 피라네시는 전적으로 예술에 전념할 수 있었다.

06 financial
수능 | 편입 | 공무원

adj. **monetary; pecuniary; fiscal**
금융의, 재정의, 회계의

People who keep spending more than they earn usually get into **financial** difficulties.

07 fleece
토플

v. **rob; cheat; swindle** 약탈하다, 빼앗다, 속여 빼앗다

If your sister paid $9000 for that car, she was **fleeced**.
The mechanic says it is worth $5500.

08 hoard
토플 | 편입

v. **accumulate; amass** 축적하다, 모으다, 매점하다

Aunt Bonnie had a reputation as a miser who **hoarded** every penny she could get her hands on.

09 lavish
SAT | GRE | 편입

adj. **1. profuse; prodigal**
후한, 아낌없는, 낭비하는, 방탕한
2. very abundant; extravagant; profuse
매우 풍부한, 필요 이상의, 많은

1. The young heir was warned that he would soon have nothing left if he continued to be **lavish** with money.
2. Vera's composition is good, but it doesn't deserve the **lavish** praise that Linda gave it.

10 lucrative
토플 | GRE | 편입 | 공무원

adj. **profitable; moneymaking**
이익이 되는, 돈벌이가 잘 되는, 수지가 맞는

Because the gift shop did not produce a sufficient profit, the owner decided to go into a more **lucrative** business.

---

06 버는 것보다 많이 쓰는 사람은 대개 재정 상태가 어려워진다.
07 만약 당신 여동생이 저 차를 9000달러에 샀다면 바가지를 썼네요. 정비사 말은 차가 5500달러짜리라던데.
08 보니 이모는 손에 들어온 돈은 한 푼도 남김없이 저축하는 구두쇠로 유명했다.
09 ① 젊은 상속자는 계속 돈을 헤프게 쓰다가는 곧 빈털터리가 될 것이라는 경고를 받았다.
   ② 베라의 작품이 훌륭하긴 하지만 린다가 아낌없이 칭찬한 만큼은 아니다.
10 선물가게에서 수익이 충분하지 않자 주인은 돈벌이가 더 괜찮은 사업에 착수하기로 결정했다.

11 means

SAT | 텝스 | 수능

n. **(pl.) wealth; property; resources 부, 재산, 자원**

To own an expensive home, a yacht, and a limousine, you have to be a person of **means**.

---

12 opulence

토플 | GRE | 공무원

n. **wealth; riches; affluence 부, 유복**

Dickens contrasts the opulence of France's nobility with the indigence of her peasants.

---

13 sumptuous

토익 | GRE | 편입

adj. **luxurious; costly 사치스러운, 비싼**

The car with the leather upholstery and thick rugs is beautiful but a bit sumptuous for my simple tastes.

---

11   값비싼 집과 요트, 리무진을 소유하려면 재력가여야 한다.
12   디킨스는 프랑스 귀족의 부유함과 농민들의 빈곤을 맞대어 비교한다.
13   가죽 커버와 두꺼운 깔개가 있는 차는 멋지긴 하지만 내 소박한 취향에는 조금 호사스럽다.

ⓜ mini exercise   POVERTY AND WEALTH   번역 P. 388

poverty와 wealth에 있는 단어의 빈칸을 채워 봅시다.

01   As a(n) ____ ____ **flu** ____ ____ ____ nation, the United States has given billions to aid the world's needy.

02   18th-century France was impoverished by the ____ ____ ____ ____ **use** spending of her royal family.

03   It is not surprising that needy people ____ ____ **vet** the possessions of prosperous neighbors.

04   The bride is bringing her husband a large dowry, as her parents are people of ____ ____ **an** ____.

05   If it does not begin to ____ **con** ____ ____ ____ ____ ____, the nation will be in serious financial trouble.

정답 | 01. affluent   02. profuse   03. covet   04. means   05. economize

4. FEAR 공포

01 apprehensive

SAT | 토플 | GRE | 편입

adj. **afraid; anxious 두려워하는, 염려하는, 걱정하는**

Apprehensive parents telephoned the school when the class was late in getting home from the museum.

---

02 cower

토플

v. **cringe; recoil (겁이 나서) 움츠리다, 주춤하다**

If you stand up to your bullying sister instead of cowering before her, she may back down.

---

03 dastardly

GRE

adj. **cowardly and mean 비겁하고 비열한**

It was dastardly of the captain to desert the sinking vessel and leave the passengers to fend for themselves.

---

04 intimidate

토플 | 편입

v. **frighten; cow; bully 겁을 주다, 위협하다, 들볶다**

The younger children would not have given up the playing field so quickly if the older ones hadn't intimidated them.

---

05 poltroon

GRE | 토플

n. **coward; dastard; craven 겁쟁이, 비겁자, 소심한 사람**

Like the poltroon that he was, Tonseten hid under a bed when he saw a fight coming.

---

01 수업이 늦어져 박물관에서 귀가하는 시간이 늦어지자 걱정이 된 학부모들이 학교에 전화했다.
02 만약 괴롭히는 언니 앞에서 네가 움츠리지 않고 맞서면, 언니는 포기하고 물러설지도 모른다.
03 가라앉는 배를 버리고 승객들이 혼자 힘으로 버티도록 방치한 선장의 처사는 비열했다.
04 나이 많은 아이들이 겁을 주지 않았다면 어린 아이들이 그렇게 빨리 운동장을 내주진 않았을 것이다.
05 싸움이 벌어질 낌새가 보이자 톤세텐은 여느 때처럼 겁쟁이가 되어 침대 밑에 숨었다.

06 timid

수능 | 편입

adj. **fearful; timorous; shy**
무서워하는, 소심한, 수줍어하는

If the other team challenges us, we should accept. Let's not be so timid!

07 trepidation

SAT | GRE

n. **fear; fright; trembling 두려움, 공포, 전율**

I thought Carol would be nervous when she made her speech, but she delivered it without trepidation.

---

06 상대 팀이 도전하면 우린 응해야 해. 너무 겁먹지 말자!

07 나는 캐롤이 연설하면서 긴장할 줄 알았는데, 그녀는 조금도 흔들리지 않고 연설해 나갔다.

5. COURAGE 용기

01 audacious
SAT | 편입

adj. **1. bold; fearlessly daring 대담한, 두려움을 모르는**
2. insolent; impudent 뻔뻔스러운, 무례한

1. The audacious sea captain set a course for uncharted waters.
2. After we had waited for about twenty minutes, an audacious latecomer strolled up and tried to get in at the head of our line.

02 audacity
토플 | GRE | 공무원

n. **nerve; rashness; temerity 용기, 담력, 만용**

Oliver Twist, nine-year-old poorhouse inmate, was put into solitary confinement when he had the audacity to ask for a second helping of porridge.

03 dauntless
토플 | GRE

adj. **fearless; intrepid; valiant 겁이 없는, 용맹스러운, 씩씩한**

The frightened sailors wanted to turn back, but their dauntless captain urged them to sail on.

04 exploit
토플 | 수능 | 편입 | 공무원

n. **daring deed; feat 대담한 행위, 공적, 위업**

Amelia Earhart won worldwide fame for her exploits as an aviator.

05 fortitude
토플 | GRE | 수능 | 편입

n. **endurance; bravery; pluck; backbone; valor**
인내, 용기, 담력, 용맹

The officer showed remarkable fortitude in remaining on duty despite a painful wound.

---

01 ① 대담한 선장은 해도(海圖)에도 나타나지 않는 바다를 향해 항로를 잡았다.
    ② 우리가 20분 정도 기다린 뒤에 뻔뻔스럽게도 어떤 사람이 뒤늦게 걸어와서는 줄 맨 앞에 끼어들려고 했다.
02 구빈원에서 살던 아홉 살짜리 올리버 트위스트는 용감하게 죽을 더 달라고 부탁했다가 독방에 갇혔다.
03 겁에 질린 선원들은 되돌아가고 싶었지만, 용감무쌍한 선장은 계속 항해하라고 다그쳤다.
04 아멜리아 에어하트는 비행사로 위업을 이루어 세계적인 명성을 얻었다.
05 장교는 아픈 상처에도 임무를 계속하면서 놀라운 강인함을 보였다.

06 indomitable
토플 | GRE

adj. **unconquerable; invincible 정복할 수 없는, 무적의**

The bronco that would not be broken threw all its riders. It had an indomitable will to be free.

07 plucky
GRE

adj. **courageous; brave; valiant; valorous**
용감한, 씩씩한, 대담한

After two days on a life raft, the plucky survivors were rescued by a helicopter.

08 rash
수능

adj. **overhasty; foolhardy; reckless; impetuous**
경솔한, 무모한, 저돌적인, 분별없는

When you lose your temper, you may say or do something rash and regret it afterward.

---

06 야생마는 굴종을 거부하며 올라타는 사람들을 모조리 내팽개쳤다. 녀석에게는 자유로워지려는 불굴의 의지가 있었다.

07 용감한 생존자들은 구명 뗏목에 올라 이틀을 버틴 뒤 헬리콥터로 구조되었다.

08 성질이 나면, 경솔한 말이나 행동을 하고 나중에 그것을 후회할 수 있다.

ⓜ mini exercise **FEAR AND COURAGE** 번역 P. 388

fear와 courage에 있는 단어의 빈칸을 채워 봅시다.

01 Don't think you can ___ ___ ___ ___ ___ ___ **date** us by shaking your fists at us!

02 Queen Elizabeth I knighted Francis Drake for his ___ ___ ___ ___ ___ **its** at sea.

03 The champions looked ___ ___ ___ ___ ___ ___ **tab** ___ ___ when they took the field, but we beat them.

04 Who would have thought that a(n) ___ ___ **mid** sophomore like Sophie would have had the courage to address so large an audience?

05 It would be ____ **as** ____ to drop out of school because of failure in a single test.

정답 | 01. intimidate 02. exploits 03. indomitable 04. timid 05. rash

EXERCISES

1   이탤릭 체로 쓰여진 말과 같은 뜻이 되도록 단어를 완성하시오.

1) *daring deeds*

   For his e ___ ___ ___ ___ ___ ___ s at sea, Francis Drake was knighted by Queen Elizabeth I.

2) *cut down expenses*

   You can e ___ ___ ___ ___ ___ ___ ___ e by taking a bus instead of a taxi.

3) *natural tendency to learn, talent*

   I wouldn't be surprised if you became an interpreter because you have an a ___ ___ ___ ___ ___ ___ e for foreign languages.

4) *cowardly and mean*

   The bombing of the hospital was denounced as a d ___ ___ ___ ___ ___ ___ ___ y act.

5) *thrifty*

   If we are not e ___ ___ ___ ___ ___ ___ ___ ___ l in the use of our natural resources, future generations will suffer.

6) *skillful*

   It is hard to beat Bob in checkers. He is very a ___ ___ ___ ___ t in setting a trap for his opponent.

7) *incapable of being subdued, unconquerable*

   Many conquerors have been able to subdue a nation, but not its will to be free. That spirit remained i ___ ___ ___ ___ ___ ___ ___ ___ ___ e.

8) *without the necessaries of life*

   Hundreds of flood victims have lost all their possessions and are now d ___ ___ ___ ___ ___ ___ ___ e.

2 다음 단어의 반대말을 오른쪽에서 골라 빈칸에 그 기호를 써 넣으시오.

1) wasteful   _____
2) cowardly deed   _____
3) indigence   _____
4) skilled with neither hand   _____
5) increase expenses   _____
6) with careful thought   _____
7) very poor   _____
8) make rich   _____
9) clumsiness   _____
10) not anxious   _____

> (a) economize
> (b) impoverish
> (c) frugal
> (d) affluent
> (e) rash
> (f) apprehensive
> (g) opulence
> (h) dexterity
> (i) ambidextrous
> (j) exploit

3 다음 밑줄 친 단어와 뜻이 가장 비슷한 말을 고르시오.

1) fiscal report
  (a) scanty   (b) financial   (c) fearless   (d) impudent

2) inept handling
  (a) bold   (b) reckless   (c) maladroit   (d) deft

3) artistic bent
  (a) design   (b) taste   (c) course   (d) aptitude

4) versatile leader
  (a) many-sided   (b) unskilled   (c) timid   (d) audacious

5) with trepidation
  (a) embarrassment   (b) fright   (c) fortitude   (d) avarice

4 빈칸에 가장 알맞은 단어를 아래 목록에서 골라 쓰시오.

impoverished	fleeced	bullied	valor
coveted	lucrative	deliberate	cowered
pecuniary	economized	audacity	aptitude

1) The patient's hospital and medical bills, amounting to several thousand dollars, were covered by insurance. Otherwise, he would have been _____.

2) A student who is talented in one subject may have little or no _____ in another.

3) Two seniors _____ a monitor into letting them use the side exit, but they were stopped outside by a teacher.

4) If my savings are not enough for my college expenses, I shall need _____ assistance.

5) The Academy Award statuette known as an "Oscar" is the prize most _____ by movie stars.

6) The first year Mrs. Michaels had her gift shop, she lost money. Since then, however, she has developed it into a(an) _____ business.

7) Our nation's highest award for _____ is the Congressional Medal of Honor.

8) Since the matter is important, let's take time to think. We need a(an) _____ decision, not rash one.

9) Imagine the _____ of that thief! He tried to commit a robbery directly across the street from police headquarters!

10) If you paid $130 for that camera, you were _____. I saw it in a department store for $50.

중심 개념 6-10

Central Ideas 6-10

PRETEST

01 빈칸에 가장 적합한 답을 골라 그 기호를 써 넣으시오.

1   An **estranged** friend is a friend _____.

사이가 멀어진 친구란 나와 다툰 친구다.

(A) you hardly know
(B) with whom you have quarreled
(C) who has moved away

2   If a criminal's name is **divulged**, it is _____.

범인의 이름이 공표되면 널리 알려지게 된다.

(A) made public   (B) kept secret   (C) legally changed

3   The two nations are old _____ because their goals almost always **correspond**.

두 나라는 목표가 거의 항상 일치하므로 오랜 동맹국이다.

(A) allies   (B) rivals   (C) enemies

4   _____ is not a **condiment**.

상추는 조미료가 아니다.

(A) Pepper   (B) Lettuce   (C) Mustard

5   Anything that is **latent** cannot be _____.

숨어 있는 것은 눈에 보이지 않는다.

(A) present   (B) hidden   (C) visible

여러분이 방금 학습한 단어들은 중심 개념 6-10에서 배울 새로운 어휘의 한 예입니다.

정답 | 1. (B) 2. (A) 3. (A) 4. (B) 5. (C)

6. CONCEALMENT 은닉

01 alias
GRE | 편입

n. **가명, 별명**

Inspector Javert discovered that Monsieur Madeleine was not the mayor's real name but an **alias** for Jean Valjean, the ex-convict.

adv. alias 일명 …, 별명으로

02 clandestine
토플 | GRE | 편입

adj. **secret; covert; underhand; undercover**
비밀의, 은밀한

Before the Revolutionary War, a patriot underground organization used to hold **clandestine** meetings in Boston.

03 enigma
SAT | GRE | 편입 | 공무원

n. **puzzling statement; riddle; mystery; puzzling problem or person**
영문을 모를 말, 수수께끼, 불가사의, 이해할 수 없는 문제 또는 사람

I have read the sentence several times but cannot understand it. Maybe you can help me with this **enigma**.

adj. enigmatic 불가사의한, 당혹스럽게 하는, 어려운, 모호한

04 latent
토플 | GRE

adj. **dormant; potential 잠복한, 잠재하는**

A good education will help you discover and develop your **latent** talents.

---

01   자베르 경감은 마들렌 씨가 시장의 본명이 아니라 전과자인 장발장의 가명이라는 것을 알게 됐다.
02   독립전쟁 이전에는 한 애국 지하조직이 보스턴에서 비밀회의를 열곤 했다.
03   그 문장을 여러 번 읽었지만 이해할 수가 없어요. 당신이 이 수수께끼를 풀도록 도와줘요.
04   훌륭한 교육은 당신이 잠재된 재능을 발견하고 계발하는 데 도움이 될 것이다.

| 05 | **lurk** | v. | **1. 숨어있다, 잠복하다** |
| | 텝스 \| 수능 | | **2. sneak; slink 몰래 움직이다, 살며시 도망치다** |

Katherine called the police when she noticed a stranger **lurking** behind her neighbor's garage.

| 06 | **seclude** | v. | **hide; cloister; sequester** |
| | 토플 \| 수능 | | **숨기다, 은둔시키다, 격리하다** |

To find a quiet place to study, Amy had to **seclude** herself in the attic.

| 07 | **stealthy** | adj. | **catlike; sly; furtive** |
| | 토플 \| 공무원 | | **몰래 다니는, 은밀한** |

The spy had to be very **stealthy** to get past the two guards without being noticed.

05　캐서린은 이웃집 차고 뒤에 숨어 있는 낯선 사람을 발견하고 경찰에 신고했다.

06　에이미는 공부할 만한 조용한 장소를 찾아 다락방에 숨어야 했다.

07　스파이는 경비원 둘에게 들키지 않고 지나가려고 아주 살금살금 움직여야 했다.

7. DISCLOSURE 폭로

01 **apprise**

토플

v. **inform; notify; advise 알리다, 통지하다**

The magazine has **apprised** its readers of an increase in rates beginning May 1.

---

02 **avowal**

SAT

n. **admission; confession 승인, 자백, 고백**

The white flag of surrender is an **avowal** of defeat.

---

03 **divulge**

토플 | GRE | 편입

v. **make public; disclose; reveal; tell**
공개하다, 폭로하다, 누설하다, 말하다

I told my secret only to Margaret because I knew she would not **divulge** it.

---

04 **elicit**

토플 | GRE

v. **draw forth; bring out; evoke; extract**
끌어내다, 캐내다, 유도하다

By questioning the witness, the attorney **elicited** that it was raining at the time of the accident.

---

05 **enlighten**

SAT | 수능

v. **free from ignorance; inform; instruct**
무지에서 벗어나게 하다, 교육하다

The newcomer was going in the wrong direction until someone **enlightened** him that his room was at the other end of the hall.

---

01 잡지사는 독자들에게 5월 1일부터 가격을 인상한다고 통지했다.
02 항복하는 백기는 패배를 인정하는 것이다.
03 마가렛이 비밀을 누설하지 않으리라는 것을 알았기 때문에 나는 마가렛에게만 비밀을 털어놓았다.
04 변호사는 증인을 심문해 사고 당시 비가 내리고 있었다는 사실을 캐냈다.
05 신입은 엉뚱한 방향으로 가다가 누군가 자신의 방이 복도 반대편 끝에 있다는 걸 알려주고야 깨달았다.

06 manifest

토플 | GRE | 수능 | 편입

v. **show; reveal; display; evidence**
보이다, 드러내다, 명백히 하다

I am surprised that Harriet is taking an art course because she has never, to my knowledge, manifested any interest in the subject.

adj. manifest 분명한, 명백한

---

07 overt

토플 | GRE | 공무원

adj. **public; manifest 공개적인, 분명한**

The concealed camera recorded the overt acceptance of the bribe.

---

06 나는 해리엇이 미술 강좌를 듣는다는 사실이 놀랍다. 왜냐하면 내가 알기로 그녀는 그 과목에 대해 관심을 보인 적이 없기 때문이다.

07 숨겨 놓은 카메라는 공공연한 뇌물 수수 장면을 녹화했다.

(m) mini exercise — CONCEALMENT AND DISCLOSURE

번역 P. 388

concealment와 disclosure에 있는 단어의 빈칸을 채워 봅시다.

01 Price fluctuations are often ___ ___ ___ ___ **mat** ___ ___; we cannot tell why they occur.

02 Can I call without ___ ___ ___ ___ ___ **gin** ___ my identity?

03 He is confused. Will you please ___ ___ **light** ___ ___ him?

04 Two large companies were suspected of having made a **cove** ___ ___ agreement to fix prices.

05 It takes time for ___ ___ **tent** talents to show themselves.

정답 | 01. enigmatic   02. divulging   03. enlighten   04. covert   05. latent

8. AGREEMENT 일치

01 **accede** 텝스 | GRE	v.	**(usually followed by *to*) agree; assent; consent; acquiesce** **(보통 to가 붙는다) 동의하다, 일치하다, 찬성하다, 묵묵히 따르다** When I asked my teacher if I might change my topic, he readily **acceded** to my request.
02 **accord** 토플 | GRE | 수능 | 공무원	n.	**agreement; harmony 일치, 조화** Though we are in **accord** on what our goals should be, we differ on the means for achieving them.
03 **compact** 토익 | 토플 | GRE | 수능	n.	**agreement; understanding; accord; covenant** **동의, 협정, 약정, 계약** The states bordering on the Delaware River have entered into a **compact** for the sharing of its water.
04 **compatible** 토플 | GRE | 수능	adj.	**in harmony; agreeable; congenial** **조화되는, 마음이 맞는** Arthur and I can't be on the same committee. We're not **compatible**.
05 **compromise** SAT | 텝스 | 수능 | 편입	n.	**타협** At first, the union and management were far apart on wages, but they finally came to a **compromise**.

---

01 내가 선생님께 주제를 바꿔도 되는지 여쭸더니, 선생님은 내 요청에 선뜻 동의하셨다.
02 우리는 목표가 무엇이어야 하는지에 대해서는 의견이 일치하지만, 목표를 달성하기 위한 수단에는 의견 차이가 있다.
03 델라웨어 강에 접한 주들은 강물을 공유하기 위한 협약을 맺었다.
04 아서와 나는 같은 위원회에 있을 수 없다. 우리는 마음이 맞지 않는다.
05 처음에는 노조와 경영진이 임금을 놓고 견해차가 컸지만 마침내 타협이 이루어졌다.

06	**conform**	v.	**comply; obey** (관습 등에) 순응하다, 복종하다
	토플ㅣ편입		When a new style in clothes appears, do you hasten to **conform**?

07	**consistent**	adj.	**keeping to the same principles throughout; in accord; compatible; consonant** 끝까지 원칙을 고수하는, 일치하는, 양립하는, 모순이 없는
	토플ㅣ텝스ㅣ수능		By bringing up an unrelated matter you are not being **consistent** with your previous statement that we should stick to the topic.

08	**correspond**	v.	**agree; be in harmony; match; fit; be similar** 일치하다, 조화를 이루다, 부합하다, 같다
	토익ㅣ토플ㅣ수능		The rank of second lieutenant in the Army **corresponds** to that of ensign in the Navy.

09	**dovetail**	v.	**interlock with** 들어맞다
	토플ㅣ공무원		Gilbert's skill as a writer **dovetailed** with Sullivan's talent as a composer, resulting in the famous Gilbert and Sullivan operettas.

10	**reconcile**	v.	화해시키다, 조화시키다
	GREㅣ수능		After their quarrel, Althea and Pat refused to talk to each other until I **reconciled** them.

11	**relent**	v.	성질이 누그러지다, 양보하다
	토플ㅣ텝스		Serena gave her parents so many good reasons for letting her borrow the car that they finally **relented**.

---

06 새로운 스타일의 옷이 등장하면 서둘러 유행에 따르나요?
07 관련이 없는 문제를 제기함으로써 당신은 주제를 고수해야 한다는 당신의 과거 발언과 모순된 입장을 보이고 있다.
08 육군 소위 계급은 해군 소위 계급에 해당한다.
09 작가로서 길버트의 역량이 작곡가로서 설리번의 재능과 잘 어우러져 유명한 길버트와 설리번 오페레타가 탄생했다.
10 싸우고 난 뒤 알시아와 팻은 서로 말도 섞지 않다가 내가 화해시키고 나서야 풀렸다.
11 세레나가 차를 빌려줘야 하는 정당한 이유를 부모님께 수없이 제시하자 부모님은 결국 양보하셨다.

9. DISAGREEMENT 불일치

01 altercation
GRE | 공무원

n. **quarrel, wrangle** 언쟁, 논쟁, 입씨름

We halted the altercation by separating the two opponents before they could come to blows.

02 antagonize
수능

v. **적대시하다, 적대감을 일으키다**

The official antagonized the leader of her own party by not campaigning for him.

03 cleavage
GRE

n. **split; division; schism; chasm**
분열, 분리, 불화, 깊게 갈라진 틈

We hope compromise will repair the cleavage in our ranks.

04 discord
SAT | 토플 | 수능 | 편입

n. **disagreement; dissension; strife**
불일치, 불화, 다툼

Billy Budd put an end to the discord aboard the "Rights-of-Man." He was an excellent peacemaker.

---

01 우리는 주먹다짐 직전에 두 사람을 떼어놓아 말다툼을 중지시켰다.
02 그 당직자는 당대표를 위해 선거운동을 하지 않아 당대표의 반감을 샀다.
03 우리는 절충안이 구성원들 사이의 균열을 메우기 바란다.
04 빌리 버드는 '인권'호에서 있었던 불화에 종지부를 찍었다. 그는 탁월한 중재자였다.

05	**discrepancy**	n.	**difference; disagreement; variation; inconsistency**

05 **discrepancy**
편입 | 공무원

n. **difference; disagreement; variation; inconsistency**
차이, 불일치

Eighty people were at the dance but only seventy-four tickets were collected at the door. What accounts for this **discrepancy**?

06 **dissent**
SAT | 토플 | 수능

v. **disagree; object 의견이 다르다, 반대하다**

The vote approving the amendment was far from unanimous; six members **dissented**.

07 **embroil**
토플

v. **분쟁에 끌어들이다**

My enthusiastic support for Lynette's candidacy soon **embroiled** me in a debate with her opponents.

08 **estrange**
GRE | 편입

v. **separate; alienate 갈라서게 하다, 이간하다**

A quarrel over an inheritance **estranged** the brothers for many years.

09 **friction**
토플 | GRE | 수능

n. **disagreement 불일치, 마찰**

At the budget hearing, there was considerable **friction** between the supporters and the opponents of higher taxes.

10 **irreconcilable**
SAT | 공무원

adj. **not reconcilable; incompatible 타협할 수 없는, 사이가 나쁜**

It is doubtful whether anyone can make peace between the estranged partners; they have become **irreconcilable**.

---

05 80명이 무도회에 참석했지만, 입구에서 수거한 입장권은 겨우 74장이었다. 왜 이렇게 차이가 날까?
06 수정안 승인 투표는 만장일치에 훨씬 못 미쳤는데, 회원 여섯 명이 반대했다.
07 내가 리넷의 입후보를 열렬히 지지하자 곧 그녀를 반대하는 사람들과 논쟁에 휘말렸다.
08 유산을 둘러싼 다툼으로 여러 해 동안 형제들 사이가 틀어졌다.
09 예산안 심사에서 증세에 찬성하는 쪽과 반대하는 쪽 사이에 심한 마찰이 있었다.
10 서로 틀어진 동료들을 화해시킬 사람이 있을지 모르겠다. 그들은 화해가 불가능할 정도로 사이가 나빠졌다.

11 litigation

토익 | 토플 | GRE

n. **lawsuit; act or process of carrying on a lawsuit**
소송, 고소, 소송제기

Some business disputes can be settled out of court; others require litigation.

12 at variance

토플 | GRE

in disagreement; at odds 일치하지 않는, 사이가 좋지 않은

Cynthia is an independent thinker. Her opinions are often at variance with those of the rest of our group.

13 wrangle

SAT

v. **quarrel noisily; brawl; bicker**
큰 소리로 싸우다, 말다툼하다

When I left, two neighbors were quarreling noisily. When I returned an hour later, they were still wrangling.

---

11   어떤 사업 분쟁은 합의로 해결할 수 있지만, 소송이 필요한 분쟁도 있다.
12   신시아는 독립적으로 사고한다. 그녀의 의견은 종종 우리 집단 내 다른 사람들의 의견과 일치하지 않는다.
13   내가 나갈 때 이웃 사람 둘이 시끄럽게 다투고 있었다. 한 시간 뒤 돌아왔을 때도 그들은 여전히 큰 소리로 싸우고 있었다.

---

m mini exercise   **AGREEMENT AND DISAGREEMENT**   번역 P. 389

agreement와 **disagreement**에 있는 단어의 빈칸을 채워 봅시다.

01   We tried to ___ ___ **con** ___ ___ ___ ___ the two friends who had quarreled, but we failed.

02   If our bus and train schedules ___ ___ ___ ___ **tail**, we won't have to sit around in the waiting rooms.

03   Both sides must give in a little if there is to be a(n) ___ ___ ___ ___ **act**.

04   Our dog and cat are ___ ___ ___ **pat** ___ ___ ___ ___ ; they get along well.

05   There is no reason for you to ___ ___ ___ ___ **oil** yourself in their altercation.

정답 | 01. reconcile   02. dovetail   03. compact   04. compatible   05. embroil

10. EATING 섭취

01 **condiment**

GRE | 편입

n. **seasoning 조미료, 양념**

There is a shelf in our kitchen for pepper, salt, mustard, catsup, and other condiments.

---

02 **devour**

토플 | 공무원

v. **eat up greedily; dispatch 게걸스럽게 먹다, 식사를 빨리 마치다**

The hikers were so hungry that they devoured the food as fast as it was served.

---

03 **edible**

토플 | 텝스 | 수능 | 편입

adj. **eatable; comestible; nonpoisonous 먹을 수 있는, 독이 없는**

Never eat wild mushrooms, even though they look edible. They may be poisonous.

---

04 **glutton**

SAT | GRE

n. **1. 대식가**
2. 어떤 일을 하거나 견디는데 있어서 대단한 능력을 가진 사람

1. Andrea had a second helping and would have taken a third except that she didn't want to be considered a glutton.
2. He is a glutton for punishment.

---

05 **luscious**

SAT | GRE

adj. **delicious; juicy and sweet; delectable 맛 좋은, 즙이 많고 달콤한, 즐거운, 기쁜**

Ripe watermelon is luscious. Everyone will want a second slice.

---

01 우리 부엌에는 후추, 소금, 겨자, 케첩 등 각종 조미료를 놓는 선반이 있다.
02 등산객들은 너무 배가 고파서 음식이 나오는 족족 게걸스럽게 먹어 치웠다.
03 야생 버섯은 먹을 수 있어 보여도 절대 먹지 마라. 독이 있을지도 모른다.
04 ① 안드레아는 두 그릇을 먹었는데 대식가로 보일까 봐 걱정하지 않았다면 세 그릇도 먹었을 것이다.
② 그는 어떤 고생에도 끄떡없는 사람이다.
05 잘 익은 수박은 달콤하다. 누구나 한 조각 더 먹으려 할 것이다.

06 palatable
토플

adj. **agreeable to the taste; savory; pleasing**
입맛에 맞는, 맛 좋은, 만족한

The main dish had little flavor, but I made it more
palatable by adding condiments.

07 slake
GRE | 편입

v. **quench; satisfy**
(갈증 따위를) 풀다, 만족시키다, 충족시키다

On a sultry afternoon, there is a long line of people at the
drinking fountain, waiting to slake their thirst.

08 succulent
토플 | GRE | 공무원

adj. **juicy** 즙이 많은, 수분이 많은

The steak will be dry if you leave it in the oven longer. Take
it out now if you want it to be succulent.

09 voracious
토플 | GRE

adj. **gluttonous; ravenous** 많이 먹는, 굶주린, 탐욕스러운

If Chester skips breakfast, he is voracious by lunchtime.

---

06 메인 요리는 맛이 없었지만 나는 조미료를 넣어 더 입맛에 맞게 만들었다.
07 무더운 오후, 식수대에는 갈증을 풀기 위해 사람들이 길게 줄을 서 기다린다.
08 스테이크는 오븐에 더 오래 두면 육즙이 빠져 말라버려요. 육즙이 많은 게 좋으면 지금 꺼내세요.
09 체스터는 아침을 거르면 점심시간에 많이 먹는다.

ⓜ mini exercise   EATING
번역 P. 389

eating에 있는 단어의 빈칸을 채워 봅시다.

01 There will be a choice of beverages for ____ ____ ____ **king** your thirst.

02 Please leave some of that pie for us; don't be ____ ____ ____ ____ ____ ____ ____ **ous**.

03 These oranges have too much pulp; they are not ____ ____ ____ ____ **lent**.

04 We have plenty of food on hand when our relatives come for dinner because they have ____ **or**
____ ____ ____ ____ ____ ____ appetites.

05 Some prefer their food served unseasoned so that they themselves may add the ____ ____
____ **dim** ____ ____ ____ s.

정답 | 01. slaking   02. gluttonous   03. succulent   04. voracious   05. condiments

EXERCISES

1 왼쪽 말과 뜻이 같은 단어를 오른쪽에서 골라 빈칸에 그 기호를 쓰시오.

1) unfit for human consumption   _____

2) open acknowledgment   _____

3) not hidden   _____

4) carried on in secrecy   _____

5) soften in temper   _____

6) lie in ambush   _____

7) quarrel noisily   _____

8) showing no contradiction   _____

(a) overt
(b) lurk
(c) relent
(d) consistent
(e) inedible
(f) wrangle
(g) avowal
(h) clandestine

2 다음 밑줄 친 단어와 뜻이 가장 비슷한 말을 고르시오.

1) mild seasoning
(a) disagreement   (b) weather   (c) temperature   (d) condiment

2) unrelenting fury
(a) forgiving   (b) unhurried   (c) unyielding   (d) momentary

3) costly litigation
(a) treaty   (b) lawsuit   (c) compromise   (d) cleaving

4) dissenting opinion
(a) harsh   (b) disagreeing   (c) foolish   (d) hasty

5) stealthy manner
(a) sly   (b) rude   (c) stylish   (d) courteous

3 다음 두 단어 중 문맥에 적합한 것을 고르시오.

1) In my conversation with Lester, I _____ the information that he was born in Chicago.

   (a) divulged   (b) elicited

2) I was _____ by the first paragraph. Its meaning is quite manifest.

   (a) enlightened   (b) confused

3) There is little hope of _____ because our ideas on the main issues do not correspond.

   (a) harmony   (b) discord

4) Before Carol antagonized Margaret at the meeting, they had never been _____.

   (a) at variance   (b) in accord

4 빈칸에 가장 알맞은 단어를 아래 목록에서 골라 쓰시오.

avow   dovetail   altercation   apprised   slake

1) When you realize you are wrong, you should not be too proud to _____ it.

2) To solve a picture puzzle you must be able to _____ the pieces.

3) The _____ started when Bob refused to retract his remark about Tom's brother.

4) The decision of the committee was no surprise to me, for I had been _____ of it a week earlier.

5) I could hardly wait for the lecture to end so that I could go to the fountain and _____ my thirst.

정답 | 1. 1) (e) 2) (g) 3) (a) 4) (h) 5) (c) 6) (b) 7) (f) 8) (d) 2. 1) (d) 2) (c) 3) (b) 4) (b) 5) (a) 3. 1) (b) 2) (a) 3) (a) 4) (a)

     4. 1) avow 2) dovetail 3) altercation 4) apprised 5) slake

중심 개념 11-15
Central Ideas 11-15

PRETEST
—

01 빈칸에 가장 적합한 답을 골라 그 기호를 써 넣으시오.

1   A wait of _____ before being served is **inordinate**.
두 시간을 기다려야 음식이 나온다는 건 지나치다.

(A) five minutes   (B) two hours   (C) thirty seconds

2   **Cogent** arguments are _____.
설득력 있는 주장은 납득이 간다.

(A) illogical   (B) preventable   (C) convincing

3   A **scrupulous** person has a high regard for _____.
양심적인 사람은 옳은 것을 중요하게 여긴다.

(A) what is right   (B) those in authority   (C) what is beautiful

4   If you feel **enervated**, you are not so _____ as usual.
만약 기운이 없다고 느낀다면, 평상시처럼 건강하지 않은 것이다.

(A) bored   (B) nervous   (C) strong

5   A team that **defaults** _____ the game.
경기에 나오지 않은 팀은 패배한다.

(A) delays   (B) loses   (C) wins

문제를 풀어보니 어떤가요? 맞히지 못했거나 잘 모르는 문제는 중심 개념 11-15를 공부하는 동안에 해결될 것입니다.

정답 | 1. (B) 2. (C) 3. (A) 4. (C) 5. (B)

11. SIZE, QUANTITY 크기, 분량

01 colossal
GRE | 편입 | 공무원

adj. **huge; enormous; gigantic; mammoth; vast**
거대한, 매우 큰, 방대한

The game was played in a colossal sports arena with a seating capacity of more than 60,000.

02 commodious
GRE

adj. **spacious and comfortable; roomy; ample; not confining**
넓고 편안한, 여유가 있는, 충분한, 넉넉한

It will be easy to move in the equipment because the halls and stairways are commodious.

03 gamut
SAT | GRE

n. **(특정한 종류의) 전체[전반]**

First I thought I had done very well, then well, and finally, poorly. I ran the gamut from confidence to despair.

04 infinite
토플 | 텝스 | 수능

adj. **boundless; endless; inexhaustible**
무한한, 끝없는, 무궁무진한, 지칠 줄 모르는

We do not know whether space is bounded or infinite.

05 infinitesimal
텝스 | GRE

adj. **immeasurably small; very minute** 아주 작은, 미세한

If there is any salt in this soup, it must be infinitesimal. I can't taste it.

---

01   경기는 수용 능력이 6만 명 이상인 거대한 스포츠 경기장에서 열렸다.
02   복도와 계단이 널찍해서 장비를 들여놓기 쉬울 것이다.
03   처음에는 썩 잘했다고 생각했고, 다음에는 잘했다고 생각했고, 마지막에는 형편없다고 생각했다.
      나는 자신감에서 절망까지 온갖 감정을 느꼈다.
04   우리는 우주가 유한한지 아니면 무한한지 모른다.
05   이 수프에 소금이 들어갔다고 해도 극히 적은 양일 것이다. 짠맛이 나지 않는다.

06	**inflate**	v.	**expand; puff up 부풀게 하다, 팽창시키다**

토플

Since one of the tires had lost air, we stopped at a gas station to inflate it.

07	**inordinate**	adj.	**excessive; immoderate 지나친, 무절제한, 엄청난**

토플 | GRE

If you eat an inordinate amount of sweets, you are likely to gain weight.

08	**iota**	n.	**very small quantity; infinitesimal amount; bit 아주 적은 양, 극소량**

SAT

If you make the same mistake again, despite all my warnings, I will not have one iota of sympathy for you.

09	**magnitude**	n.	**size; greatness; largeness; importance 크기, 큼, 위대함, 중요함**

토익 | 텝스 | GRE | 수능

To supervise eight hundred employees is a responsibility of considerable magnitude.

10	**picayune**	adj.	**petty; small; of little value 사소한, 작은, 별 가치가 없는**

공무원

In studying, don't spend too much time on picayune details. Concentrate on the really important matters.

11	**pittance**	n.	**적은 양, 하찮은 임금이나 수당**

GRE

At those low wages, few will apply for the job. Who wants to work for a pittance?

---

06 타이어 하나가 바람이 빠져서 우리는 주유소에 들러 타이어에 바람을 넣었다.
07 절제하지 않고 단 것을 마구 먹으면 살이 찌기 쉽다.
08 내가 이렇게 경고하는데도 네가 또 같은 실수를 저지른다면, 나는 눈곱만큼도 널 동정하지 않을 거야.
09 직원 800명을 감독하는 일은 상당히 중요한 책무다.
10 공부할 때는 자질구레한 것들에 너무 시간을 많이 쓰지 마라. 정말 중요한 문제에 집중하라.
11 그런 박봉에 그 일에 지원하는 사람은 거의 없을 것이다. 쥐꼬리만큼 받고 일할 사람이 어디 있을까?

12 puny

SAT

adj. **weak; insignificant 약한, 하찮은**

The skyscraper dwarfs the surrounding buildings. By comparison to it, they seem **puny**.

---

13 superabundance

GRE

n. **great abundance; surplus; excess 매우 풍부함, 과잉, 과다**

Ronald's committee doesn't need any more assistance. He has a **superabundance** of helpers.

---

12 그 고층건물 때문에 주변 건물들이 작아 보인다. 그 건물에 비하면 주변 건물들은 하찮아 보인다.

13 로널드의 위원회에는 더 이상 도움이 필요 없다. 그에게는 조력자가 넘쳐난다.

---

m mini exercise   **SIZE AND QUANTITY**   번역 P. 389

size와 quantity에 있는 단어의 빈칸을 채워 봅시다.

01   The homes from which students come run the ____ **am** ____ ____ from affluence to indigence.

02   This ____ ____ ____ **mod** ____ ____ ____ ____ sofa can accommodate four people comfortably.

03   There was a(n) ____ ____ ____ **era** ____ ____ ____ ____ ____ ____ ____ of food. We could have had several more guests for dinner.

04   The spare tire needs to be ____ ____ ____ **late** ____; it has too much air.

05   Management regards the demand for an immediate twenty percent increase in wages as ____ ____ ____ ____ **din** ____ ____ ____.

정답 | 01. gamut   02. commodious   03. superabundance   04. deflated   05. inordinate

12. WEAKNESS 약함

01	**debilitate**	v.	**enfeeble; weaken 약하게 하다, 약화시키다**

01 **debilitate**
수능

v. **enfeeble; weaken 약하게 하다, 약화시키다**

The fever had so **debilitated** the patient that she lacked the strength to sit up.

02 **decadent**
GRE | 편입

adj. **falling off; declining; deteriorating**
쇠퇴하는, 쇠약해지는, 퇴폐적인

When industry moves away, a flourishing town may quickly become **decadent**.

03 **decrepit**
SAT | GRE

adj. **worn out 낡은, 노쇠한**

Billy Dawes rode past the redcoats on a horse that looked **decrepit** and about to collapse.

04 **dilapidated**
토플 | 편입

adj. **falling to pieces; decayed; partly ruined or decayed through neglect**
허물어진, 쇠퇴한, 돌보지 않아 부분적으로 파괴되고 쇠퇴한

Up the road was an abandoned farmhouse, partially in ruins, and near it a barn, even more **dilapidated**.

05 **enervate**
토플 | GRE | 편입

v. **weaken; enfeeble 약하게 하다**

The extreme heat had **enervated** us. We had to rest under a shady tree until our strength was restored.

01　환자는 열 때문에 쇠약해져 일어나 앉을 기운도 없었다.
02　업계가 떠나면 번창하던 도시가 금방 쇠퇴할 수도 있다.
03　빌리 도스는 곧 쓰러질 듯한 노쇠한 말을 타고 영국군들 옆을 지나갔다.
04　길 위쪽에 버려진 농가가 한 채 있었는데 군데군데 허물어져 있었고, 근처에 있는 헛간은 훨씬 더 황폐한 상태였다.
05　폭염 때문에 우리는 기진맥진했다. 우리는 기력을 회복할 때까지 나무 그늘 아래서 쉬어야 했다.

| 06 | **flimsy** | adj. | **frail; unsubstantial** 약한, 무른 |
| | 토플 \| 편입 | | Judy understands algebra well, but I have only a flimsy grasp of the subject. |

| 07 | **frail** | adj. | **weak; fragile** 약한, 무른, 허약한 |
| | 수능 \| 편입 | | Mountain climbing is for the robust, not the frail. |

| 08 | **incapacitate** | v. | **disable; paralyze**
무능하게 하다, 마비시키다, 활동 불능이 되게 하다 |
| | 토플 \| GRE \| 편입 | | Ruth will be absent today. A sore throat has incapacitated her. |

| 09 | **infirmity** | n. | **weakness; feebleness; frailty**
허약, 무름, 약점, 병약함 |
| | 토플 \| GRE | | On leaving the hospital, John felt almost too weak to walk, but he soon overcame this infirmity. |

---

06 주디는 대수학을 잘 이해하지만, 나는 그 과목에 대해 조금밖에 알지 못한다.

07 등산은 건장한 사람이 하는 운동이지 허약한 사람은 할 수 없다.

08 루스는 오늘 결석할 것이다. 목이 아파서 루스는 꼼짝도 할 수 없다.

09 퇴원 당시 존은 몸이 너무 약해 걷지도 못할 것 같았지만 곧 이 허약함을 이겨냈다.

13. STRENGTH힘

01 bulwark
토플 | GRE | 공무원

n. **wall-like defensive structure; rampart; defense; protection** 방어벽, 성벽, 보호(물)

For centuries the British regarded their navy as their principal **bulwark** against invasion.

02 citadel
토플 | GRE

n. **fortress; stronghold** 요새, 성채, 아성

The fortified city of Singapore was once considered unconquerable. In 1942, however, this **citadel** fell to the Japanese.

03 cogent
수능

adj. **forcible; powerful; compelling; convincing** 강력한, 강제적인, 설득력 있는

A request for a raise is more likely to succeed if supported with **cogent** reasons.

04 dynamic
토플 | 텝스 | GRE | 수능

adj. **forceful; energetic; active** 힘센, 정력적인, 활동적인, 적극적인

Audrey represents us forcefully and energetically. She is a **dynamic** speaker.

05 formidable
토플 | 텝스 | GRE | 수능

adj. **hard to overcome; to be dreaded** 극복하기 어려운, 두려운

The climbers gasped when they caught sight of the **formidable** peak.

---

01 수세기 동안 영국인들은 해군을 침략에 대항하는 중요한 보루로 여겼다.
02 요새화된 도시 싱가포르는 한때 정복할 수 없는 곳으로 생각되었다. 그러나 1942년 이 요새는 일본인들에게 함락되었다.
03 임금 인상 요구는 설득력 있는 이유가 뒷받침된다면 성공할 가능성이 높다.
04 오드리는 힘차고 활기차게 우리를 대변한다. 그녀는 힘 주어 연설한다.
05 가공할 만큼 높은 봉우리를 보자 등반가들은 숨이 턱 막혔다.

| 06 | **forte** | n. | **strong point 강점, 장점, 특기** |

토플 | GRE

I am better than Jack in writing but not in math; that is his **forte**.

| 07 | **impregnable** | adj. | **unconquerable; invincible 정복할 수 없는, 무적의** |

GRE | 편입

Before World War II, the French regarded their Maginot Line fortifications as an **impregnable** bulwark against a German invasion.

| 08 | **invigorate** | v. | **strengthen; enliven 기운 나게 하다, 활기를 띄게 하다** |

수능

If you feel enervated by the heat, try a swim in the cool ocean. It will **invigorate** you.

| 09 | **robust** | adj. | **vigorous; sturdy; sound 원기 왕성한, 튼튼한, 건강한** |

토플 | GRE | 수능 | 공무원

The lifeguard was in excellent physical condition. I had never seen anyone more **robust**.

| 10 | **tenacious** | adj. | **holding fast; unyielding; stubborn; strong 단단하게 붙잡는, 굽히지 않는, 단호한, 완강한** |

SAT | 토플 | GRE

After the dog got the ball, I tried to dislodge it from her **tenacious** jaws, but I couldn't.

---

06   나는 잭보다 글은 잘 쓰지만 수학은 아니다. 수학은 잭이 잘한다.

07   제2차 세계대전 이전에, 프랑스인들은 마지노선 요새가 독일의 침략을 막는 난공불락의 방벽이라고 여겼다.

08   만약 더위에 기력이 떨어진 것 같으면 시원한 바다에서 수영을 해보세요. 다시 활력이 돌 거예요.

09   구조대원의 건강 상태는 아주 좋았다. 나는 이보다 더 건강한 사람을 본 적이 없었다.

10   개가 공을 물자 나는 꽉 다문 녀석의 턱에서 공을 빼내려고 했지만 되지 않았다.

11 vehement

SAT | 토플 | GRE | 수능

adj. **forceful; violent; furious**
거센, 격렬한, 사나운, 맹렬한

Your protest was too mild. If it had been more **vehement**, the supervisor might have paid attention to it.

12 vigor

SAT | 수능

n. **active strength; energy 활력, 정력, 활기**

The robust young pitcher performed with extraordinary **vigor** for seven innings, but weakened in the eighth and was removed from the game.

---

11   당신의 항의는 너무 온순했어요. 좀 더 강력했더라면 상사가 신경을 썼을지도 몰라요.

12   건장한 젊은 투수는 7회까지 남다른 기세로 활약했지만 8회 들어 힘이 빠지면서 경기에서 제외됐다.

ⓜ mini exercise   WEAKNESS AND STRENGTH

번역 P. 389

weakness와 **strength**에 있는 단어의 빈칸을 채워 봅시다.

01   It will be difficult to defeat the faculty players; they certainly do not look ____ ____ ____ ____ ____ **pit**.

02   Ed was quite ____ ____ **ail** until the age of twelve, but then he developed into a robust youth.

03   I doubt you can beat Ann in tennis. It happens to be her ____ **or** ____ ____.

04   A sprained ankle may sideline you for several weeks, but a fractured ankle will ____ ____ **cap** ____ ____ ____ ____ ____ ____ ____ you for months.

05   Laziness, luxury, and a lack of initiative are some of the characteristics of a ____ ____ **cad** ____ ____ ____ society.

정답 | 01. decrepit   02. frail   03. forte   04. incapacitate   05. decadent

14. NEGLECT 소홀함

01 **default**

토플 | GRE

n. **failure to do something required; neglect; negligence; failure to meet a financial obligation**
요구받은 것을 이행하지 않음, 태만, 부주의, 재정상의 의무를 충족시키지 못함

The Royals must be on the playing field by 4 p.m. If they do not appear, they will lose the game by default.

v. default 제때 지불을 하지 않거나 나타나지 않다

---

02 **heedless**

SAT | 편입 | 공무원

adj. **inattentive; careless; thoughtless; unmindful; reckless**
부주의한, 조심성 없는, 경솔한

If you drive in a blizzard, heedless of the weather bureau's warnings, you may not reach your destination.

---

03 **ignore**

토플 | 텝스 | 수능

v. **disregard; overlook 무시하다, 간과하다**

Justin was given a ticket for ignoring a stop sign.

---

04 **inadvertent**

SAT | 토플 | 편입

adj. **(used to describe mistakes rather than people) heedless; thoughtless; careless**
(사람보다는 실수를 설명하기 위해 사용됨)
부주의한, 무관심한, 경솔한

Unfortunately, I made an inadvertent remark in Irma's presence about her losing the election.

---

01 로열즈 선수들은 오후 4시까지 경기장에 나와야 한다. 만약 나타나지 않으면 부전패한다.
02 기상청의 경고를 무시하고 눈보라 속에 운전하면 목적지에 도착하지 못할 수도 있다.
03 저스틴은 정지 신호를 무시해 딱지를 받았다.
04 안타깝게도 나는 어머의 면전에서 그녀가 낙선한 일을 무심코 입에 올리고 말았다.

05	**neglect**	v.	**leave undone; disregard 방치하다, 무시하다, 소홀히 하다**
	토플 | 텝스 | 수능		Most members of the cast neglected their studies during rehearsals, but after the performance they caught up quickly.
		n.	neglect 주의 부족, 무시, 태만, 무관심

| 06 | **remiss** | adj. | **negligent; careless; lax 태만한, 부주의한, 해이한** |
| | GRE \| 수능 | | The owner of the stolen car was remiss in having left the keys in the vehicle. |

07	**sloven**	n.	**untidy person 단정치 못한 사람**
	토플 | GRE | 편입		Cleanup is easy at our lunch table if there are no slovens.
		adj.	slovenly 외모·행실이 단정치 못한, 초라한, 너저분한

---

05   출연진 대다수는 리허설 기간에 공부를 소홀히 했지만, 공연이 끝나고 재빨리 따라잡았다.
06   도난 차량의 주인은 조심성 없이 열쇠를 차 안에 두고 내렸다.
07   너저분한 사람만 없으면 점심 식탁을 치우기 쉽다.

15. CARE 주의

01 discreet
토플 | 수능

adj. **wisely cautious 현명하게 주의를 기울이는, 신중한**

You were discreet not to say anything about our plans when Harry was here. He can't keep a secret.

---

02 heed
토익 | 토플 | 수능

v. **take notice of; give careful attention to; mind 주의하다, 조심하다**

I didn't heed the warning that the pavements were icy. That's why I slipped.

---

03 meticulous
SAT | 토플 | GRE | 편입

adj. **fussy 까다로운, 법석 떠는**

Before signing a contract, read it carefully, including the fine print. This is one case where it pays to be meticulous.

---

04 scrupulous
SAT | 토플 | GRE | 편입

adj. **conscientious; honest; strict; precise 양심적인, 정직한, 엄밀한, 정확한**

My instructor refuses to be a judge because two of her former students are contestants. She is very scrupulous.

---

05 scrutinize
SAT | 토익 | 편입

v. **examine closely; inspect 세밀히 조사하다, 검사하다**

The gatekeeper scrutinized Harvey's pass before letting him in, but he just glanced at mine.

---

01   해리가 여기 있을 때 당신이 우리 계획에 대해 아무 말도 하지 않은 건 신중했어요. 그는 비밀을 지키지 못해요.
02   나는 인도가 빙판길이라는 경고에 주의하지 않았다. 그래서 미끄러졌다.
03   계약서에 서명하기 전에 작은 글씨로 된 부분까지 꼼꼼하게 읽으세요. 이럴 때는 까다롭게 구는 게 이롭습니다.
04   우리 교수님은 과거 제자였던 두 명이 경연자로 나왔기 때문에 심사위원을 사양하신다. 교수님은 매우 양심적이다.
05   수위는 입장권을 자세히 살피고서 하비를 들여보냈지만 내 입장권은 힐끗 쳐다보기만 했다.

06	**solicitude**	n.	**excessive care; concern; anxiety** **지나친 염려, 관심, 걱정, 불안**

My sister's solicitude over getting into college ended when she received word that she had been accepted.

07	**vigilance** <small>토플	GRE	수능	편입</small>	n.	**alertness; caution; watchfulness** **정신 차림, 조심, 주의, 경계**

The security guard who apprehended the thief was praised for vigilance.

08	**wary** <small>SAT	토플	GRE</small>	adj.	**cautious; vigilant 주의하는, 경계하는**

General Braddock might not have been defeated if he had been wary of an ambush.

---

06 여동생은 대학 입학 문제로 걱정이 태산이었지만 입학 통지를 받고는 시름을 덜었다.

07 도둑을 체포한 경비원은 경계를 잘했다고 칭찬 받았다.

08 브래독 장군이 매복을 경계했더라면 패배하지 않았을지도 모른다.

ⓜ mini exercise　NEGLECT AND CARE　　　<small>번역 P. 389</small>

neglect와 care에 있는 단어의 빈칸을 채워 봅시다.

01 Before handing in my paper, I ___ ___ **rut** ___ ___ ___ ___ ___ ___ it to see if there were any errors.

02 When Mom scolded Jeffrey for the ___ ___ **oven** ___ ___ appearance of his room, he promised to make it more tidy.

03 If you ___ ___ **nor** ___ the warning, you may have to suffer the consequences.

04 My aunt would have lost her case by ___ ___ **fault** if she had failed to appear in court.

05 Deborah is ___ ___ ___ **up** ___ ___ ___ ___ ___ about returning books to the library on time. She has never had to pay a fine.

<small>정답 | 01. scrutinized   02. slovenly   03. ignore   04. default   05. scrupulous</small>

EXERCISES

1 다음 네 개의 단어 중 나머지 셋과 관련이 <u>없는</u> 단어를 고르시오.

1) (a) bulwark   (b) defense   (c) rampart   (d) forte
2) (a) miniature   (b) picayune   (c) superfluous   (d) diminutive
3) (a) robust   (b) commodious   (c) sturdy   (d) vigorous
4) (a) horde   (b) multitude   (c) swarm   (d) iota
5) (a) fussy   (b) slipshod   (c) slovenly   (d) untidy
6) (a) forcible   (b) heedless   (c) convincing   (d) cogent
7) (a) tenacious   (b) weak   (c) unsubstantial   (d) flimsy
8) (a) gigantic   (b) mammoth   (c) colossal   (d) infinitesimal

2 이탤릭 체로 쓰여진 말과 같은 뜻이 되도록 빈칸에 빠진 글자를 써 넣어 단어를 완성하시오.

1) *not very strong*

Don't ask him to do so much just after his illness, when he is still f ___ ___ ___ l.

2) *strict*

Abraham Lincoln was a man of s ___ ___ ___ ___ ___ ___ ___ ___ s honesty.

3) *lack of proper care*

Through n ___ ___ ___ ___ ___ ___ ___ ___ e in copying the assignment, a student may do the wrong homework.

4) *strongholds*

Colleges and universities are c ___ ___ ___ ___ ___ ___ s of learning.

5) *negligent*

Because she is r ___ ___ ___ ___ s about answering my letters, I have stopped writing to her.

6) *partially ruined through neglect*

   The owner has not done any painting or made any repairs in a long time. No wonder the building looks d ____ ____ ____ ____ ____ ____ ____ ____ ____ d.

7) *size*

   Every seat for the school play was sold. None of us expected a turnout of such m ____ ____ ____ ____ ____ ____ ____ e.

3 다음 두 단어 중 문맥에 적합한 것을 고르시오.

1) By _____ these rules, you are placing your entire future in jeopardy.

   (a) heeding   (b) ignoring

2) Kenneth, who was worried that he had failed the test, was the only one who got 100%. His _____, as you see, was entirely unnecessary.

   (a) solicitude   (b) vigilance

3) The fastest way to _____ a balloon is with a pin.

   (a) deflate   (b) inflate

4) Room 224 is not too commodious. It has _____ space than the average classroom.

   (a) more   (b) less

5) The frail lad found the mountain air _____. He had never felt better in his life.

   (a) enervating   (b) invigorating

6) You are much less likely to give a(an) _____ reply if you think before you speak.

   (a) inadvertent   (b) discreet

4 빈칸에 가장 알맞은 단어를 아래 목록에서 골라 쓰시오.

neglected	invigorated	scrutinized	debilitated
meticulous	impregnable	formidable	gigantic
puny	decrepit		

1) After a summer at the beach, I felt _____ and ready for the new school year.

2) The victim was so _____ by the loss of blood that he required an immediate transfusion.

3) Nearly 500,000 men worked seven years to build the Panama Canal. Undoubtedly, this was no _____ undertaking.

4) Far from being _____, old Mr. Carter has more vigor than most persons half his age.

5) Norman spent the weekend catching up on some required reading he had _____.

6) The detective _____ the door of the safe for fingerprints.

7) Before the guests are seated, the _____ headwaiter checks to see that every little detail of the table setting is in perfect order.

8) Lions are to be dreaded, but tigers are even more _____.

중심 개념 16-20
Central Ideas 16-20

PRETEST

—

01 빈칸에 가장 적합한 답을 골라 그 기호를 써 넣으시오.

1 When you **defer** to someone, you are _____.
누군가에게 경의를 표하는 것을 상대방에게 존경심을 표하는 것이다.

(A) wasting time   (B) being rude   (C) showing respect

2 Conditions were bad both _____ and **abroad**.
국내외 사정이 모두 좋지 않았다.

(A) on land   (B) at home   (C) below deck

3 A **perennial** danger is one that is _____.
끊임없는 위험이란 계속적인 위험을 말한다.

(A) constant   (B) avoidable   (C) temporary

4 _____ is a serious **infraction**.
위조는 중대한 위법 행위이다.

(A) Losing your wallet   (B) Forgery   (C) Testifying under oath

5 Anything that is **incumbent** on you is _____.
책임 지워진 일은 지켜야 할 의무가 있다.

(A) unpleasant   (B) not your business   (C) your duty

문제 1번을 풀며 여러분은 아마 당황했을 것입니다. 왜냐하면 defer를 아직 배우지 않았기 때문이지요. 모르는 어휘는 중심 개념 마지막 부분인 16-20을 공부하면서 알아가 봅시다.

정답 | 1. (C) 2. (B) 3. (A) 4. (B) 5. (C)

16. RESIDENCE 거주

01 abroad
토익 | 텝스 | 수능 | 편입

adv. **해외에, 해외로**

After living **abroad** for a time, Robert Browning became homesick for his native England.

02 commute
수능 | 공무원 | 편입

v. **통근하다**

Large numbers of suburban residents regularly **commute** to the city.

n. commuter 통근자

03 denizen
토플 | GRE

n. **inhabitant; dweller; resident; occupant**
주민, 거주자, 점유자

On their safari, the tourists photographed lions, leopards, and other ferocious **denizens** of the jungle.

04 domicile
토익 | GRE

n. **house; home; dwelling; residence; abode**
집, 주거, 주소, 거처

Soon after they moved, the Coopers invited us to visit them at their new **domicile**.

05 inmate
SAT | 토플 | GRE

n. **재소자, 수용자**

When the warden took charge, the prison had fewer than 100 **inmates**.

01 　한동안 해외에서 생활한 후, 로버트 브라우닝은 고국인 영국이 그리워져 향수병을 앓았다.
02 　많은 교외 거주자들이 주기적으로 시내로 통근한다.
03 　관광객들은 사파리 여행을 하면서 사자, 표범 등 정글에 사는 맹수들의 사진을 찍었다.
04 　쿠퍼 씨 부부는 이사 직후 우리를 새 집에 초대했다.
05 　교도소장이 부임했을 때 교도소에는 수감자가 100명도 채 되지 않았다.

06	**migrate** 토플	수능	편입	공무원	v.	**1. 이주하다** **2. 계절의 변화와 더불어 한 곳에서 다른 곳으로 옮겨가다**
			1. Because they were persecuted in England, the Puritans *migrated* to Holland.
			2. In winter, many European birds *migrate* to the British Isles in search of a more temperate climate.

07	**native** 토익	텝스	수능	n.	**토박이**
			His entire family are *natives* of New Jersey except the grandparents, who were born abroad.
		adj.	native 특정 지역에서 나거나 시작된, 토산의

08	**nomad** 토플	n.	**wanderer 유목민, 방랑자**
			Nomads have no fixed homes but move from region to region to secure their food supply.
		adj.	nomadic 방랑하는, 헤매는, 배회하는

| 09 | **sojourn**
토플 | GRE | 수능 | 편입 | 공무원 | n. | **temporary stay 잠시 머무름, 체류** |
| | | | On her trip home, Geraldine will stop in St. Louis for a two-day *sojourn* with relatives. |

---

06 ① 청교도들은 영국에서 박해 받았기 때문에 네덜란드로 이주했다.
   ② 겨울에는 많은 유럽 새들이 더 온화한 기후를 찾아 영국제도로 이주한다.
07 해외에서 태어난 조부모를 제외하면 그의 가족은 전부 뉴저지 주 토박이다.
08 유목민들은 일정한 집 없이 식량을 확보하기 위해 여기저기 이동한다.
09 제럴딘은 집으로 가는 길에 세인트루이스에 들러 이틀 동안 친척 집에서 지낼 예정이다.

ⓜ mini exercise   RESIDENCE   번역 P. 390

residence에 있는 단어의 빈칸을 채워 봅시다.

01 Many Northerners ____ ____ **grate** to Florida in the winter.

02 Humans are vastly outnumbered by the other **den** ____ ____ ____ ____ ____ of this earth.

03 Most people are not affluent enough to have a summer residence in the country and a permanent ____ ____ **mi** ____ ____ ____ ____ in the city.

04 These are not native melons; they are shipped from ____ ____ **road**.

05 The regulations permit ____ ____ **ma** ____ ____ ____ to receive visitors on Sunday.

정답 | 01. migrate   02. denizens   03. domicile   04. abroad   05. inmates

17. DISOBEDIENCE 불복종

01 defiance
토플 | 텝스 | 수능 | 편입

n. **refusal to obey authority; disposition to resist**
권위에 복종하기를 거부함, 도전, 저항, 반항

The union showed defiance of the court order against a strike by calling the workers off their jobs.

02 infraction
GRE | 편입

n. **violation; breach 위반, 불이행, 침해**

Unless the driver has a permit, parking in a handicapped space is an infraction of the law.

03 insubordinate
수능

adj. **disobedient; mutinous; rebellious**
순종하지 않는, 반항하는, 반역하는

Had the cabinet officer ignored the President's instructions, he would have been insubordinate and would have been asked to resign.

04 insurgent
SAT

n. **rebel 폭도, 반역자**

When the revolt broke out, the government ordered its troops to arrest the insurgents.

n. insurrection 기존의 권위에 대한 반란, 반항, 반역, 폭동

05 malcontent
텝스 | 편입

n. **discontented person; rebel 불평분자, 반역자**

The work stoppage was caused by a few malcontents who felt they had been ignored when promotions were made.

---

01 노조는 노동자들에게 작업 중단을 요구하며 파업을 금지한 법원 명령에 저항했다.
02 운전자가 허가 없이 장애인 구역에 주차하는 것은 위법이다.
03 만약 각료가 대통령의 지시를 무시했다면, 그는 권위에 따르지 않았다며 사임을 요구 받았을 것이다.
04 폭동이 일어나자 정부는 군대에게 폭도들을 체포하라고 명령했다.
05 작업 정지 사태는 승진에서 외면 당했다며 불만을 품은 몇몇 사람들이 일으켰다.

06 perverse

토플 | GRE

adj. **obstinate; willful; wayward** 고집 센, 제멋대로 하는, 외고집의

Though I had carefully explained the shorter route to him, the perverse young man came by the longer way.

07 sedition

n. **treason** 선동, 반역, 대역

During World War I, about 1500 persons who spoke or wrote against our form of government or the war effort were arrested for sedition.

08 transgress

토플

v. 정해진 한계를 벗어나다, 명령이나 법을 위반하다

The coach imposed strict training rules on the soccer team, and he scolded any player who transgressed.

09 trespass

SAT | 토플 | 수능

v. **encroach on another's rights, privileges, property, etc.** 다른 사람의 권리·특권·재산 등을 침해하다, 침입하다

The owner erected a "Keep Off" sign to discourage people from trespassing on her land.

---

06   내가 그에게 더 가까운 길을 자세히 설명했지만, 고집불통 젊은이는 더 먼 길로 왔다.

07   제1차 세계대전 기간에 우리 정부 형태나 전쟁 수행에 반대하는 발언을 하거나 글을 쓴 약 1500명이 선동죄로 체포되었다.

08   감독은 축구팀에 엄격한 훈련 규칙을 부과했고, 위반하는 선수는 누구든 질책했다.

09   주인은 사람들이 자기 땅에 침입하는 것을 막기 위해 "출입금지" 표지판을 세웠다.

18. OBEDIENCE 복종

01 acquiesce
SAT | 토플 | 편입

v. **accept by keeping silent; submit quietly; comply**
묵인하다, 조용히 복종하다, 따르다

When Tom suggested that we go to the movies, I acquiesced because there seemed nothing else to do.

02 allegiance
토플

n. **loyalty; devotion; faithfulness; fidelity**
충성, 헌신, 충실, 성실

When aliens become American citizens, they must pledge allegiance to the United States.

03 defer
토플 | 편입 | 공무원

v. **yield to another out of respect, authority, or courtesy; submit politely**
존경·권위·예의가 우러나 다른 사람에게 복종하다, 공손히 따르다

I thought my answer was correct, but I deferred to the teacher's opinion because of her superior knowledge.

04 discipline
토플 | 텝스 | 수능 | 편입

v. **복종하도록 훈련하다, 훈육하다**

The Walkers should not complain that their son does not obey because they never tried to discipline him.

05 docile
토플 | 텝스 | GRE | 편입

adj. **easily taught; obedient; tractable; submissive**
가르치기 쉬운, 복종하는, 다루기 쉬운, 순종하는

Diane listens when you explain something to her, but her sister is much less docile.

---

01 톰이 영화 보러 가자고 제안했을 때, 나는 달리 할 일도 없어서 조용히 따랐다.
02 외국인은 미국 시민이 될 때 미국에 충성을 맹세해야 한다.
03 나는 내 대답이 옳다고 생각했지만, 선생님이 아는 것이 더 많으시므로 선생님 의견에 공손히 따랐다.
04 워커 씨 부부는 아들이 순종하지 않는다고 불평하면 안 된다. 왜냐하면 그들은 한 번도 그를 훈육하려 하지 않았기 때문이다.
05 다이앤은 무언가를 설명하면 듣지만, 그녀의 여동생은 다이앤처럼 고분고분하지 않다.

06 meek
토플 | 수능 | 편입

adj. **submissive; acquiescent** 복종하는, 유순한, 묵묵히 따르는

About a third of the commuters protested the fare hike. The rest were too **meek** to complain.

07 pliable
편입 | 공무원

adj. **easily bent or influenced; yielding; adaptable** 쉽게 굴복하거나 영향을 받는, 복종하는, 적응할 수 있는

We tried to get Joe to change his mind, but he was not **pliable**. Perhaps you can influence him.

08 submit
토익 | 토플 | 텝스 | 수능 | 편입

v. **yield; surrender** 굴복하다, 내주다, 양도하다

Though he had boasted he would never be taken alive, the fugitive **submitted** without a struggle when the police arrived.

09 tractable
토플 | GRE | 편입

adj. **docile** 유순한, 다루기 쉬운

George III wanted the thirteen colonies to be **tractable**.

---

06 통근자의 약 3분의 1이 요금 인상에 항의했다. 나머지는 너무 유순해서 불평하지 않았다.

07 우리는 조의 마음을 돌려 놓으려고 했지만 그는 꿈쩍하지 않았어요. 아마 당신이라면 조를 움직일 수 있을 거예요.

08 도망자는 절대 생포되지 않겠다며 호언장담했지만 경찰이 도착하자 버둥거려 보지도 않고 굴복했다.

09 조지 3세는 식민지 13곳을 쉽게 통제하고 싶어했다.

ⓜ mini exercise **DISOBEDIENCE AND OBEDIENCE** 번역 P. 390

disobedience와 obedience에 있는 단어의 빈칸을 채워 봅시다.

01 Dictators want their subjects to be **me** ____ ____.

02 Mrs. Farrell often leaves her children in our care because they are very **do** ____ ____ ____ ____ with us.

03 The insurgents were ordered to yield, but they will never ____ ____ ____ ____ **it**.

04 When I asked my brother to turn down his radio, he made it even louder. I couldn't understand why he was so ____ ____ ____ **verse**.

05 If the neighbors complain about your playing your saxophone after 10 p.m., you should, as a matter of courtesy, **de** ____ ____ ____ to their wishes.

정답 | 01. meek   02. docile   03. submit   04. perverse   05. defer

19. TIME 시간

01 chronic

토플 | GRE | 편입

adj. **1. 오래 지속되거나 재발하는**
2. having a characteristic, habit, disease, etc., for a long time; confirmed; habitual
성격·습관·질병 등이 오래 지속되는, 만성의, 습관적인

1. Carl's sore arm is not a new development but the return of a chronic ailment.
2. Some people are chronic complainers. They are always dissatisfied.

02 concurrent

GRE

adj. **simultaneous; contemporary**
동시에 일어나는, 동시의

When the strike is settled, there will probably be an increase in wages and a concurrent increase in prices.

03 dawdle

SAT

v. **waste time; loiter; idle**
시간을 낭비하다, 빈둥거리다, 꾸물거리다

Let's get going. If we dawdle, we'll be late for dinner.

04 imminent

토플 | GRE | 수능 | 편입

adj. **임박한, 가까운**

The sudden darkening of the skies and the thunder in the distance apprised us that rain was imminent.

---

01 ① 칼의 팔이 아픈 것은 새로 생긴 증세가 아니라 고질병이 재발한 것이다.
    ② 어떤 사람들은 습관적으로 투덜댄다. 그들은 항상 만족하지 못한다.
02 파업이 해결되면 아마도 임금 인상과 동시에 물가도 오를 것이다.
03 어서 가요. 꾸물거리다간 저녁식사 시간에 늦겠어요.
04 갑자기 하늘이 어두워지고 멀리서 천둥소리가 들리자 우리는 곧 비가 오리라 짐작했다.

05 **incipient**
편입 | 공무원

adj. **commencing; in an early stage; initial**
처음의, 초기 단계의, 최초의

Certain serious diseases can be successfully treated if detected in an **incipient** stage.

---

06 **intermittent**
GRE | 공무원

adj. **stopping and beginning again; recurrent; periodic**
멈추었다가 다시 시작하는, 되풀이되는, 간헐적인, 주기적인

The showers were **intermittent**; there were intervals when the sun broke through the clouds.

---

07 **perennial**
토플 | GRE | 편입

adj. **1. incessant; enduring; permanent; constant; perpetual; everlasting**
끊임없는, 지속하는, 영구의
2. (식물이) 다년생의

1. Don't think that war has plagued only modern times. It has been a **perennial** curse.
2. Marigolds last only one season, but **perennial** plants such as lillies return year after year.

---

08 **procrastinate**
GRE | 편입

v. **defer; postpone 연기하다, 미루다**

Most of the picnickers took cover when rain seemed imminent. The few that **procrastinated** got drenched.

---

05   어떤 중병은 초기 단계에 발견되면 치료에 성공할 수 있다.
06   간간이 소나기가 내렸다. 가끔 구름 사이로 해가 비쳤다.
07   ① 전쟁으로 현대만 시달렸다고 생각하지 마라. 전쟁은 영원히 계속되는 재앙이다.
      ② 금잔화는 한해살이지만 백합 같은 다년생 식물은 해마다 살아난다.
08   곧 비가 쏟아질 듯하자 소풍객 대다수는 몸을 피했다. 미적대던 몇 사람은 흠뻑 젖었다.

09 protract
토플 | GRE

v. **draw out; lengthen in time; prolong; continue; extend**
연장하다, 시간을 질질 끌다, 연기하다, 늘리다

We had planned to stay only for lunch but, at our host's insistence, we **protracted** our visit until after dinner.

10 sporadic
SAT | 토플 | 텝스 | GRE | 편입

adj. **isolated; infrequent 산발적인, 빈번치 않은**

Though polio has been practically wiped out, there have been **sporadic** cases of the disease.

---

09 우리는 점심만 먹고 가려고 했지만, 주인이 자꾸 권해서 저녁 식사 시간 이후까지 있었다.

10 소아마비는 사실상 박멸됐지만 산발적으로 발병하는 사례가 있었다.

번역 P. 390

ⓜ mini exercise **TIME**

time에 있는 단어의 빈칸을 채워 봅시다.

01 My sister is perverse. If I ask her when she will be through with the phone, she will deliberately ____ **rot** ____ ____ ____ ____ her conversation.

02 There are two excellent TV programs tonight but, unfortunately, they are ____ ____ ____ **cur** ____ ____ ____ ____.

03 If public utilities provided ____ ____ **term** ____ ____ ____ ____ ____ ____ service, consumers would not stand for it.

04 Hay fever is a(n) ____ ____ ____ **on** ____ ____ sickness that affects millions, particularly in the spring and fall.

05 The complaints, ____ ____ **or** ____ ____ ____ ____ at first, have become quite frequent.

정답 | 01. protract   02. concurrent   03. intermittent   04. chronic   05. sporadic

20. NECESSITY ^{필요}

01 **compulsory**
토플 | 텝스 | 수능

adj. **obligatory** 의무적인, 강제적인

State law makes attendance at school **compulsory** for children of certain ages.

02 **entail**
수능

v. **involve as a necessary consequence; impose; require** 필연적인 결과로서 수반하다, (의무·부담을) 지우다, 필요로 하다

A larger apartment will of course **entail** greater expense.

03 **essence**
수능 | 편입

n. **fundamental nature; core** 본질, 중심, 정수

The union and management held a lengthy meeting without getting to the **essence** of the dispute — wages.

04 **gratuitous**
SAT | 편입

adj. **uncalled for; unwarranted** 부적절한, 불필요한, 부당한, 인정되지 않는

Were it not for her **gratuitous** interference, the opposing sides would have quickly settled their dispute.

05 **imperative**
토플 | 텝스 | 수능

adj. **not to be avoided; urgent; necessary; obligatory; compulsory** 피치 못할, 긴급한, 필수적인, 의무적인

To maintain a good credit rating, it is **imperative** that you pay your bills on time.

---

01 주법은 특정 연령의 어린이들이 의무적으로 학교에 다니도록 규정하고 있다.
02 더 큰 아파트는 당연히 비용이 더 많이 들 것이다.
03 노조와 사측은 장시간에 걸쳐 회의했지만 분규의 본질인 임금 문제는 다루지도 못했다.
04 만약 그녀가 부당하게 간섭하지 않았더라면, 대치하던 양측은 빨리 분쟁을 해결했을 것이다.
05 좋은 신용등급을 유지하려면 반드시 제때에 청구액을 지불해야 한다.

06 incumbent
토익 | GRE | 편입

adj. **(with *on* or *upon*) imposed as a duty; obligatory** (on 또는 upon과 함께 쓰여) 의무로 부과된, 의무적인

Arlo felt it **incumbent** on him to pay for the window, since he had hit the ball that broke it.

07 indispensable
토플 | 텝스 | 수능 | 편입

adj. **essential 필수적인**

If we have to, we can do without luxuries and entertainment. However, food, shelter, and clothing are **indispensable**.

08 necessitate
토익 | 수능

v. **make necessary; require; demand** 필요하게 하다, 요구하다

The sharp increase in the cost of fuel **necessitated** a rise in the bus fare.

09 oblige
수능

v. **compel; force; put under a duty or obligation** 강요하다, 억지로 시키다, 의무를 지우다

The law **obliges** the police to secure a warrant before making a search.

10 obviate
GRE | 편입

v. **make unnecessary; preclude 불필요하게 하다, 제외하다**

Karen has agreed to lend me the book I need. This **obviates** my trip to the library.

11 prerequisite
토플 | 텝스 | 편입

n. **전제 조건, 선행 조건**

A satisfactory grade in Basic Art is a **prerequisite** for Advanced Art.

---

06   알로는 자신이 친 공에 유리창이 깨졌기 때문에 자신이 마땅히 유리창 값을 지불해야 한다고 생각했다.
07   그래야 한다면 사치품이나 오락 없이도 살 수 있다. 그러나 음식, 주거지, 의복은 꼭 필요하다.
08   연료비의 급격한 인상으로 버스 요금도 인상해야 했다.
09   법률에 따라 경찰은 수색에 앞서 영장을 확보해야 한다.
10   카렌이 내게 필요한 책을 빌려주기로 했다. 따라서 나는 도서관에 가지 않아도 된다.
11   고급 미술반을 수강하려면 먼저 기초 미술반에서 만족스러운 성적을 받아야 한다.

12 pressing

토플 | 수능

adj. **urgent** 시급한, 긴급한

Before rearranging my furniture, I have some more **pressing** matters to attend to, such as finishing my research paper.

13 superfluous

SAT | 토플 | GRE | 수능

adj. **surplus; excessive; unnecessary**
과잉의, 과도한, 불필요한

Our town already has enough gas stations; an additional one would be **superfluous**.

---

12   연구 보고서 완성하기 등 가구를 재배치하기 전에 처리할 더 급한 일이 몇 가지 있다.

13   우리 마을에는 이미 주유소가 충분하다. 주유소를 더 추가할 필요는 없을 것이다.

번역 P. 390

(m) mini exercise   NECESSITY

necessity에 있는 단어의 빈칸을 채워 봅시다.

01   Since our trunk is rather small, we can take along only things that are ___ ___ ___ ___ ___ **pens** ___ ___ ___ ___.

02   Since they are your guests, isn't it ___ ___ ___ ___ **mbent** on you to make them feel at home?

03   Increased use of robots and computers in factories may ___ ___ **via** ___ ___ the hiring of additional employees.

04   The **ess** ___ ___ ___ ___ of the Bill of Rights is that it protects us against tyranny.

05   I was surprised to hear the team needs me because I had thought I was **super** ___ ___ ___ ___ ___ ___.

정답 | 01. indispensable   02. incumbent   03. obviate   04. essence   05. superfluous

EXERCISES

1 왼쪽 말과 뜻이 같은 단어를 오른쪽에서 골라 빈칸에 그 기호를 쓰시오.

1) wanderer   _____

2) resisting boldly   _____

3) easily controlled   _____

4) traveling back and forth daily   _____

5) occurring in scattered instances   _____

6) most necessary aspect   _____

7) encroached on another's property   _____

8) temporary stay   _____

(a) defying
(b) sojourn
(c) nomad
(d) tractable
(e) essence
(f) sporadic
(g) commuting
(h) trespassed

2 이탤릭 체로 쓰여진 말과 같은 뜻이 되도록 단어를 완성하시오.

1) *wasting time*

Don't stand there d ___ ___ ___ ___ ___ ___ g while the rest of us are doing all the work!

2) *discontented persons*

The insurrection was started by a handful of m ___ ___ ___ ___ ___ ___ ___ ___ ___ s.

3) *to foreign lands*

See America first before traveling a ___ ___ ___ ___ d.

4) *devotion*

Four of the older employees voted against the strike, out of a ___ ___ ___ ___ ___ ___ ___ ___ e to the employer.

5) *moved from one place to settle in another*

Rhoda, a native of North Carolina, m ___ ___ ___ ___ ___ ___ d to our state when she was only three.

6) *obstinate*

It's no use showing Karen how to unpack the groceries. She insists on doing it in her own p ___ ___ ___ ___ ___ ___ e way.

3 다음 밑줄 친 단어와 뜻이 가장 비슷한 단어를 고르시오.

1) <u>recurrent</u> absence

(a) unusual   (b) periodic   (c) prolonged   (d) necessary

2) <u>nomadic</u> life

(a) native   (b) permanent   (c) mutinous   (d) roving

3) <u>chronic</u> truant

(a) defiant   (b) potential   (c) habitual   (d) undisciplined

4) frequent <u>transgressor</u>

(a) violator   (b) commuter   (c) migrant   (d) traveler

5) questionable <u>allegiance</u>

(a) disloyalty   (b) sedition   (c) judgment   (d) fidelity

6) temporary <u>abode</u>

(a) home   (b) sojourn   (c) breach   (d) occupation

7) <u>procrastinating</u> manner

(a) insolent   (b) postponing   (c) compliant   (d) perverse

4 빈칸에 가장 알맞은 단어를 고르시오.

1) The petunia is not a(an) _____ plant because it lives only for one season.

(a) native　　　(b) incumbent　　(c) perennial　　(d) adaptable

2) Though everyone has nearly finished, Fred has not yet started his report. He is still _____.

(a) meek　　　(b) dawdling　　(c) acquiescing　　(d) submissive

3) Lester was a(an) _____ child at home, but his teacher did not find him _____.

(a) obstinate ··· pliable　　　　(b) rebellious ··· insubordinate
(c) submissive ··· disobedient　　(d) intractable ··· docile

4) On a Detroit assembly line, you can see the whole gamut of automobile production from _____ to _____ stages.

(a) early ··· incipient　　　(b) temporary ··· permanent
(c) imminent ··· final　　　(d) initial ··· final

5) It is more difficult for a(an) _____ smoker to give up the habit than for a novice, but it can be done.

(a) affluent　　　(b) confirmed　　(c) beginning　　(d) disciplined

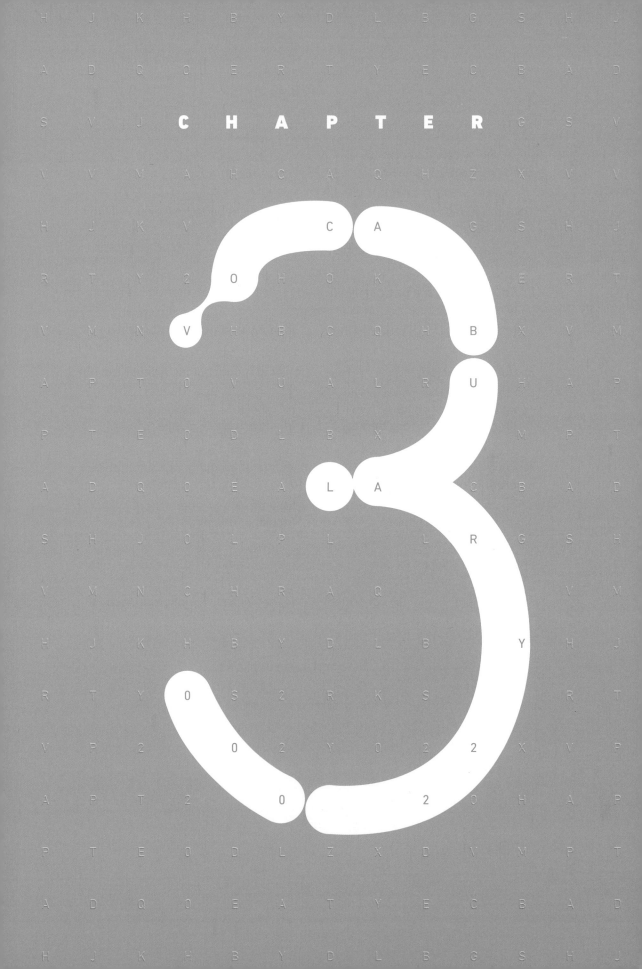

CHAPTER

ENLARGING VOCABULARY THROUGH ANGLO-SAXON PREFIXES

앵글로색슨어
접두어를 통한
어휘 확장

CHAPTER 3

ENLARGING VOCABULARY THROUGH ANGLO-SAXON PREFIXES

앵글로색슨어 접두어를 통한 어휘 확장

What is a prefix?
접두어란 무엇인가?

A prefix is a sound (or combination of sounds) placed before and connected to a word or root to form a new word. Examples:

접두어는 어떤 단어나 어근 앞에 붙어 새로운 단어를 만드는 음(또는 음의 결합)을 말합니다. 다음의 예를 살펴봅시다.

접두어		단어 또는 어근		새로운 단어
FORE '앞'을 뜻하는 앵글로색슨어 접두어	+	**SEE**	=	**FORESEE** '미리 알다'의 뜻
DIS '떨어져서'를 뜻하는 라틴어 접두어	+	**SECT** '자르다'를 뜻하는 어근	=	**DISSECT** '해부하다'의 뜻
HYPER '넘어서'를 뜻하는 그리스어 접두어	+	**CRITICAL**	=	**HYPERCRITICAL** '지나치게 비판적인'의 뜻

Why study prefixes?

왜 접두어를 공부하는가?

A knowledge of prefixes and their meanings can help you enlarge your vocabulary. The number of English words beginning with prefixes is considerable, and it keeps increasing. Once you know what a particular prefix means, you have a clue to the meaning of every word beginning with that prefix. For example, when you learn that the Latin prefix *bi* means "two," you will understand — and remember — the meaning of *bipartisan* ("representing two political parties"), *bilingual* ("speaking two languages"), *bisect* ("cut in two"), etc.

Our prefixes come mainly from Anglo-Saxon (Old English), Latin, and Ancient Greek.

접두어와 그 의미에 대한 지식은 여러분의 어휘력을 향상시키는 데 도움을 줄 수 있습니다. 접두어로 시작되는 영어 단어는 그 수가 상당히 많으며 또 계속해서 늘어나고 있지요. 일단 여러분이 어느 특정한 접두어의 뜻을 알게 되면, 그 접두어로 시작되는 모든 단어의 의미를 푸는 실마리를 잡을 수 있게 됩니다. 예를 들어, 라틴어 접두어인 bi가 '둘'을 뜻한다는 것을 알게 되면, bipartisan(2개 정당을 대표하는), bilingual(2개 국어를 사용하는), bisect(둘로 자르다) 등과 같은 단어의 의미를 더 잘 이해하고 기억할 수 있습니다.

접두어는 주로 고대 영어인 앵글로색슨어나 라틴어, 그리고 고대 그리스어에서 유래합니다.

Purpose of this chapter

이 단원의 목적

This chapter has a double purpose: (1) to acquaint you with important Anglo-Saxon prefixes, and (2) to help you add to your vocabulary a number of useful words beginning with these prefixes.

이 단원은 두 가지 목적을 가지고 있습니다. 첫째, 앵글로색슨어의 중요한 접두어를 익히는 것, 둘째, 이러한 접두어로 시작되는 많은 유용한 단어들을 추가적으로 익혀 어휘력을 향상시키도록 합니다.

앵글로색슨어 접두어 1-4
Anglo-Saxon Prefixes 1–4

PRETEST
—

01　빈칸에 가장 적합한 말을 골라 그 기호를 써 넣으시오.

1　An **outspoken** person is not likely to be _____.
거리낌없이 말하는 사람은 수줍어하는 법이 별로 없다.

(A) bold　　　　　　(B) frank　　　　(C) shy

2　When you have a **foreboding**, you feel that something _____ is going to happen.
불길한 예감이 들 때는 불행한 일이 일어날 것 같은 느낌이 든다.

(A) unimportant　　　(B) unfortunate　　(C) good

3　**Misgivings** result from _____.
불안은 의심과 의혹에서 비롯된다.

(A) doubts and suspicions　(B) selfishness　　(C) increased output

4　**Forebears** are associated mainly with the _____.
조상은 주로 과거와 연관되어 있다.

(A) present　　　　　(B) past　　　　(C) future

5　If you _____, you are being **overconfident**.
만약 부화하기 전에 병아리를 센다면 지나치게 자신만만한 것이다.

(A) strike while the iron is hot
(B) count your chickens before they are hatched
(C) lock the barn after the horses are stolen

접두어 fore-, mis-, out- 그리고 over- 등으로 이루어진 단어들을 공부해 보도록 합시다.

정답 | 1. (C)　2. (B)　3. (A)　4. (B)　5. (B)

UNIT 1

1. FORE- beforehand, front, before
미리, 앞, 이전

01 forearm
수능

n. **팔뚝**

A weightlifter has well-developed **forearms**.

02 forebear
텝스 | 수능

n. **ancestor; forefather 선조, 조상**

Do you know from whom you are descended? Who were your **forebears**?

03 foreboding

n. **misgiving; presentiment; omen
걱정, (불길한) 예감, 육감, 전조, 조짐**

The day before the accident, I had a **foreboding** that something would go wrong.

04 forecast
토익 | 토플 | 텝스 | 수능

n. **prediction; prophecy 예측, 예보**

Have you listened to the weather **forecast** for the weekend?

05 forefront
편입 | 공무원

n. **foremost place or part; vanguard
가장 앞부분, 선두, 선봉**

The mayor is at the **forefront** of the drive to attract new industry to the city.

06 foregoing
토플

adj. **going before; preceding; previous
앞서 가는, 이전의, 앞서 말한, 앞의**

Carefully review the **foregoing** chapter before reading any further.

---

01 역도선수는 팔뚝이 잘 발달되어 있다.
02 당신은 누구의 후손인지 아십니까? 당신의 선조는 누구입니까?
03 사고 전날, 뭔가 잘못될 것 같은 불길한 예감이 들었다.
04 주말 날씨예보 들으셨어요?
05 시장은 신규 산업을 시에 유치하기 위한 운동에 앞장서고 있다.
06 더 이상 읽기 전에 앞 장을 꼼꼼하게 복습하세요.

| 07 | **foremost** | adj. | **standing at the front; first; most advanced; leading; principal; chief** |
| | 토플 | 수능 | 공무원 | | 앞에 선, 첫 번째의, 가장 앞선, 일류의, 주요한, 최고의 |

Marie Curie was one of the **foremost** scientists of the twentieth century.

| 08 | **foreshadow** | v. | **augur; portend** |
| | GRE | | 징조를 나타내다, 전조가 되다, 예고하다 |

Our defeat in the championship game was **foreshadowed** by injuries to two of our star players in a previous game.

| 09 | **foresight** | n. | **act of looking forward; prudence; power of seeing beforehand what is likely to happen** |
| | SAT | 수능 | | 앞을 내다봄, 신중, 선견지명 |

Foresight is better than hindsight.

| 10 | **foreword** | n. | **preface; introduction; prologue 서문, 머리말, 서언** |
| | 편입 | | |

Before Chapter 1, there is a brief **foreword** in which the author explains the aims of the book.

---

07 마리 퀴리는 20세기 최고의 과학자 중 한 명이었다.
08 우리가 결승전에서 패한 것은 이전 경기에서 우리 팀 인기선수 둘이 부상을 입으면서 예견되었다.
09 앞을 내다보는 지혜가 뒤늦은 깨달음보다 낫다.
10 제1장 앞에 저자가 그 책의 목적을 설명하는 간략한 서문이 있다.

ⓜ mini exercise **FORE-**

번역 P. 391

문맥에 가장 적합한 단어를 fore- 어군에서 골라 빈칸을 채워 봅시다.

01 When asked if she thought we would win, the coach refused to make a _____.

02 Instead of cramming for a test the night before, be sensible and spread your review over several of the _____ days.

03 These plastic gloves cover the hand, the wrist, and part of the _____.

04 I should have had the _____ to buy a sweater before it got too cold; now all the best ones have been sold.

05 As the spacecraft rose toward the sky, the astronaut had a _____ that he might not return.

정답 | 01. forecast　02. foregoing　03. forearm　04. foresight　05. foreboding

2. MIS- bad, badly, wrongly
나쁜, 나쁘게, 잘못하여

---

01 misbelief
수능 | 공무원

n. **wrong or erroneous belief** 그릇된 믿음, 잘못된 생각

People generally believed the earth was flat until Columbus' momentous voyage corrected that misbelief.

---

02 misdeed
텝스 | 공무원

n. **bad act; wicked deed; crime; offense**
나쁜 짓, 사악한 행위, 죄, 범죄, 위반

The criminals were punished for their misdeeds by fines and prison terms.

---

03 misfire
텝스 | 수능

v. **(총·포 등이) 불발하다**

The soldier's weapon misfired during target practice.

---

04 misgiving
토플 | GRE | 텝스 | 편입

n. **uneasy feeling; feeling of doubt or suspicion; foreboding; lack of confidence**
불안, 의심이나 염려, 불길한 예감, 불확신

With excellent weather and a fine driver, we had no misgivings about the trip.

---

05 mishap
토플 | GRE

n. **bad happening; misfortune; unlucky accident; mischance**
나쁜 일, 불행, 불상사, 재난

Right after the collision, each driver blamed the other for the mishap.

---

01 콜럼버스의 중요한 항해가 그릇된 믿음을 바로잡기 전까지는 대체로 지구가 평평하다고 믿었다.
02 범인들은 벌금과 징역살이로 자신들이 저지른 범죄에 대해 처벌 받았다.
03 사격훈련 도중 그 병사의 총이 불발했다.
04 날씨도 아주 좋고 운전기사도 훌륭해 우리는 여행이 조금도 걱정되지 않았다.
05 충돌 직후, 운전자들은 제각기 사고의 책임을 상대방에게 돌렸다.

| 06 | **mislay** | v. | **lose** 둔 곳을 잊다 |

Yesterday I **mislaid** my keys, and it took me about a half hour to find them.

| 07 | **mislead**
텝스 | 수능 | v. | **lead astray (in the wrong direction); deceive; delude; beguile**
(잘못된 방향으로) 이끌다, 속이다, 현혹하다, 기만하다 |

Some labels are so confusing that they **mislead** shoppers.

| 08 | **misstep**
토플 | n. | **wrong step; slip in conduct or judgment; blunder**
발을 잘못 디딤, 행동이나 판단의 실수, 실책 |

Quitting school is a **misstep** that you may regret for the rest of your life.

---

06   어제 나는 열쇠 둔 곳을 잊어버리는 바람에 그것을 찾느라 30분 정도 걸렸다.
07   어떤 라벨은 너무 혼란스러워서 구매자들을 오도하기도 한다.
08   학교를 그만두는 것은 앞으로 평생 후회할지도 모를 그릇된 판단이다.

ⓜ mini exercise   MIS-   번역 P. 391

문맥에 가장 적합한 단어를 mis- 어군에서 골라 빈칸을 채워 봅시다.

01   Luckily, no one was seriously hurt in the _____.

02   Where is your pen? Did you lose it or _____ it?

03   I hated to lend Marie my notes because of a _____ that she might not return them in time.

04   There is always the likelihood that a rifle may _____.

05   Consumer groups have been attacking advertisements that _____ the public.

정답 | 01. mishap   02. mislay   03. misgiving   04. misfire   05. mislead

3. OUT- beyond, out, more than
~을 넘어서, 밖의, ~보다 더한

longer[faster, better] than
~보다 긴[빠른, 나은]

01	**outgrow** 수능	v.	**~보다 더 크게 자라다** The jacket I got last year is too small. I have **outgrown** it.

02	**outlandish** 토플	adj.	**이국풍의, 이상한, 환상적인** Costume parties are amusing because people come in such **outlandish** costumes.

03	**outlast** GRE	v.	**last longer than; outlive; survive ~보다 더 오래 가다, 오래 살다, 살아남다** The table is more solidly constructed than the chairs and will probably **outlast** them.

04	**outlook** 토익 | 토플	n.	**looking ahead or beyond; prospect for the future 내다보거나 넘겨다봄, 미래에 대한 예상, 전망** The **outlook** for unskilled laborers is not bright.

05	**output** 수능 | 편입	n.	**yield or product; amount produced 산출, 생산, 생산량** The **output** of the average American factory increases as new equipment is introduced.

01 작년에 산 재킷이 너무 작다. 내 몸집이 커져 옷이 맞지 않는다.
02 가장 무도회는 사람들이 진기한 의상을 입고 와서 재미있다.
03 그 탁자는 의자보다 더 견고하게 제조되었으므로 십중팔구 의자보다 오래 갈 것이다.
04 숙달되지 못한 노동자들의 전망은 밝지 않다.
05 새로운 장비가 도입되면서 미국 공장의 평균 생산량이 늘어나고 있다.

| 06 | **outrun** | v. | ~보다 빨리 달리다 |

06 **outrun**
토플

v. **~보다 빨리 달리다**

The thief thought he could outrun his pursuers.

---

07 **outspoken**
수능

adj. **speaking out freely or boldly; frank; vocal; not reserved**
자유롭게 또는 대담하게 말하는, 솔직한, 마음대로 말하는, 숨김없는

Alma sometimes hurts others when she criticizes their work because she is too outspoken.

---

08 **outwit**
토익

v. **outsmart; outfox ~보다 한 수 위다, 앞지르다, 속이다**

The fictional detective Sherlock Holmes manages to outwit the cleverest criminals.

---

06 도둑은 추적자들을 따돌릴 수 있다고 생각했다.
07 알마는 너무 거리낌 없이 말하기 때문에 알마가 다른 사람들의 작업에 대해 지적할 때 그들에게 종종 상처를 준다.
08 소설 속 탐정 셜록 홈즈는 범인이 제아무리 영리해도 그들보다 한 수 앞선다.

---

m mini exercise　　**OUT-**　　번역 P. 391

문맥에 가장 적합한 단어를 out- 어군에서 골라 빈칸을 채워 봅시다.

01　I know I shall get the truth when I ask Alice because she is very _____.

02　Where did you get that _____ hat? I never saw anything like it.

03　My little brother suffers from shyness, but Mom hopes he will _____ it.

04　These sneakers are the best I have ever had. They will _____ any other brand.

05　Our prospects of avoiding a deficit are good, but the _____ may change if we have unforeseen expenses.

정답 | 01. outspoken　02. outlandish　03. outgrow　04. outlast　05. outlook

4. OVER- too, excessively, over, beyond
너무, 과도하게, 지나친, 넘어서

01 **overbearing** 토플	adj.	**domineering; bossy; inclined to dictate** **군림하려 하는, 거만한, 지시하는 경향이 있는** Once Jason was given a little authority, he began to issue orders in an overbearing manner.
02 **overburden** 수능	v.	**burden excessively; overtax; overload** **지나치게 부담을 주다, 중(重)세를 부과하다, 혹사하다,** **짐을 너무 많이 싣다** It would overburden me to go shopping Thursday because I have so much homework that day.
03 **overconfident** 텝스	수능	adj.	**too sure of oneself; excessively confident** **지나치게 자신하는, 자신만만한, 자부심이 강한** I was so sure of passing that I wasn't going to study, but Dave advised me not to be overconfident.
04 **overdose** GRE	n.	**too big a dose 지나친 복용** Do not take more of the medicine than the doctor ordered; an overdose may be dangerous.
05 **overestimate** 토플	수능	v.	**overvalue; overrate 과대평가하다, 너무 높게 예상하다** Joe overestimated the capacity of the bus. He thought it could hold 60; it has room for only 48.

01 제이슨은 조그만 권한을 부여 받자, 고압적인 태도로 명령하기 시작했다.
02 그날 숙제가 너무 많아서 목요일에 쇼핑하러 가는 건 무리일 것 같다.
03 나는 합격하리라 단단히 믿었기 때문에 공부하지 않으려고 했지만 데이브는 너무 자만하지 말라고 내게 충고했다.
04 의사가 지시한 양보다 약을 더 많이 복용하지 마라. 과다 복용은 위험할 수 있다.
05 조는 버스의 수용능력을 과대평가했다. 그는 버스에 60명이 탈 수 있다고 생각했지만 48명밖에는 탈 공간이 없다.

06 overgenerous
토플

adj. **too liberal in giving; excessively openhanded**
주는 데 아낌이 없는, 지나치게 손이 큰

Because the service was poor, Gina thought I was **overgenerous** in leaving a 15% tip.

07 overshadow
토플 | 텝스

v. **1. cast a shadow over; overcloud; obscure**
그림자를 드리우다, 흐리게 하다, 어둡게 하다, 명성을 가리다
2. be more important than; outweigh
~보다 중요하다, ~보다 가치 있다

1. Gary's errors in the field **overshadowed** his good work at the plate.
2. Don's game-saving catch **overshadowed** his previous errors in the outfield.

08 oversupply
토익

n. **too great a supply; an excessive supply**
과잉 공급, 과다 공급

There is a shortage of skilled technicians but an **oversupply** of unskilled workers.

09 overwhelm
토플 | 텝스 | 수능 | 편입

v. **cover over completely; overpower; overthrow; crush**
완전히 뒤덮다, 압도하다, 이기다, 전복시키다, 타도하다

The security guards were nearly **overwhelmed** by the crowds of shoppers waiting for the sale to begin.

---

06   서비스가 별로였기 때문에 내가 15퍼센트를 팁으로 두자 지나는 너무 후하다고 생각했다.
07   ① 게리는 수비에서 실책 하는 바람에 타석에서 보인 활약이 빛을 잃었다.
      ② 돈이 공을 잡아서 패배를 막은 덕분에 앞서 외야에서 했던 실수가 가려졌다.
08   숙련공은 부족하지만 미숙련 노동자는 공급 과잉 상태다.
09   판매가 시작되기를 기다리는 쇼핑객 인파에 경비원들은 거의 묻힐 뻔했다.

문맥에 가장 적합한 단어를 over- 어군에서 골라 빈칸을 채워 봅시다.

01   There will be much food left if you seriously _____ the number who will attend the party.

02   Frances would have been our first choice, but she already has too many responsibilities and we did not want to _____ her.

03   Why did you buy more ping-pong balls? Don't you know we have an _____ ?

04   I think my English teacher was _____ when he gave me 99 because I didn't deserve it.

05   At first the new supervisor was very domineering, but as she got to know the staff, she became less _____.

정답 | 01. overestimate   02. overburden   03. oversupply   04. overgenerous   05. overbearing

EXERCISES

1 다음을 fore-, mis-, out- 또는 over-로 시작하는 한 단어로 바꾸시오.

1) seen beforehand   _____
2) badly matched   _____
3) grown to excess   _____
4) use wrongly   _____
5) cooked too much   _____
6) person beyond the law   _____
7) wrong interpretation   _____
8) doom beforehand   _____

2 다음 네 개의 단어 중 나머지 셋과 관련 <u>없는</u> 것을 고르시오.

1) (a) ancestor   (b) forefather   (c) descendant   (d) forebear
2) (a) outlived   (b) survived   (c) outlasted   (d) outwitted
3) (a) principal   (b) foremost   (c) latest   (d) chief
4) (a) misgiving   (b) blunder   (c) foreboding   (d) presentiment
5) (a) overcast   (b) overburden   (c) overload   (d) overtax
6) (a) luck   (b) foresight   (c) prudence   (d) forethought
7) (a) output   (b) yield   (c) surrender   (d) product
8) (a) misfortune   (b) mishap   (c) mischance   (d) mistrust

3 오른쪽에서 비슷한 말을 골라 빈칸에 그 기호를 쓰시오.

1) foresight   _____
2) outlandish   _____
3) deceive   _____
4) overshadow   _____
5) misstep   _____
6) outspoken   _____
7) foregoing   _____
8) preface   _____

(a) mislead
(b) foreword
(c) frank
(d) prudence
(e) fantastic
(f) blunder
(g) outweigh
(h) preceding

4 빈칸에 가장 알맞은 단어를 아래 목록에서 골라 쓰시오.

> overdose   foreshadowing   outrun   misbelief   outlook

1) Good marks in school are very often a(an) _____ of success in later life.

2) Andy should join the track team; he can _____ all the other boys in the class.

3) If the prescription calls for a teaspoon of the medicine, don't measure it with a tablespoon or you may take a(an) _____.

4) For centuries, students of science clung to the _____ that the atom could not be split.

5) The company's decision to meet with the union leaders has improved the _____ for an early settlement of the strike.

정답 | 1. 1) foreseen 2) mismatched 3) outgrown 4) misuse 5) overcooked 6) outlaw 7) misinterpretation 8) foredoom 2. 1) (c) 2) (d) 3) (c) 4) (b) 5) (a) 6) (a) 7) (c) 8) (d) 3. 1) (d) 2) (e) 3) (a) 4) (g) 5) (f) 6) (c) 7) (h) 8) (b) 4. 1) foreshadowing 2) outrun 3) overdose 4) misbelief 5) outlook

앵글로색슨어 접두어 5-8

Anglo-Saxon Prefixes 5–8

PRETEST

01 빈칸에 가장 적합한 답을 골라 그 기호를 써 넣으시오.

1. An **understudy** is not a _____ performer.
   임시 대역배우는 정규 배우가 아니다.
   (A) prepared   (B) substitute   (C) regular

2. Cars with a high **upkeep** _____.
   유지비가 많이 드는 차는 걸핏하면 정비소에 간다.
   (A) use less costly fuels
   (B) are often in the repair shop
   (C) pick up speed rapidly

3. A **withdrawal** is the same as _____.
   후퇴와 퇴각은 같다.
   (A) a retreat   (B) a deposit   (C) an attack

4. When you wish to _____ something in a sentence, **underscore** it.
   문장에서 무언가를 강조하고 싶을 때 그것에 밑줄을 그으세요.
   (A) stress   (B) correct   (C) erase

5. An **unabridged** dictionary _____.
   대사전은 내용이 축약되지 않았다.
   (A) is not complete   (B) has no illustrations   (C) has not been shortened

정답 | 1. (C) 2. (B) 3. (A) 4. (A) 5. (C)

5. UN- not, lack of, do the opposite of
~이 아닌, ~이 부족한, ~의 반대로 하다

remove or release from
~에서 벗어나다

---

01 **unabridged**

GRE | 토플

adj. **not abridged; not made shorter; uncut; complete
생략되지 않은, 줄이지 않은, 삭제하지 않은, 원형의, 완전한**

Though an abridged dictionary is convenient to use, it contains far fewer definitions than an **unabridged** dictionary.

---

02 **unbiased**

토플 | 텝스

adj. **not biased; fair 편견이 없는, 공평한, 공정한**

Don't ask the mother of a contestant to serve as a judge because it may be hard for her to remain **unbiased**.

---

03 **unconcern**

텝스

n. **indifference; apathy 무관심, 냉담**

The audience was breathless with anxiety during the daring tightrope act, though the acrobats themselves performed with seeming **unconcern** for their own safety.

---

04 **undeceive**

GRE

v. **set straight; disabuse 바로잡다, 깨어나게 하다**

If you think I can get Mrs. Owens to hire you because she is my cousin, let me **undeceive** you. I have no influence with her.

---

01 요약판 사전은 사용하기에 편리하지만, 대사전보다 훨씬 정의가 적다.
02 경연 참가자의 어머니에게 심사를 봐달라고 부탁하지 마세요. 공정성을 유지하기가 어려울 것이기 때문이에요.
03 위험한 줄타기 곡예에 관객들은 불안해서 숨죽였다. 하지만 곡예사들은 안전 따위는 아랑곳없다는 듯 공연했다.
04 오웬스 부인이 내 사촌이라서 당신을 채용하게 만들 수 있다고 생각한다면 꿈 깨시죠. 난 부인을 움직일 만한 힘이 없어요.

05	**ungag**	v.	재갈을 풀어 주다, 검열을 해제하다

05 **ungag**
GRE

v. 재갈을 풀어 주다, 검열을 해제하다

With the dictator's downfall, the censorship decrees were abolished, and the press was **ungagged**.

---

06 **unnerve**
토플

v. **deprive of nerve or courage; cause to lose self-control; upset; enervate**
용기를 잃게 하다, 자제력을 잃게 하다, 당황케 하다, 기력을 약화시키다

The harassing noises of hostile fans so **unnerved** our star player that he missed two foul shots in a row.

---

07 **unquenchable**
토플

adj. **not quenchable; not capable of being satisfied; insatiable; inextinguishable**
끌 수 없는, 만족할 수 없는, 만족할 줄 모르는, 탐욕스러운, (욕망을) 누를 수 없는

As a teenager, Jules had an **unquenchable** thirst for adventure stories; he read one after another.

---

08 **unscramble**
SAT

v. 뒤섞은 것을 다시 정리하다, 알아볼 수 있는 상태로 정돈하다

The previous secretary had mixed up the files so badly that it took me a week to **unscramble** them.

---

09 **unshackle**
GRE

v. **set free; liberate** 자유롭게 만들다, 해방하다

When a captain put mutinous sailors in irons in the olden days, nobody was allowed to **unshackle** them.

---

05 독재자의 몰락으로 언론 검열법이 폐지되자 언론계는 재갈이 풀렸다.
06 상대팀 팬들이 내는 괴로운 소음 때문에 우리팀 스타 선수는 너무 당황해서 자유투를 두 번 연거푸 놓쳤다.
07 십대 시절 줄스는 모험 이야기에 대한 갈증을 억누를 수 없었다. 그는 한 권씩 계속 읽었다.
08 전임 비서가 서류철을 너무 엉망으로 뒤섞어 놓아 내가 그것들을 다시 정리하는 데 일주일이 걸렸다.
09 옛날에는 선장이 반항하는 선원에게 족쇄를 채우면 아무도 풀어줄 수 없었다.

unwary

토익 | 수능

adj. **not wary; not alert; heedless; rash**
주의하지 않는, 방심하는, 부주의한, 무분별한

An **unwary** pedestrian is much more likely to be struck by a car than one who looks both ways and crosses with the light.

---

10   방심하는 보행자는 양쪽을 다 살피고 신호등에 따라 건너는 사람보다 차에 치일 확률이 훨씬 높다.

---

m mini exercise   UN-

번역 P. 391

문맥에 가장 적합한 단어를 un- 어군에서 골라 빈칸을 채워 봅시다.

01   Some baseball fans never miss a home game; they have an _____ appetite for the sport.

02   The guards were warned that their prisoner was desperate and would try to escape if they were the least bit _____.

03   I visited Grandma every day she was in the hospital. I can't understand why you accuse me of _____ about her health.

04   For a reliable definition of a technical word, consult an _____ dictionary.

05   Both the strikers and their employers want the mayor to arbitrate their dispute because they consider him _____.

정답 | 01. unquenchable   02. unwary   03. unconcern   04. unabridged   05. unbiased

6. UNDER- beneath, lower, insufficient(ly)

밑에, ~보다 낮은, 불충분한[하게]

---

01 **underbrush**

토플

n. **undergrowth** (큰 나무 밑에 자라는) 관목, 덤불

On its way through the dense jungle, the patrol had to be constantly wary of enemy soldiers who might be lurking in the **underbrush**.

---

02 **underdeveloped**

텝스 | 수능

adj. **backward; behindhand** 저개발의, 진보가 늦은, 뒤떨어진

The United States has spent billions to help the **underdeveloped** nations improve their standard of living.

---

03 **undergraduate**

토플 | 텝스 | 수능

n. 대학생, 학부 재학생

Full-time **undergraduates** can earn a bachelor's degree in four years.

---

04 **underpayment**

토익 | 토플

n. **insufficient payment** 불충분한 급료, 저임금

If too little is deducted from your weekly wages for income tax, the result is an **underpayment** at the end of the year.

---

01   정찰대는 울창한 밀림을 헤치고 가면서 덤불 속에 숨어 있을지도 모르는 적병들을 끊임없이 경계해야 했다.

02   미국은 저개발국들의 생활수준 개선을 지원하기 위해 수십억 달러를 쏟아 부었다.

03   다른 직업이 없는 학부생은 4년 안에 학사학위를 취득할 수 있다.

04   주급에서 소득세를 너무 적게 공제하면 연말에 급료가 적어진다.

05 underprivileged
토플 | 수능

adj. **disadvantaged; deprived**
혜택을 받지 못한

The goal of the fund is to give as many **underprivileged** children as possible an opportunity for a vacation away from the city next summer.

06 underscore
토플

v. **draw a line beneath; emphasize; stress**
~ 밑에 선을 긋다, 강조하다, 역설하다

When you take notes, **underscore** items that are especially important.

07 undersell
GRE

v. **~보다 싸게 팔다**

The expression "You can't get it anywhere else for less" means about the same as "We will not be **undersold**."

08 undersigned
SAT

n. **서명자**

Among the **undersigned** in the petition to the governor were some of the most prominent persons in the state.

09 understatement
GRE | 토플

n. **절제된 표현, 절제**

Frank's remark that he was "slightly bruised" in the accident is an **understatement**; he suffered two fractured ribs.

---

05 이 기금의 목표는 가능한 많은 소외계층 아동들에게 내년 여름 도시를 떠나 방학을 보낼 수 있도록 기회를 주는 것이다.

06 필기할 때는 특히 중요한 내용에 밑줄을 그어라.

07 '어디에서도 더 싸게 살 수 없다'는 표현은 '우리보다 더 싼값에 팔 수는 없다'와 거의 같은 뜻이다.

08 주지사에게 보내는 청원서에 서명한 사람들 중에는 주에서 가장 저명한 인물들도 있었다.

09 프랭크가 사고로 "경미한 타박상"을 입었다고 말한 것은 절제된 표현이다. 실은 갈비뼈 두 대가 골절되었다.

| 10 | **understudy** | n. | **임시 대역 배우** |

While Madeline is recuperating from her illness, her role will be played by an **understudy**.

---

10 매들린이 병에서 회복하는 사이 그녀의 배역은 임시 대역 배우가 맡을 것이다.

번역 P.391

m **mini exercise** **UNDER-**

문맥에 가장 적합한 단어를 under- 어군에서 골라 빈칸을 채워 봅시다.

01 The advanced course is for students with a bachelor's degree, but a qualified _____ may enroll if the instructor approves.

02 An _____ must master long and difficult roles, yet has no assurance of ever being called on to perform.

03 Arline told me she "passed," but that's an _____; she got the highest mark in the class.

04 Mike's tee shot disappeared after hitting one of the trees, and he had to hunt for the ball in the _____.

05 Because they buy in larger quantities at lower prices, chain-store operators are usually able to _____ small merchants.

정답 | 01. undergraduate 02. understudy 03. understatement 04. underbrush 05. undersell

7. UP- up, upward 위로, 위쪽으로 향한

01 **upcoming**
템스

adj. **coming up; being in the near future; forthcoming; approaching**
다가오는, 가까운 장래에 있는

A monthly bulletin mailed to each customer gives news of upcoming sales.

---

02 **update**
토익 | 템스

v. **bring up to date; modernize; renovate**
최신의 것으로 하다, 새롭게 하다, 현대화하다

New highway construction requires auto clubs to update their road maps annually.

---

03 **upgrade**
토익 | 수능 | 템스

v. **improve 향상시키다**

Many employees attend evening courses to upgrade their skills and improve their chances for promotion.

---

04 **upheaval**
SAT

n. **commotion; violent disturbance; outcry; violent heaving up, as of the earth's crust**
소란, 심한 동요, 강력한 항의, (지질) 융기

The prime minister's proposal for new taxes created such an upheaval that his government fell.

---

01 모든 고객에게 우편으로 발송된 월간 회보는 곧 있을 할인 소식을 알려준다.
02 고속도로가 신설되므로 자동차 동호회에서는 해마다 도로 지도를 최신 지도로 바꾸어야 한다.
03 많은 직원들이 기량을 키우고 승진 가능성을 높이기 위해 야간 강좌를 수강한다.
04 세금을 신설하자는 수상의 제안은 엄청난 파장을 일으켜 내각이 실각하고 말았다.

| 05 | **upkeep** | n. | **maintenance; cost of operating and repairing** |
| | GRE | | 유지, 관리, 유지비, 작동 및 수리비 |

Susan traded in her old car because the upkeep had become too high.

| 06 | **uplift** | v. | **lift up; elevate; raise** |
| | 수능 | | 정신적으로 고양시키다, 높이다, 향상시키다, 올리다 |

The news that employers are rehiring has uplifted the hopes of many of the unemployed.

| 07 | **upright** | adj. | **standing up straight on the feet; erect; honest; scrupulous** |
| | 토익 ¦ 토플 ¦ 수능 | | 똑바로 선, 똑바른, 곧은, 정직한, 공정한, 양심적인 |

When knocked to the canvas, the boxer waited till the count of nine before resuming an upright position.

| 08 | **uproot** | v. | **pull up by the roots; remove completely; eradicate; annihilate** |
| | · 토플 ¦ 수능 | | 뿌리째 뽑다, 완전히 제거하다, 근절하다, 전멸시키다 |

The love of liberty is so firmly embedded in people's hearts that no tyrant can hope to uproot it.

| 09 | **upstart** | n. | **벼락출세한 사람, 벼락부자** |
| | SAT | | |

When the new representative entered the legislature, some older members regarded her as an upstart.

---

05 수잔은 유지비가 너무 많이 나가서 낡은 차를 팔고 새 차를 샀다.
06 고용주들이 재고용에 나서고 있다는 소식에 많은 실업자들은 희망에 부풀었다.
07 권투선수는 링 바닥에 쓰러지자 아홉을 셀 때까지 기다렸다가 다시 몸을 일으켜 세웠다.
08 자유에 대한 사랑은 사람들의 마음속에 너무나 확고히 박혀 있어서 어떤 독재자도 뿌리 뽑을 수 없다.
09 새로 선출된 하원의원이 입법부에 입성하자 일부 원로 의원들은 그녀를 벼락출세한 사람으로 치부했다.

10 **upturn**

토플

n. **상승, 호전**

Most merchants report a slowdown in sales for October, but confidently expect an **upturn** with the approach of Christmas.

---

10 대다수 상인은 10월 매출이 부진하다고 말하지만 크리스마스가 다가오면 호전되리라 자신 있게 예상한다.

---

m mini **exercise** **UP-** 번역 P. 392

문맥에 가장 적합한 단어를 up- 어군에서 골라 빈칸을 채워 봅시다.

01 Perhaps today's victory, the first in four weeks, marks an _____ in the team's fortunes.

02 To improve her book, the author will have to _____ the last chapter to include the events of the past ten years.

03 If practicable, _____ weeds by hand, instead of destroying them with chemicals that might damage the environment.

04 What is the name of the city agency responsible for the _____ of our roads?

05 To stay in business, manufacturers must improve the quality of their products whenever their competitors _____ theirs.

정답 | 01. upturn   02. update   03. uproot   04. upkeep   05. upgrade

UNIT 2

8. WITH- back, away, against

뒤로, 떨어져, ~에 반대하여

---

01 withdraw

토익 | 토플 | 텝스 | 수능

v. **1. take back or away; take out from a place of deposit**
철회하다, 회수하다, 인출하다
2. leave; retreat 떠나다, 퇴각하다, 후퇴하다

1. The community association is her principal backer; if it withdraws its support, I don't see how she can be elected.
2. The invaders were ordered to withdraw.

n. withdrawal 1. 회수, 인출 2. 후퇴, 나가기

---

02 withdrawn

토플 | 텝스

adj. **socially detached; unresponsive; introverted**
사회적으로 격리된, 반응이 느린, 내성적인

Lola's brother keeps to himself and hardly says anything, though we try to be friendly; he seems withdrawn.

---

03 withhold

토익 | 토플 | 수능

v. **hold back; keep from giving; restrain; curb**
보류하다, 주지 않고 두다, 억제하다

I would appreciate it if you would please withhold your comment until I have finished speaking.

---

04 withholding tax

토익

n. **원천 과세**

Your employer is required to deduct a certain amount from your salary as a withholding tax payable to the federal government.

---

01 ① 주민협회는 그녀의 주요 후원자이다. 만약 협회가 지지를 철회하면, 그녀가 선출될 방법이 있을지 모르겠다.
② 침략군은 철수하라는 명령을 받았다.

02 우리가 살갑게 대하려고 노력하는데도 롤라 오빠는 어울리지도 않고 말도 거의 없다. 그는 내성적인 듯하다.

03 제가 말을 마칠 때까지 발언을 삼가시면 감사하겠습니다.

04 고용주는 연방정부에 납부할 원천징수세로 급여에서 일정액을 공제해야 한다.

05 withstand

토플 | 텝스 | 수능

v. **stand up against; hold out; resist; endure**
맞서다, 계속 지탱하다, 저항하다, 견디다

The walls of a dam must be strong enough to **withstand** tremendous water pressure.

06 notwithstanding

텝스

prep. **in spite of; despite ~에도 불구하고, ~을 무릅쓰고**

Notwithstanding their advantage of height, the visitors were unable to beat our basketball team.

---

05 댐 벽은 엄청난 수압을 견딜 수 있을 만큼 견고해야 한다.

06 원정팀은 장신이라 유리했음에도 불구하고 우리 농구팀을 이길 수 없었다.

---

m mini exercise WITH-

번역 P. 392

문맥에 가장 적합한 단어를 with- 어군에서 골라 빈칸을 채워 봅시다.

01 Electronic banking lets you make a deposit or a _____ at any time.

02 Whenever you get a raise, your _____ goes up.

03 Construction of the new roadway has been approved, _____ the protests from residents of the area.

04 Because of a disagreement with her partners, the lawyer announced that she would _____ from the firm and open an office of her own.

05 The training that astronauts receive equips them to _____ the hazards of space exploration.

정답 | 01. withdrawal   02. withholding tax   03. notwithstanding   04. withdraw   05. withstand

EXERCISES

1 다음을 un-, under-, up- 또는 with-로 시작하는 한 단어로 바꾸시오.

1) lying beneath   _____

2) not able to be avoided   _____

3) hold back   _____

4) insufficiently paid   _____

5) act or instance of rising up   _____

6) do the opposite of lock   _____

7) lower (criminal) part of the world   _____

8) standing up against   _____

9) one who holds up, supports, or defends   _____

10) sum taken (drawn) back from a bank account _____

11) not sociable   _____

12) upward stroke   _____

13) charged lower than the proper price   _____

14) drew back or away   _____

15) lack of reality   _____

16) stretched upward   _____

17) one who holds back   _____

18) released from a leash   _____

19) beneath the surface of the sea   _____

20) upward thrust   _____

2 다음 네 개의 단어 중 나머지 셋과 관련 <u>없는</u> 단어를 고르시오.

1) (a) careful   (b) alert   (c) wary   (d) upstart
2) (a) approaching   (b) foreshadowing   (c) forthcoming   (d) upcoming
3) (a) undeceived   (b) beguiled   (c) misled   (d) misinformed
4) (a) biased   (b) underprivileged   (c) prejudiced   (d) unfair
5) (a) unmask   (b) ungag   (c) expose   (d) unveil
6) (a) abridged   (b) incomplete   (c) uncut   (d) shortened
7) (a) released   (b) shackled   (c) restrained   (d) confined
8) (a) withdrawn   (b) unresponsive   (c) underdeveloped   (d) unsociable

3 오른쪽에서 비슷한 말을 골라 빈칸에 그 기호를 쓰시오.

1) complete   _____
2) upgraded   _____
3) despite   _____
4) unbiased   _____
5) unnerved   _____
6) commotion   _____
7) withhold   _____
8) underbrush   _____
9) upright   _____
10) indifferent   _____

(a) restrain
(b) upset
(c) improved
(d) undergrowth
(e) erect
(f) unabridged
(g) upheaval
(h) unconcerned
(i) notwithstanding
(j) fair

정답 | 1. 1) underlying 2) unavoidable 3) withhold 4) underpaid 5) uprising 6) unlock 7) underworld 8) withstanding
9) upholder 10) withdrawal 11) unsociable 12) upstroke 13) undercharged 14) withdrew 15) unreality 16)
upstretched 17) withholder 18) unleashed 19) undersea 20) upthrust 2. 1) (d) 2) (b) 3) (a) 4) (b) 5) (b) 6) (c) 7)
(a) 8) (c) 3. 1) (f) 2) (c) 3) (i) 4) (j) 5) (b) 6) (g) 7) (a) 8) (d) 9) (e) 10) (h)

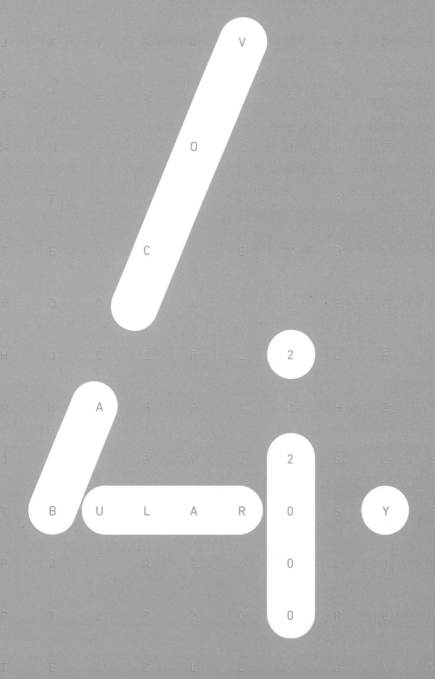

VOCABULARY 2000

ENLARGING VOCABULARY

THROUGH LATIN PREFIXES

라틴어 접두어를
통한 어휘 확장

ENLARGING VOCABULARY THROUGH LATIN PREFIXES

라틴어 접두어를 통한
어휘 확장

What is a prefix?

접두어란 무엇인가?

The prefix ab (sometimes written a or abs)
means "from," "away," or "off." Examples:

(접두어는 어떤 단어나 어근 앞에 붙어 새로운 단어를
만드는 음이라고 앞 장에서 배웠습니다.
이번에는 라틴어 접두어에 대해 구체적으로 살펴봅시다.)

접두어 ab (때로는 a나 abs로 쓰여짐)는 '~로부터', '멀리',
또는 '떨어져'를 의미합니다.

Purpose of this chapter

이 단원의 목적

This chapter has a double purpose:
(1) to acquaint you with important Latin
prefixes, and (2) to help you add to your
vocabulary a number of useful words
beginning with these prefixes.

이 단원은 두 가지 목적이 있습니다. 첫째, 라틴어의
중요한 접두어를 익히고, 둘째, 이러한 접두어로
시작되는 많은 유용한 단어들을 추가적으로 익혀
어휘력을 향상시키는 것입니다.

PREFIX 접두어		ROOT 어원		NEW WORD 새 단어
AB off 떨어져	+	**RUPT** broken 부서진	=	**ABRUPT** broken off; sudden 부서져 떨어져 나간, 갑작스러운
A away 멀리	+	**VERT** turn 돌다	=	**AVERT** turn away 돌리다, 피하다
ABS from ~로부터	+	**TAIN** hold 잡다	=	**ABSTAIN** hold from; refrain 삼가다

라틴어 접두어 1-6

Latin Prefixes 1-6

PRETEST

01 빈칸에 가장 적합한 답을 골라 그 기호를 써 넣으시오.

1   **Postscripts** are especially helpful to the letter writer who _____.
추신은 특히 편지를 쓰다 내용을 누락한 사람에게 도움이 된다.
(A) forgets to answer   (B) answers too late   (C) makes omissions

2   **Bicameral** legislatures _____.
상하 양원제의 의회는 (상하) 양원으로 이루어진다.
(A) serve for two years   (B) consist of two houses   (C) meet twice a year

3   There is more excitement over the **advent** of spring than over its _____.
봄이 지나갈 때보다 봄의 도래에 더 신난다.
(A) departure   (B) onset   (C) arrival

4   You **antedate** me as a member because you joined the club _____ me.
당신은 회원으로는 나보다 오래되었는데, 왜냐하면 당신이 나보다 먼저 그 동호회에 입회했기 때문이다.
(A) after   (B) with   (C) before

5   A **semidetached** building touches _____ other building(s).
두 가구 연립 주택은 다른 한 개 건물과 맞닿아 있다.
(A) one   (B) no   (C) two

6   Was the story **absorbing** or _____?
그 이야기는 흥미진진했나요 아니면 재미없었나요?
(A) true to life   (B) interesting   (C) boring

정답 | 1. (C) 2. (B) 3. (A) 4. (C) 5. (A) 6. (C)

1. AB-, A-, ABS- from, away, off

~로부터, 멀리, 떨어져

---

01 **abdicate**

SAT

v. **formally remove oneself from; give up; relinquish; renounce; resign**
~로부터 공식적으로 물러나다, 포기하다, 버리다, 단념하다, 퇴위하다

The aging monarch abdicated the throne and went into retirement.

---

02 **abduct**

GRE

v. **kidnap 유괴하다**

The Greeks attacked Troy to recover Helen, who had been abducted by the Trojan prince Paris.

---

03 **abhor**

토플 | 편입

v. **shrink from; detest; loathe; hate**
꺼리다, 몹시 싫어하다, 진저리 내다, 미워하다

Janet is doing her best to pass the course because she abhors the thought of having to repeat it in summer school.

---

04 **abnormal**

수능

adj. **deviating from the normal; unusual; irregular**
정상이 아닌, 보통이 아닌, 불규칙한, 변칙적인

We had three absences today, which is abnormal. Usually, everyone is present.

---

05 **abrasion**

토플

n. **irritation 찰과상, 염증**

The automobile was a total wreck, but the driver, luckily, escaped with minor cuts and abrasions.

---

01   늙은 군주는 퇴위 후 칩거에 들어갔다.
02   그리스인들은 트로이 왕자 패리스에게 납치된 헬렌을 되찾기 위해 트로이를 공격했다.
03   자넷은 그 과목에 합격하기 위해 최선을 다하고 있다. 여름학기에 그 과목을 또 수강해야 한다고 생각하면 진저리가 나기 때문이다.
04   오늘 세 명이 결석했는데 이상한 일이다. 보통은 전원 출석한다.
05   자동차는 완전히 망가졌지만 다행히 운전자는 가벼운 상처와 찰과상만 입고 빠져나왔다.

| 06 | **abrupt** | adj. | **broken off; sudden; unexpected** |
| | 토익 \| 수능 \| 편입 | | 급격한, 갑작스러운, 예기치 않은, 뜻밖의 |

Today's art lesson came to an **abrupt** end when the gongs sounded for a fire drill.

| 07 | **abscond** | v. | **steal off and hide; depart secretly; flee; escape** |
| | GRE \| 편입 \| 공무원 | | 훔쳐 가서 숨다, 몰래 달아나다, 도망가다 |

A wide search is under way for the manager who **absconded** with the company's funds.

| 08 | **absolve** | v. | **1. exempt; excuse** (의무 등을) 면제하다, 용서하다 |
| | 토플 \| GRE | | **2. exculpate; exonerate** 무죄로 하다, 무죄임을 입증하다 |

1. Ignorance of the law does not **absolve** a person from obeying it.
2. Of the three suspects, two were found guilty, and the third was **absolved**.

| 09 | **absorbing** | adj. | **extremely interesting; engrossing** |
| | 텝스 \| 공무원 | | 아주 재미있는, 열중하게 하는 |

That was an **absorbing** book. It held my interest from beginning to end.

| 10 | **abstain** | v. | **refrain; desist** 그만두다, 단념하다 |
| | 토플 \| 수능 \| 공무원 | | |

My dentist said I would have fewer cavities if I **abstained** from sweets.

| 11 | **averse** | adj. | **opposed; disinclined; unwilling** |
| | 텝스 \| GRE | | 반대하는, ~할 마음이 없는, 내키지 않는 |

I am in favor of the dance, but I am **averse** to holding it on May 25.

---

06 오늘 미술 수업은 소방 훈련을 알리는 종소리가 울리면서 갑자기 끝났다.
07 회사 자금을 훔쳐 달아난 매니저를 찾기 위해 대대적인 수사가 진행되고 있다.
08 ① 법을 모른다고 해서 법을 지킬 의무가 면제되지는 않는다.
   ② 용의자 3명 중 2명은 유죄판결을 받았고, 1명은 무죄를 선고 받았다.
09 아주 빠져들게 만드는 책이었다. 그 책은 처음부터 끝까지 흥미진진했다.
10 치과의사는 내가 단것을 단념하면 충치가 줄어들 것이라고 말했다.
11 나는 무도회는 찬성하지만 5월 25일에 여는 건 내키지 않는다.

| 12 | **avert**
수능 | v. | **turn away; ward off; prevent; forestall**
돌리다, 피하다, 막다 |
| | | | The mayor tried to **avert** a strike by municipal employees. |

| 13 | **avocation**
토플 \| GRE | n. | **hobby 부업, 취미** |
| | | | My aunt, a pediatrician, composes music as an **avocation**. |

12   시장은 시청 직원들의 파업을 막으려고 노력했다.
13   소아과 의사인 이모는 취미로 작곡을 하신다.

---

m mini exercise   **AB-, A-, ABS-**   번역 P. 392

문맥에 가장 적합한 단어를 ab-, a-, abs- 어군에서 골라 빈칸을 채워 봅시다.

01   Some love spinach; others _____ it.

02   A snowstorm in late May is _____ for Chicago.

03   My father plays golf. What is your father's _____?

04   The dictator refused to _____ and was eventually overthrown.

05   Gene said the movie was interesting, but I didn't find it too _____.

06   It was very decent of Marge to _____ me of blame by admitting she was at fault.

07   The kidnapper was arrested when he tried to _____ the executive.

08   I nominate Harriet for treasurer. She knows how to keep records and can be trusted not to _____ with our dues.

09   The owner must raise $20,000 in cash at once if she is to _____ bankruptcy.

10   We are _____ to further increases in the sales tax. It is too high already.

정답 | 01. abhor   02. abnormal   03. avocation   04. abdicate   05. absorbing   06. absolve   07. abduct
        08. abscond   09. avert   10. averse

UNIT 1　2. AD-　to, toward, near ~로, ~쪽으로, ~의 가까이에

01	**adapt** 토플 | 텝스 | 수능 | 공무원	v.	**1. adjust; suit; fit 조정하다, 적합하게 하다, 맞추다** **2. modify 고치다, 수정하다, 변경하다** 1. People who work at night have to adapt themselves to sleeping in the daytime. 2. Lorraine Hansberry's hit Broadway play, *A Raisin in the Sun*, was later adapted for the screen.
02	**addicted** 텝스 | 편입 | 공무원	adj.	**habituated; devoted 중독된, 습관이 된, 열심인, ~에 빠진** You will not become addicted to smoking if you refuse cigarettes when they are offered.
03	**adequate** 편입	adj.	**enough; sufficient 충분한, 족한** The student who arrived ten minutes late did not have adequate time to finish the test.
04	**adherent** 수능	n.	**follower; faithful supporter 추종자, 충실한 지지자** You can count on Martha's support in your campaign for reelection. She is one of your most loyal adherents.
05	**adjacent** 토플 | 편입	adj.	**lying near; nearby; neighboring; bordering** **가까이 놓인, 가까운, 인접한, 이웃의** The island of Cuba is adjacent to Florida.
06	**adjoin** 수능	v.	**be next to; be in contact with; border; abut** **인접하다, 접하다, 이웃하다, 접경하다** Mexico adjoins the United States.

01　① 밤에 근무하는 사람들은 낮에 자는 것에 적응해야 한다.
　　② 브로드웨이에서 흥행한 로레인 한스베리의 연극 <태양의 계절>은 이후 영화로 각색되었다.
02　담배를 권할 때 거절하면 흡연에 중독되지 않을 것이다.
03　10분 늦게 도착한 학생은 시험을 마무리할 시간이 충분하지 않았다.
04　재선 운동에서 마사의 지지를 기대해도 좋아요. 그녀는 당신의 가장 충실한 지지자 중 한 명이니까요.
05　쿠바 섬은 플로리다와 가깝다.
06　멕시코는 미국과 국경을 맞대고 있다.

07 adjourn
토익 | 토플 | 수능

v. **defer; recess** 연기하다, 휴회하다

The judge adjourned the court to the following Monday.

---

08 advent
토익 | 토플 | GRE

n. **arrival; approach** 출현, 도래, 도달, 접근

The weather bureau gave adequate warning of the advent of the hurricane.

---

09 adversary
토플 | 수능

n. **foe; antagonist** 적대자, 경쟁자

Before the contest began, the champion and her adversary shook hands.

---

10 adverse
토플 | GRE | 수능

adj. **hostile; unfavorable** 적대적인, 불리한, 불길한

Because of adverse reviews, the producer announced that the play will close with tonight's performance.

---

07 판사는 다음 월요일로 공판을 미루었다.
08 기상청은 허리케인이 접근한다고 적절히 경보를 발령했다.
09 시합이 시작되기 전 챔피언과 상대 선수는 악수를 나눴다.
10 혹평 때문에 제작사는 오늘 밤 공연을 끝으로 연극이 막을 내린다고 발표했다.

---

m mini exercise　　**AD-**　　　　　　　　　　　　　번역 P.392

문맥에 가장 적합한 단어를 ad- 어군에서 골라 빈칸을 채워 봅시다.

01　With the _____ of autumn, the days become shorter.

02　England was our _____ in the War of 1812.

03　Is it very expensive to _____ a summer home for year-round living?

04　We have sweets, but only occasionally. We are not _____ to them.

05　The candidate has few supporters in the rural areas; most of his _____s are in the cities.

정답 | 01. advent　02. adversary　03. adapt　04. addicted　05. adherent

3. ANTE- before ~전에
4. POST- after ~후에

---

01 **antecedents**
SAT | GRE | 수능

n. **pl. ancestors; forebears; predecessors 조상, 선조**

Ronald's **antecedents** came to this country more than a hundred years ago.

---

02 **antedate**
GRE

v. **1. 실제 날짜보다 앞선 날짜를 지정하다**
2. predate; precede 날짜가 앞서다, 선행하다

1. If you used yesterday's date on a check written today, you have **antedated** the check.
2. Alaska **antedates** Hawaii as a state, having gained statehood on January 3, 1959, seven months before Hawaii.

---

03 **postdate**
토플

v. **날짜를 실제보다 늦추어 정하다**

I **postdated** the check; it has tomorrow's date on it.

---

04 **ante meridiem**
SAT

adv. **before noon 오전에**

In 9 A.M., A.M. stands for **ante meridiem**, meaning "before noon."

---

05 **post meridiem**
토플

adv. **after noon 오후에**

In 9 P.M., P.M. stands for **post meridiem**, meaning "afternoon."

---

01 로날드의 선조들은 백여 년 전에 이 나라에 왔다.
02 ① 오늘 끊은 수표에 어제 날짜를 썼다면 수표 날짜를 앞당긴 것이다.
   ② 알래스카는 하와이보다 먼저 주가 되었는데, 하와이보다 7개월 앞서 1959년 1월 3일 주(州)의 지위를 부여 받았다.
03 나는 수표 날짜를 실제보다 늦추었다. 수표에는 내일 날짜가 적혀 있다.
04 A.M. 9시에서 A.M.은 '정오가 되기 전'을 뜻하는 'ante meridiem'의 약자다.
05 P.M. 9시에서 P.M.은 '정오가 지난 후'를 뜻하는 'post meridiem'의 약자다.

06 anteroom
GRE

n. **antechamber; waiting room**
큰 방에 딸린 곁방, 대합실, 대기실

If the physician is busy when patients arrive, the nurse asks them to wait in the **anteroom**.

07 postgraduate
텝스

adj. **대학원의**

After college, Nina hopes to do **postgraduate** work in law school.

08 postmortem

n. **1. autopsy (사체) 부검, 검시   2. (일에 대한) 사후 토의**

1. The purpose of a **postmortem** is to discover the cause of death.
2. In a **postmortem** after a defeat, we discuss what went wrong and what we can do to improve.

09 postscript
토익 | 토플 | 수능

n. **추신**

After signing the letter, I noticed I had omitted an important fact, and I had to add a **postscript**.

---

06 환자가 왔을 때 의사가 바쁘면 간호사는 환자에게 대기실에서 기다리라고 한다.
07 니나는 대학을 마친 후 로스쿨에서 대학원 공부를 하고 싶어한다.
08 ① 부검의 목적은 사인을 밝히는 것이다.
　　② 패배 후 사후 평가회의에서 우리는 어떤 점이 잘못되었는지, 어떻게 개선해 나갈 수 있는지를 논의한다.
09 편지에 서명한 뒤 나는 중요한 사실을 빠뜨렸다는 걸 알아차리고 추신을 덧붙여야 했다.

---

m mini exercise　ANTE-, POST-
번역 P. 392

문맥에 가장 적합한 단어를 ante-, post- 어군에서 골라 빈칸을 채워 봅시다.

01 After graduating from the College of the City of New York, Jonas Salk did _____ study at New York University to earn an M.D. degree.

02 Mr. Sims told me to put tomorrow's date on the letter, but I forgot to _____ it.

03 The _____ showed that the patient had died of natural causes.

04 In some areas, the peasants still use the same methods of farming as their _____ did centuries ago.

05 You will not need a(n) _____ if you plan your letter carefully.

정답 | 01. postgraduate   02. postdate   03. postmortem   04. antecedents   05. postscript

| 01 | **bicameral** | adj. | **(의회가) 양원제의** |
| | SAT \| GRE | | Our legislature is bicameral; it consists of the House of Representatives and the Senate. |

| 02 | **bicentennial** | n. | **two-hundredth anniversary 200주년 기념일** |
| | GRE | | Our nation's bicentennial was celebrated in 1976. |

| 03 | **biennial** | adj. | **occurring every two years 2년마다 일어나는** |
| | 공무원 | | A defeated candidate for the House of Representatives can run again in two years because the elections are biennial. |

| 04 | **semiannual** | adj. | **semiyearly 반년마다의** |
| | 편입 | | Promotion in our school is semiannual, occurring in January and June. |

| 05 | **bimonthly** | adj. | **occurring every two months 두 달마다 일어나는** |
| | 공무원 | | We receive only six utility bills a year because we are billed on a bimonthly basis. |

---

01   우리 입법부는 양원제로, 하원과 상원으로 구성된다.
02   우리나라는 1976년에 건국 200주년을 기념했다.
03   하원의원 선거에서 낙선한 후보는 2년 뒤 다시 출마할 수 있다. 2년마다 선거가 있기 때문이다.
04   우리 학교에서 진급은 1년에 두 번으로 1월과 6월에 있다.
05   격월로 청구되므로 우리는 일년에 여섯 번만 공과금 청구서를 받는다.

06 **semimonthly**

편입

adj. **보름마다, 즉 한 달에 두 번 일어나는**

Employees paid on a semimonthly basis receive two salary checks per month.

---

07 **bilateral**

공무원

adj. **having two sides 두 면이 있는, 양측의**

French forces joined the Americans in a bilateral action against the British at the Battle of Yorktown in 1781.

---

08 **bilingual**

토플 | 텝스 | 수능

adj. **1. 2개 국어를 똑같이 잘 하는**
2. 2개 국어로 쓰인

1. New York has a large number of bilingual citizens who speak English and a foreign language.

2. The instructions on the voting machine are bilingual; they are in English and Spanish.

---

09 **bipartisan**

토플

adj. **두 정당을 대표하는, 초당파의**

Congressional committees are bipartisan; they include Democratic and Republican members.

---

10 **bisect**

토플

v. **둘로 똑같이 자르다**

A diameter is a line that bisects a circle.

---

11 **semicircle**

GRE

n. **half of a circle 반원**

At the end of the lesson, students gathered about the teacher in a semicircle to ask additional questions.

---

06 보름마다 급여를 받는 직원들은 매달 급여를 두 번 받는다.
07 프랑스군이 1781년 요크타운 전투에서 미군에 합류하면서 양국이 연합해 영국군에 대항했다.
08 ① 뉴욕에는 많은 시민들이 영어와 외국어, 2개 국어를 구사한다. ② 투표 집계기 사용지침은 영어와 스페인어 2개 국어로 적혀 있다.
09 의회 위원회는 초당적으로 운영돼 민주당원과 공화당원이 모두 포함된다.
10 지름이란 원을 이등분하는 선이다.
11 수업이 끝나자 학생들은 반원형으로 선생님 주위에 모여 추가로 질문했다.

12	**semiconscious**	adj.	**half conscious; not fully conscious** 반쯤 의식이 있는, 의식이 완전하지 않은

In the morning, as you begin to awaken, you are in a semiconscious state.

13	**semidetached**	adj.	**부분적으로 떨어진, 한 쪽은 인접한 건물과 벽을 공유하나 다른 쪽은 떨어진**

All the houses on the block are attached, except the corner ones, which are semidetached.

14	**semiskilled**	adj.	**partly skilled 부분적으로 숙련된, 반숙련의**

Workers in a semiskilled job usually do not require a long period of training.

12	아침에 깨기 시작할 때는 비몽사몽 상태이다.
13	한쪽만 옆 집과 벽을 공유하는 모퉁이 집들을 제외하면 그 블록에 있는 집은 모두 붙어 있다.
14	반숙련 직업에 종사하는 근로자는 대개 오랜 기간 훈련하지 않아도 된다.

ⓜ mini exercise   BI-, SEMI-

번역 P. 392

문맥에 가장 적합한 단어를 bi-, semi- 어군에서 골라 빈칸을 채워 봅시다.

01 Everyone will benefit from the warmth of the fireplace if you arrange the chairs around it in a _____.

02 The inspections are _____; there is one every six months.

03 A state that has both an assembly and a senate has a _____ legislature.

04 America's foreign policy is _____; it represents the views of both major political parties.

05 A _____ house shares a common wall.

정답 | 01. semicircle   02. semiannual   03. bicameral   04. bipartisan   05. semidetached

EXERCISES

1 왼쪽 라틴어 접두어의 의미를 오른쪽에서 골라 빈칸에 그 기호를 쓰시오.

1) ab-, a-, or abs- _____

2) semi- _____

3) ante- _____

4) ad- _____

5) post- _____

6) bi- _____

(a) half or partly

(b) two

(c) from, away, or off

(d) after

(e) to, toward, or near

(f) before

2 다음 두 단어 중 문맥에 적합한 것을 고르시오.

1) Congressional elections are a _____ affair; they are held every two years.

(a) semiannual   (b) biennial

2) You may vote "yes" or "no" or, if you wish, you may _____.

(a) abstain   (b) adjoin

3) Many boys at one time or another want to become firemen, but few of them actually enter that _____.

(a) avocation   (b) vocation

4) The flight was delayed because of _____ weather.

(a) adverse   (b) averse

5) The American Revolution (1775) _____ the French Revolution (1789) by fourteen years.

(a) postdated   (b) antedated

이탤릭 체로 쓰여진 단어와 비슷한 말이나 반대말을 고르시오.

1) *abscond*
   (a) bisect   (b) flee   (c) loathe   (d) avert

2) *antecedents*
   (a) hobbies   (b) foes   (c) adherents   (d) descendants

3) *relinquish*
   (a) abdicate   (b) precede   (c) defer   (d) abhor

4) *antedated*
   (a) addicted   (b) old-fashioned   (c) preceded   (d) insufficient

5) *adjacent*
   (a) distant   (b) bipartisan   (c) abnormal   (d) semidetached

6) *adapt*
   (a) cling   (b) adjust   (c) engross   (d) refrain

7) *abrupt*
   (a) abducted   (b) disinclined   (c) inadequate   (d) unexpected

8) *two-sided*
   (a) bicameral   (b) bilateral   (c) biennial   (d) bilingual

9) *adjourned*
   (a) prevented   (b) postponed   (c) acquitted   (d) adjoined

10) *postmortem*
   (a) anteroom   (b) advent   (c) offense   (d) autopsy

4 빈칸에 가장 알맞은 단어를 아래 목록에서 골라 쓰시오.

bilateral	ante meridiem	bilingual	adherent	adversary
adjoined	adjourned	semiannual	semiconscious	absolved

1) The meeting was _____ at 4:30 p.m.

2) At the border, the traffic signs are _____ so that they may be understood by citizens of both countries.

3) RED AND BLUE, our _____ magazine, is published in May and December.

4) In 7 a.m. E.D.T., the letters after 7 stand for _____ Eastern Daylight Time.

5) Mother's decision not to go shopping _____ me of the responsibility of minding the baby.

6) The two nations have signed a(an) _____ agreement to encourage trade with one another.

7) How can you expect to pass if you come to school half asleep and sit through your morning classes in a(an) _____ condition?

8) To keep the championship, we must defeat Sanders High, our old _____.

정답 | 1. 1) (c) 2) (a) 3) (f) 4) (e) 5) (d) 6) (b) 2. 1) (b) 2) (a) 3) (b) 4) (a) 5) (b) 3. 1) (b) 2) (d) 3) (a) 4) (c) 5) (a) 6) (b) 7) (d) 8) (b) 9) (b) 10) (d) 4. 1) adjourned 2) bilingual 3) semiannual 4) ante meridiem 5) absolved 6) bilateral 7) semiconscious 8) adversary

라틴어 접두어 7-12

Latin Prefixes 7–12

PRETEST

01 빈칸에 가장 적합한 답을 골라 그 기호를 써 넣으시오.

1　To take part in a school's **intramural** program, you must _____.
학교의 교내 프로그램에 참여하려면 해당 학교 학생이어야 한다.

(A) be on the school team
(B) be a student at the school
(C) have approval for competing with students of other schools

2　A **countermanded** order should _____.
철회된 명령은 무시되어야 한다.

(A) be ignored　　　　　　(B) receive preference　　(C) be obeyed

3　When there is an **exclusive** showing of a film at a theater, _____.
어떤 극장에서 영화를 독점 상영하면 마을의 다른 극장에서는 해당 영화를 볼 수 없다.

(A) no other theater in town has it
(B) all seats are reserved
(C) children unaccompanied by adults are excluded

4　People who **inhibit** their curiosity usually _____.
호기심을 억제하는 사람은 대개 자기 일에만 신경 쓴다.

(A) open package as soon as received
(B) mind their own business
(C) have little patience

5　The chairperson said Phil's suggestion was **extraneous**, but I thought it
was _____.
의장은 필의 제안이 엉뚱하다고 했지만, 나는 적절하다고 생각했다.

(A) original　　　　　　(B) relevant　　　　　　(C) off the topic

6　A friend who **intercedes** for you _____.
당신을 위해 중재에 나서는 친구는 당신을 위해 간청한다.

(A) takes the blame for you　(B) takes your place　　(C) pleads for you

정답 | 1. (B) 2. (A) 3. (A) 4. (B) 5. (B) 6. (C)

7. **E-, EX-** out, from, away 밖에, ~로부터, 떨어져
8. **IN-, IM-** in, into, on, against, over
안에, 안으로, 위에, 대항하여, 넘어서

---

01 **emigrate**
토플 | 수능

v. **이주하다**

At thirteen, Maria Callas **emigrated** from the United States.

---

02 **immigrate**
토플 | 수능

v. **이주해 오다**

At thirteen, Maria Callas **immigrated** to Greece.

---

03 **eminent**
텝스 | GRE | 수능 | 편입

adj. **conspicuous; famous; distinguished; noteworthy; standing or jutting out**
눈에 띄는, 뛰어난, 유명한, 현저한, 주목할 만한, 튀어나오거나 돌출한

Maria Callas became an **eminent** opera singer.

---

04 **imminent**
GRE | 수능 | 편입

adj. **about to occur; impending; threatening**
막 일어나려 하는, 임박한, 절박한, 위협적인

At the first flash of lightning, the beach crowd scurried for shelter from the **imminent** storm.

---

05 **enervate**
토플 | GRE | 편입

v. **lessen the strength of; enfeeble; weaken**
약화시키다, 무기력하게 하다

I was so **enervated** by the broiling sun that I had to sit down.

---

01 마리아 칼라스는 13살에 미국을 떠났다.
02 마리아 칼라스는 13살에 그리스로 이주했다.
03 마리아 칼라스는 유명한 오페라 가수가 되었다.
04 처음 번개가 치자 해변에 모여 있던 사람들은 곧 닥쳐올 폭풍우를 피해 숨을 곳을 찾느라 허둥댔다.
05 나는 타는 듯한 햇볕에 기운이 다 빠져서 앉아야 했다.

| 06 | **erosion** | n. | **gradual wearing away; deterioration; depletion**
서서히 닳아 없어짐, 부식, 침식, 약화 |
| | 토플 \| 텝스 \| 수능 \| 편입 | | Running water is one of the principal causes of soil **erosion**. |

| 07 | **evoke** | v. | **bring out; call forth; elicit; produce**
불러일으키다, 이끌어내다 |
| | GRE \| 수능 | | The suggestion to lengthen the school year has **evoked** considerable opposition. |

| 08 | **invoke** | v. | **(법·규칙 등을) 들먹이다, 도움이나 보호를 청하다** |
| | 토플 \| 편입 | | Refusing to answer the question, the witness **invoked** the Fifth Amendment, which protects persons from being compelled to testify against themselves. |

| 09 | **excise** | v. | **cut out; remove by cutting out**
잘라내다, 삭제하다, 베어 없애다 |
| | 토플 \| 공무원 | | With a penknife, he peeled the apple and **excised** the wormy part. |

| 10 | **incise** | v. | **cut into; carve; engrave 새기다, 조각하다** |
| | SAT | | The letters on the cornerstone had been **incised** with a power drill. |

---

06   흐르는 물은 토양 침식의 주요 원인 중 하나이다.
07   학년을 연장하자는 제안은 적지 않은 반발을 불러일으켰다.
08   증인은 질문에 답변을 거부하면서 자신에게 불리한 증언을 강요 받지 않도록 보호하는 수정헌법 제5조를 거론했다.
09   그는 작은 주머니칼로 사과 껍질을 벗기고 벌레 먹은 부분을 잘라냈다.
10   주춧돌에 있는 글자들은 동력 드릴로 새겨 놓은 것이다.

11	**exclusive**	adj.	**1. 배타적인 2. single; sole 독점적인, 유일한**

토익 | 토플 | 텝스 | 수능

1. An **exclusive** club does not readily accept newcomers.

2. Before the game, each team had **exclusive** use of the field for a ten-minute practice period.

12	**inclusive**	adj.	**1. 이미 언급된 한계(날짜, 숫자 등)를 포함하는**

GRE | 수능 | 공무원

2. broad in scope; comprehensive 범위가 넓은, 포괄적인

1. The film will be shown from August 22 to 24, **inclusive**, for a total of three days.

2. An unabridged dictionary is much more **inclusive** than an ordinary desk dictionary.

13	**exhibit**	v.	**show; display 보여주다, 진열하다**

토플 | 텝스 | 수능

The museum is now **exhibiting** the art of the Inuit people of northern Canada.

14	**inhibit**	v.	**hold in check; restrain; repress** **막다, 저지하다, 억누르다**

SAT | 토플 | 텝스 | 편입

Many could not **inhibit** their tears; they cried openly.

15	**expel**	v.	**drive out; force out; banish; eject** **몰아내다, 추방하다, 쫓아내다, 축출하다**

토플 | 수능

The student who was **expelled** from the university because of poor grades applied for readmission the following term.

---

11 ① 배타적인 동아리는 신입회원을 쉽게 받아들이지 않는다.
　　② 경기 전 각 팀은 10분의 연습시간 동안 운동장을 독점해 사용했다.
12 ① 이 영화는 8월 22일부터 24일까지 총 3일간 상영될 것이다.
　　② 대사전에는 일반 탁상판 사전보다 훨씬 많은 내용이 담겨 있다.
13 박물관은 현재 캐나다 북부 이누이트 족의 예술품을 전시하고 있다.
14 많은 사람들이 눈물을 참지 못하고 대놓고 울었다.
15 그 학생은 성적이 좋지 않아 대학에서 퇴학당하자 다음 학기에 재입학을 신청했다.

| 16 | **impel** | v. | **drive on; force; compel** |
| | SAT | | 강요하다, 억지로 시키다, 강제하다 |

We do not know what impelled the secretary to resign.

| 17 | **implicate** | v. | **involve; entangle** 관련시키다, 뒤얽히게 하다 |
| | GRE \| 공무원 | | |

One of the accused persons confessed and implicated two others in the crime.

| 18 | **impugn** | v. | **contradict; attack; malign** |
| | 토플 \| GRE | | 반박하다, 부정하다, 공격하다, 비난하다, 중상하다 |

The treasurer should not have been offended when asked for a financial report. No one was impugning his honesty.

| 19 | **incarcerate** | v. | **put in prison; imprison; confine** |
| | GRE \| 편입 | | 감옥에 넣다, 투옥하다, 감금하다 |

After their escape and recapture, the convicts were incarcerated in a more secure prison.

| 20 | **inscribe** | v. | **imprint** 새기다, 인쇄하다 |
| | 토플 | | |

The name of the winner will be inscribed on the medal.

| 21 | **insurgent** | n. | **rebel; mutineer** 폭동자, 폭도 |
| | GRE | | |

The ruler promised to pardon any insurgents who would lay down their arms.

| | | adj. | insurgent 반항적인, 순종하지 않는, 불온한 |

---

16 우리는 비서가 무엇 때문에 사임해야 했는지 모른다.
17 피의자들 중 한 명이 자백하면서 다른 두 명이 범행에 연루되었다고 털어놓았다.
18 재무 보고를 요구 받았을 때 회계 담당자는 성내지 말았어야 했다. 아무도 그가 정직하다는 건 부정하지 않았으니까 말이다.
19 탈옥했다가 다시 잡힌 후, 죄수들은 보안이 더 철저한 감옥에 감금되었다.
20 메달에는 우승자의 이름이 새겨질 것이다.
21 통치자는 무기를 내려놓는 폭도는 누구든 용서하겠다고 약속했다.

문맥에 가장 적합한 단어를 e-, ex-, in-, im- 어군에서 골라 빈칸을 채워 봅시다.

01   This afternoon the swimming team has _____ use of the pool. No one else will be admitted.

02   No one can _____ the settler's claim to the property, since he holds the deed to the land.

03   Over the centuries, the Colorado River has carved its bed out of solid rock by the process of _____.

04   A lack of opportunity compelled thousands to _____ from their native land.

05   Proposals to increase taxes usually _____ strong resistance.

06   The famine-stricken nation is expected to _____ the help of its more fortunate neighbors.

07   On the front page, I am going to _____ these words: "To Dad on his fortieth birthday. Love, Ruth."

08   Learning that their arrest was _____, the insurgent leaders went into hiding.

09   The judge asked the guards to _____ the spectators who were creating a disturbance.

10   We just had to see what was in the package. We could not _____ our curiosity.

정답 | 01. exclusive   02. impugn   03. erosion   04. emigrate   05. evoke   06. invoke   07. inscribe
        08. imminent   09. expel   10. inhibit

01 extracurricular

수능 | 편입

adj. **정규 교과목 이외의, 과외의**

Why don't you join an **extracurricular** activity, such as a club, the school newspaper, or a team?

---

02 extraneous

SAT | 토플 | GRE | 편입

adj. **foreign; not essential; not pertinent; irrelevant**
이질적인, 비본질적인, 부적절한, 엉뚱한, 관계없는

You said you would stick to the topic, but you keep introducing **extraneous** issues.

---

03 extravagant

토플 | 수능

adj. **1. beyond the bounds of reason; excessive**
사리에 맞지 않는, 엉뚱한, 지나친
2. spending lavishly; wasteful 아낌없이 쓰는, 낭비하는

1. Reliable manufacturers do not make **extravagant** claims for their products.
2. In a few months, the **extravagant** heir spent the fortune of a lifetime.

---

04 intramural

GRE

adj. **교내의, (학교나 대학 등의) 구성원에 한하는**

At most schools, the students participating in **intramural** athletics vastly outnumber the students involved in interscholastic sports.

---

01   동아리나 학보, 팀 같은 과외 활동에 참여하는 건 어때?

02   주제를 고수하겠다고 하셨는데 자꾸 엉뚱한 문제를 들먹이시네요.

03   ① 신뢰할 수 있는 제조업체들은 제품에 대해 터무니없는 주장을 하지 않는다.
     ② 낭비벽이 있는 상속자는 몇 달 만에 평생 쓸 재산을 탕진했다.

04   대다수 학교에서 교내 운동경기에 참여하는 학생이 학교 대항전에 참가하는 학생보다 훨씬 많다.

05 intraparty

SAT

adj. **within a party** 당 내의

The Democrats are trying to heal **intraparty** strife so as to present a united front in the coming election.

06 intrastate

편입

adj. **within a state** 주(州) 내의

Commerce between the states is regulated by the Interstate Commerce Commission, but **intrastate** commerce is supervised by the states themselves.

07 intravenous

공무원

adj. **정맥 내의, 정맥 주사의**

Patients are nourished by **intravenous** feeding when too ill to take food by mouth.

---

05   민주당원들은 다가오는 선거에서 공동전선을 펴기 위해 당내 갈등을 치유하려고 애쓰고 있다.
06   주 간 상거래는 주간통상위원회의 규제를 받지만 주내 상거래는 주 자체에서 감독한다.
07   환자가 너무 아파서 입으로 음식을 먹을 수 없을 때는 정맥주사로 영양을 공급받는다.

ⓜ mini exercise   **EXTRA-, INTRA-**   번역 P.393

문맥에 가장 적합한 단어를 extra-, intra- 어군에서 골라 빈칸을 채워 봅시다.

01   Your claim that you would win by a landslide was certainly _____, as you were nearly defeated.

02   An air conditioner cools a room and helps to shut out _____ noises.

03   The theft must be regarded as an _____ matter, unless the stolen goods have been transported across state lines.

04   Some educators want to concentrate on _____ athletics and do away with interscholastic competition.

05   Though fencing is not in the curriculum, it is offered as an _____ activity.

정답 | 01. extravagant   02. extraneous   03. intrastate   04. intramural   05. extracurricular

11. CONTRA-, CONTRO-, COUNTER-
against, contrary ~에 반대하여, 반대로

01 **con**
토플

adv. **(short for *contra*) against; on the negative side**
(contra의 축약형) ~에 반대하여, 반대편에서

I abstained from casting my ballot because I could not decide whether to vote pro or con.

n. con (주로 복수형으로 쓰며) 반대론, 반대하는 이유

---

02 **contraband**
토플 | GRE

n. **smuggled goods 밀수품**

Customs officials examined the luggage of the suspected smuggler but found no contraband.

---

03 **contravene**
GRE

v. **go or act contrary to; violate; disregard; infringe**
반대로 가거나 행동하다, 위반하다, 무시하다, 침해하다

By invading the neutral nation, the dictator contravened an earlier pledge to guarantee its independence.

---

04 **controversy**
토플 | 텝스 | 수능

n. **dispute; debate; quarrel 논쟁, 토론, 말다툼**

Our controversy with Great Britain over the Oregon Territory nearly led to war.

---

05 **counter**
토플 | 텝스 | 수능

adv. **(followed by *to*) contrary; in the opposite direction**
(to를 수반하여) 반대로, 반대 방향으로

The student's plan to drop out of school runs counter to his parents' wishes.

---

01 나는 찬성해야 할지 반대해야 할지 판단할 수 없어 투표를 기권했다.
02 세관원들이 밀수 용의자의 짐을 조사했지만 밀수품은 발견되지 않았다.
03 독재자는 중립국을 침공해 독립을 보장하겠다는 당초 약속을 어겼다.
04 오리건 준주를 둘러싼 영국과의 논쟁은 전쟁으로 이어질 뻔했다.
05 중퇴하겠다는 학생의 계획은 부모님의 뜻에 반한다.

06 countermand
GRE

v. **revoke** 취소하다, 철회하다

The health commissioner ordered the plant to close, but a judge **countermanded** the order.

07 incontrovertible
GRE | 공무원

adj. **unquestionable; certain; indisputable**
의심할 여지가 없는, 확실한, 논쟁의 여지가 없는

The suspect's fingerprints on the safe were considered **incontrovertible** evidence of participation in the robbery.

---

06 보건담당관은 공장 폐쇄를 명령했지만 판사는 명령을 철회했다.
07 금고에 있는 용의자의 지문은 강도사건에 가담했다는 명백한 증거로 생각되었다.

---

m mini exercise   **CONTRA-, CONTRO-, COUNTER-**   번역 P. 393

문맥에 가장 적합한 단어를 contra-, contro-, counter- 어군에서 골라 빈칸을 채워 봅시다.

01 Until we became embroiled in _____, Peggy and I were the best of friends.

02 A birth certificate is _____ proof of age.

03 Vessels carrying _____ are subject to seizure.

04 A superior officer has the power to _____ the orders of a subordinate.

05 I cannot support you in an activity that you undertook _____ to my advice.

정답 | 01. controversy   02. incontrovertible   03. contraband   04. countermand   05. counter

12. INTER- between ~의 사이에

01 **intercede**
SAT

v. **mediate; plead in another's behalf; intervene**
중재하다, 대신 변론하다, 조정하다

I would have lost my place on line if you hadn't interceded for me.

---

02 **intercept**
토플 | 공무원

v. **interrupt; catch 가로막다, 중단시키다, 붙잡다**

We gained possession of the ball when Russ intercepted a forward pass.

---

03 **interlinear**
GRE

adj. **행간에 쓴**

It is difficult to make interlinear notes if the space between the lines is very small.

---

04 **interlude**
토플 | 편입

n. **interval; break; intermission 틈, 막간, 휴식 시간**

Between World War I and II, there was a twenty-one-year interlude of peace.

---

05 **intermediary**
GRE

n. **go-between; mediator 매개자, 중재자**

For his role as intermediary in helping to end the Russo-Japanese War, Theodore Roosevelt won the Nobel Peace Prize.

---

01 당신이 절 위해 중재하지 않았다면 줄에서 제 자리를 잃었을 거예요.
02 러스가 전진 패스를 가로채자 우리가 공을 소유하게 되었다.
03 줄 사이 간격이 아주 좁으면 행간에 적기가 어렵다.
04 제1차 세계대전과 제2차 세계대전 사이에는 21년 동안 평화로운 시기가 있었다.
05 시어도어 루즈벨트는 러일전쟁 종식을 도운 중재자 역할로 노벨평화상을 수상했다.

| 06 | **intermission** | n. | **interval; interruption 휴식 시간, 중지, 중단** |
| | 토플｜텝스｜GRE | | During the **intermission** between the first and second acts, you will have a chance to purchase refreshments. |

| 07 | **intersect** | v. | **divide; cross 가로지르다, 교차하다** |
| | 토플 | | Broadway **intersects** Seventh Avenue at Times Square. |

| 08 | **interurban** | adj. | **between cities or towns 도시 사이에** |
| | SAT｜GRE | | The only way to get to the next town is by automobile or taxi; there is no **interurban** bus. |

| 09 | **intervene** | v. | **1. come between 사이에 오다**
2. intercede; mediate 중재하다, 조정하다 |
| | 토플｜텝스｜수능｜편입 | | 1. The summer vacation **intervenes** between the close of one school year and the beginning of the next.
2. Let the opponents settle the dispute by themselves; don't **intervene**. |

06 1막과 2막 사이 중간 휴식시간에 간식을 살 짬이 있을 것이다.
07 브로드웨이는 타임스퀘어와 7번가를 가로지른다.
08 이웃 도시로 가는 유일한 방법은 자동차나 택시를 타는 것이다. 두 도시를 오가는 버스는 없다.
09 ① 여름방학은 한 학년이 끝나고 다음 학년이 시작되기 전에 있다.
    ② 대립 당사자끼리 스스로 분쟁을 해결하게 두고 끼어들지 마세요.

ⓜ mini exercise　INTER-　　　　　　　　　　　　　　　　　　　　번역 P. 393

문맥에 가장 적합한 단어를 inter- 어군에서 골라 빈칸을 채워 봅시다.

01 A conspicuous warning signal must be posted wherever railroad tracks _____ a highway.

02 Though asked repeatedly to be an _____ in the labor dispute, the mayor so far has refused to intercede.

03 Radio stations sometimes offer a brief _____ of music between the end of one program and the start of another.

04 A special task force is trying to _____ the invaders.

05 Construction funds have been voted for a four-lane _____ highway linking the three cities.

정답 ｜ 01. intersect　02. intermediary　03. interlude　04. intercept　05. interurban

EXERCISES

1 왼쪽 라틴어 접두어의 의미를 오른쪽에서 골라 빈칸에 그 기호를 쓰시오.

1) intra-　　　　_____

2) inter-　　　　_____

3) extra-　　　　_____

4) e-, ex-　　　　_____

5) contra-, contro-,　_____
　 counter-

6) in-, im-　　　　_____

> (a) out, from, away
> (b) against, contrary
> (c) in, into, on, against, over
> (d) within
> (e) between
> (f) outside

2 다음 밑줄 친 단어와 가장 비슷한 뜻을 가진 말을 고르시오.

1) painful <u>interlude</u>

　(a) delay　　　(b) dispute　　　(c) interval　　　(d) intermediary

2) deeply <u>implicated</u>

　(a) sorry　　　(b) involved　　　(c) indebted　　　(d) hurt

3) <u>counter</u> to expectation

　(a) look forward　(b) respond　　(c) appeal　　　(d) contrary

4) <u>exclusive</u> owner

　(a) sole　　　(b) wealthy　　　(c) rightful　　　(d) principal

5) neatly <u>excised</u>

　(a) inserted　　(b) removed　　(c) inscribed　　(d) repaired

3 빈칸에 가장 알맞은 말을 고르시오.

1) An imminent event belongs to the _____.

   (a) recent past   (b) present   (c) near future
   (d) dim past   (e) distant future

2) Bob is not exclusive; he _____.

   (a) tries hard   (b) makes friends easily
   (c) comes on time   (d) keeps to himself   (e) prepares his homework

3) Captain John Smith was spared when Pocahontas _____ in his behalf.

   (a) intervened   (b) contravened   (c) intersected
   (d) implicated   (e) intercepted

4) In an intraparty dispute, none of the participants are _____.

   (a) members   (b) entirely right   (c) stubborn
   (d) all wrong   (e) outsiders

5) There was no intermission in the fighting except for one _____.

   (a) U.N. protest   (b) minor skirmish   (c) surprise attack
   (d) three-day truce   (e) shipment by the Allies

6) The overeager student shouted out the answer, unable to inhibit his _____.

   (a) disappointment   (b) apprehension   (c) enthusiasm
   (d) anger   (e) curiosity

정답 | 1. 1) (d) 2) (e) 3) (f) 4) (a) 5) (b) 6) (c) 2. 1) (c) 2) (b) 3) (d) 4) (a) 5) (b) 3. 1) (c) 2) (b) 3) (a) 4) (e) 5) (d) 6) (c)

라틴어 접두어 13-18
Latin Prefixes 13-18

PRETEST
—

01 빈칸에 가장 적합한 답을 골라 그 기호를 써 넣으시오.

1 Inhabitants of a **secluded** dwelling have few _____.
외딴 집에 사는 주민들은 이웃이 거의 없다.

(A) windows   (B) expenses   (C) neighbors

2 **Malice** cannot exist between _____.
진정한 친구 사이에는 적개심이 있을 수 없다.

(A) old rivals   (B) true friends   (C) close relatives

3 An **illegible** mark cannot be _____.
판독할 수 없는 기호는 읽을 수 없다.

(A) raised   (B) erased   (C) read

4 The opposite of a **benediction** is a _____.
축복의 반대는 저주다.

(A) curse   (B) contradiction   (C) blessing

5 A **dispassionate** witness is likely to be _____.
냉정한 증인은 아무래도 침착할 것이다.

(A) prejudiced   (B) calm   (C) easily upset

6 **Deciduous** trees _____.
낙엽수는 잎이 떨어진다.

(A) shed their leaves   (B) resist disease   (C) are green all year

정답 | 1. (C) 2. (B) 3. (C) 4. (A) 5. (B) 6. (A)

13. IN-, IL-, IM-, IR- not, un ~이 아닌

01	**illegible** 토플 | 공무원	adj. **not legible; impossible to read; undecipherable** 읽기 어려운, 판독할 수 없는, 이해할 수 없는 I could read most of the signatures, but a few were illegible.
02	**illiterate** 토플 | 수능	adj. **unable to read or write; uneducated; not literate** 읽고 쓸 수 없는, 교육을 받지 못한, 문맹의, 학식이 없는 The new nation undertook to teach its illiterate citizens to read and write.
03	**illogical** 토익 | 수능	adj. **not logical; irrational; fallacious** 비논리적인, 불합리한, 이성을 잃은, 그릇된, 오류가 있는 It is illogical to vote for a candidate whom you have no faith in.
04	**immaculate** 토플 | GRE | 편입	adj. **not spotted; absolutely clean; stainless** 더럽혀지지 않은, 아주 깨끗한, 얼룩이 없는 Before dinner, the tablecloth was immaculate.
05	**immature** 토플 | 수능	adj. **not mature; not fully grown or developed; young; childish** 성숙하지 않은, 완전히 자라거나 발달하지 않은, 미숙한, 경험 없는, 유치한 Seniors often consider sophomores too immature.

01 나는 대부분의 서명은 알아볼 수 있었지만, 몇몇은 읽을 수가 없었다.
02 그 신생 국가는 문맹인 시민들에게 읽고 쓰기를 가르치는 일에 착수했다.
03 신뢰하지 않는 후보에게 투표하는 것은 사리에 어긋난다.
04 저녁 식사를 하기 전 식탁보는 얼룩 하나 없이 깨끗했다.
05 4학년 학생들은 종종 2학년 학생들이 너무 유치하다고 생각한다.

06 impunity
토플 | 텝스 | GRE

n. **state of being not punished; immunity**
벌을 받지 않음, 면제, 특전

As a result of stricter enforcement, speeders are no longer able to break the law with impunity.

07 inaccessible
토플 | 텝스 | 편입

adj. **not accessible; unreachable; hard to get to; unapproachable**
접근할 수 없는, 접근하기 어려운, 도달하기 어려운

For most of the year, the Inuit settlements in northern Quebec are inaccessible, except by air.

08 incessant
SAT | 토플 | GRE | 수능 | 공무원

adj. **not ceasing; interminable; ceaseless**
끊임없는, 끝없는, 무한한

It is almost impossible to cross the street during the rush hour because of the incessant flow of traffic.

09 inflexible
텝스 | 수능

adj. **not flexible; firm; unyielding**
구부러지지 않는, 확고한, 완고한, 굴복하지 않는

No compromise is possible when both sides remain inflexible.

10 ingratitude
수능

n. **ungratefulness; lack of gratitude**
은혜를 모름, 감사하는 마음의 결여

Valerie refuses to let me see her notes, though I have always lent her mine. What ingratitude!

11 inhospitable
토플

adj. **not hospitable; unfriendly 대접이 나쁜, 불친절한**

When the visitors come to our school, we should make them feel at home; otherwise they will think we are inhospitable.

---

06   더 엄격하게 단속한 결과, 과속 운전자가 법을 위반하고도 처벌을 면하는 일이 이제 없어졌다.
07   연중 대부분 퀘벡 주 북부의 이누이트 마을은 항공편이 아니면 접근이 불가능하다.
08   출퇴근 혼잡시간에는 끊임없이 차가 밀려 오므로 길을 건너기가 거의 불가능하다.
09   양측이 다 굽히지 않으면 타협이 불가능하다.
10   나는 항상 발레리에게 내 노트를 빌려줬건만, 발레리는 자기 노트를 안 보여준다. 이런 배은망덕한!
11   손님들이 우리 학교에 오면 편안하게 해줘야 합니다. 그렇지 않으면 우리를 불친절하다고 생각할 겁니다.

12 insoluble

토플 | 편입

adj. **1. unsolvable; irresolvable** 해결할 수 없는, 풀 수 없는
2. 용해되지 않는

1. Scientists are finding solutions to many problems that formerly seemed insoluble.

2. Salt dissolves in water, but sand is insoluble.

13 irreconcilable

편입 | 공무원

adj. **not reconcilable; incompatible**
화해할 수 없는, 서로 용납되지 않는

After Romeo and Juliet died, their families, who had been irreconcilable enemies, became friends.

14 irrelevant

토플 | GRE | 수능

adj. **not relevant; inapplicable; off the topic; extraneous**
관계가 없는, 부적당한, 주제에서 벗어난

Stick to the topic; don't make irrelevant remarks.

15 irrevocable

토플 | GRE

adj. **not revocable; unalterable; irreversible**
돌이킬 수 없는, 취소할 수 없는, 되돌릴 수 없는

As an umpire's decision is irrevocable, it is useless to argue over a call.

---

12 ① 과학자들은 예전에 해결할 수 없을 것 같았던 많은 문제들에 대한 해답을 찾아내고 있다. ② 소금은 물에 녹지만 모래는 녹지 않는다.

13 로미오와 줄리엣이 죽고 난 후 서로 화해할 수 없는 원수지간이었던 양쪽 집안은 가까워졌다.

14 주제에서 벗어나지 말고 관련 없는 이야기는 하지 마세요.

15 심판의 결정은 돌이킬 수 없으므로 판정을 놓고 입씨름해 봐야 소용없다.

ⓜ mini exercise   IN-, IL-, IM-, IR-

번역 P. 393

문맥에 가장 적합한 단어를 in-, il-, im-, ir- 어군에서 골라 빈칸을 채워 봅시다.

01 Half frozen, the traveler knocked at a strange door, hoping the inhabitants would not be so _____ as to turn him away from their fire.

02 Prior to their arrest, the gang had committed a number of thefts with _____.

03 The detective finally succeeded in clearing up the seemingly _____ mystery by tracking down every clue.

04 On some of the very old tombstones in Boston's Granary Burying Ground, the inscriptions are almost _____.

05 Before the bridge was built, the island had been _____ from the mainland, except by ferry.

정답 | 01. inhospitable   02. impunity   03. insoluble   04. illegible   05. inaccessible

14. BENE- good, well 좋은
15. MAL-, MALE- evil, ill, bad, badly
악한, 나쁜

01 **benediction**
토플 | GRE | 편입

n. **blessing; good wishes; approbation**
행복을 비는 마음, 축복, 호의, 칭찬

Robinson Crusoe ran off to sea against his parents' wishes and without their benediction.

02 **malediction**
토플 | GRE

n. **curse** 저주, 악담

With her dying breath, Queen Dido pronounced a malediction on Aeneas and all his descendants.

03 **benefactor**
GRE | 수능 | 편입

n. 후원자, 은인

The museum could not have been built without the gift of ten million dollars by a wealthy benefactor.

04 **malefactor**
GRE | 공무원

n. **offender; evildoer; criminal** 범죄자, 위반자, 악한, 죄인

Shortly after the crime, the malefactor was apprehended and brought to trial.

05 **beneficial**
토플 | 텝스 | 수능

adj. **productive of good; helpful; advantageous**
이익을 낳는, 도움이 되는, 유리한

Rest is usually beneficial to a person suffering from a bad cold.

01　로빈슨 크루소는 부모의 뜻을 거역하고 부모의 축복도 받지 않은 채 바다로 달아났다.
02　디도 여왕은 숨을 거두면서 아이네아스와 그의 모든 후손에게 저주를 내렸다.
03　부유한 독지가가 천만 달러를 기부하지 않았다면 그 박물관은 건립되지 못했을 것이다.
04　범인은 범행 직후 체포되어 재판에 회부되었다.
05　휴식은 독감으로 고생하는 사람에게 대체로 이롭다.

06 beneficiary
토플 | GRE

n. **이익이나 혜택을 받는 사람**

The sick and the needy will be the beneficiaries of your gift to the community fund.

07 benevolent
SAT | 토플 | GRE | 수능 | 편입

adj. **kind; charitable 친절한, 자비로운**

Benevolent employers have a sincere concern for the welfare of their employees.

08 malevolent
GRE | 편입

adj. **spiteful; malicious; vicious**
악의에 찬, 심술궂은, 나쁜

In Robert Louis Stevenson's novel *Kidnapped*, David Balfour visits a malevolent uncle who tries to kill him.

09 maladjusted
텝스 | 수능

adj. **잘못 조절된, 환경에 적응하지 못하는**

Having grown up in a quiet small town, Jesse was now a maladjusted city dweller who complained about noise and crowds.

10 malice
SAT | 토플 | 수능

n. **ill will; enmity; malevolence 악의, 적의**

My tire did not have a leak; someone had deflated it out of malice.

---

06 여러분이 공동기금에 기부하면 환자들과 가난한 사람들이 수혜자가 됩니다.
07 자비심이 많은 고용주는 직원들의 복지에 진지하게 관심을 기울인다.
08 로버트 루이스 스티븐슨의 소설 <납치>에서 데이비드 밸푸어는 자신을 죽이려는 악의에 찬 숙부를 찾아간다.
09 조용하고 작은 마을에서 자란 제시는 도시에 살게 되었지만 소음과 인파에 적응하지 못해 투덜댔다.
10 내 타이어에는 새는 곳이 없었다. 누군가가 악의를 품고 타이어 바람을 뺐다.

11 malnutrition

텝스 | 수능

n. **poor nourishment** 나쁜 영양 상태, 영양실조

The lack of fresh fruit and vegetables in a person's diet may cause **malnutrition**.

12 maltreat

공무원

v. **treat badly; mistreat; abuse**
나쁘게 다루다, 학대하다, 혹사하다

Jen felt **maltreated** when the teacher scolded her for something that was not her fault.

---

11 식단에 신선한 과일과 야채가 부족하면 영양실조에 걸릴 수 있다.
12 선생님이 자신의 잘못이 아닌 일로 꾸짖자 젠은 부당한 취급을 받는다고 느꼈다.

---

m **mini exercise** **BENE-, MAL-, MALE-** 번역 P. 394

문맥에 가장 적합한 단어를 bene-, mal-, male- 어군에서 골라 빈칸을 채워 봅시다.

01 Polar bears are at home in cold climates, but their thick fur would leave them _____ in a warmer environment.

02 The hero of Charles Dickens' novel *Great Expectations* received considerable financial aid from an unknown _____.

03 Mrs. Adams will inherit a fortune, since she is named as the exclusive _____ in her wealthy aunt's will.

04 Paula couldn't understand why anyone should bear her so much _____ as to tear her notebook to bits.

05 Philip Nolan, in Edward Everett Hale's short story *The Man Without a Country*, is punished for uttering a _____ on the United States.

정답 | 01. maladjusted 02. benefactor 03. beneficiary 04. malice 05. malediction

16. DE- down, down from, opposite of
아래로, ~부터 아래로, ~의 반대

01	**decadent** GRE | 편입	adj. **deteriorating; growing worse; declining** **타락하는, 점점 더 나빠지는, 기우는** The **decadent** rooming house was once a flourishing hotel.
02	**deciduous** GRE	adj. **shedding leaves** 잎을 떨어뜨리는, 낙엽성의 Maple, elm, birch, and other **deciduous** trees lose their leaves in the fall.
03	**demented** SAT	adj. **out of one's mind; mad; insane; deranged** **제정신이 아닌, 미친, 온전치 못한, 발광한** Whoever did this must have been **demented**; no sane person would have acted in such a way.
04	**demolish** 토플 | 편입	v. **pull or tear down; destroy; raze; wreck** **허물거나 부수다, 파괴하다, 무너뜨리다** A wrecking crew is **demolishing** the old building.

---

01 스러져 가는 여관은 한때 번창하던 호텔이었다.
02 단풍나무, 느릅나무, 자작나무 등 낙엽수는 가을이 되면 잎이 떨어진다.
03 누가 이런 짓을 했는지 분명 제정신이 아니었을 것이다. 제정신이라면 누구도 그따위 행동은 하지 않았을 테니까.
04 철거반원들이 낡은 건물을 철거하고 있다.

05 demote

GRE | 수능

v. **degrade; downgrade**
좌천시키다, 강등시키다

For being absent without leave, the corporal was **demoted** to private.

06 dependent

텝스 | 수능

adj. **의존하는**

Children are **dependent** on their parents until they are able to earn their own living.

07 depreciate

토익 | GRE

v. **1. 가격이나 가치가 떨어지다**
2. speak slightingly of; belittle; disparage
~에 관해 대수롭지 않게 말하다, 얕잡다, 깔보다, 헐뜯다

1. New automobiles **depreciate** rapidly, but antiques tend to go up in value.
2. The store manager would feel you are **depreciating** him if you refer to him as the "head clerk."

08 despise

GRE | 수능

v. **look down on; scorn; feel contempt for; abhor; disdain**
경멸하다, 멸시하다, 증오하다

Benedict Arnold was **despised** by his fellow Americans for betraying his country.

09 deviate

토플 | GRE | 편입

v. **turn aside (from a route or rule); stray; wander; digress**
(노선이나 규칙에서) 벗어나다, 빗나가다, 길을 잃다,
본 줄거리를 떠나다

Dr. Parker does not see a patient without an appointment, except in an emergency, and she does not **deviate** from this policy.

---

05 무단 이탈로 상병은 이병으로 강등되었다.
06 아이들은 스스로 생계를 꾸릴 수 있을 때까지 부모에게 의존한다.
07 ① 신차는 가치가 급감하지만 골동품 차는 가치가 오르는 경향이 있다.
     ② 점장은 누가 그를 '책임 점원'이라고 부르면 자신을 얕잡아 본다고 느낄 것이다.
08 베네딕트 아놀드는 조국을 배신했다는 이유로 동료 미국인들에게 멸시 당했다.
09 파커 박사는 응급상황 외에는 예약하지 않은 환자를 진찰하지 않으며, 이 방침에서 벗어나지 않는다.

10 **devour**

토플 | 편입

v. **eat greedily; eat like an animal**
게걸스레 먹다, 짐승처럼 먹다

Wendy must have been starved; she **devoured** her food.

10　웬디는 틀림없이 배가 몹시 고팠을 것이다. 그녀는 게걸스레 음식을 먹었다.

---

m mini exercise　**DE-**　　번역 P. 394

문맥에 가장 적합한 단어를 de- 어군에서 골라 빈칸을 채워 봅시다.

01　The bus driver cannot take you to your door because he is not permitted to _____ from his route.

02　Streets lined with _____ trees are strewn with fallen leaves each autumn.

03　The patient's speech was not rational but like that of a _____ person.

04　Retired people like to have an income of their own so as not to be _____ on others.

05　By A.D. 400, the Romans were well past the peak of their glory and had become a _____ people.

정답 | 01. deviate　02. deciduous　03. demented　04. dependent　05. decadent

17. DIS- opposite of, differently, apart, away

반대의, 다르게, 떨어져, 멀리

---

01 **discontent**

토플 | 텝스 | 수능

adj. **(usually followed by *with*) dissatisfied; discontented**
(보통 with를 수반) 불만스러운, 뾰루퉁한

Dan was **discontent** with the mark on his Spanish exam;
he had expected at least 10 points more.

---

02 **discredit**

토플 | 수능

v. **disbelieve; refuse to trust 믿지 않다, 의심하다**

The parents **discredited** the child's story, since he was in
the habit of telling falsehoods.

---

03 **discrepancy**

토익 | 토플 | 텝스 | 편입 | 공무원

n. **disagreement; difference; inconsistency; variation**
불일치, 모순, 차이, 변이, 어긋남

The first witness said the incident had occurred at 10:00
a.m., but the second witness insisted the time was 10:45.
This **discrepancy** puzzled the police.

---

04 **disintegrate**

토플

v. **break into bits; crumble; decay**
산산조각 내다, 부스러뜨리다, 부패시키다

The driveway needs to be resurfaced; it is beginning to
disintegrate.

---

05 **dispassionate**

SAT | GRE

adj. **calm; composed; impartial 침착한, 냉정한, 공평한**

For a **dispassionate** account of how the fight started, ask
a neutral observer, not a participant.

---

01 댄은 스페인어 시험 점수가 불만이었다. 그는 적어도 10점은 더 받으리라 기대했다.
02 부모는 아이가 거짓말을 하는 버릇이 있었기 때문에 아이의 이야기를 믿지 않았다.
03 첫 번째 증인은 사건이 오전 10시에 발생했다고 말했지만, 두 번째 증인은 시간이 10시 45분이라고 우겼다. 증언이 일치하지 않자 경찰은 당황
했다.
04 진입로를 다시 포장해야 한다. 진입로에 균열이 생기기 시작하고 있다.
05 싸움이 어떻게 시작되었는지 공평한 설명을 들으려면 당사자가 아닌 중립적인 관찰자에게 물어보십시오.

06	**disrepair**	n.	**bad condition 나쁜 상태, 파손**

disrepair
GRE

n. **bad condition 나쁜 상태, 파손**

The new owner did not take proper care of the building, and it soon fell into **disrepair**.

---

07 **dissent**
SAT | 토플 | 수능

v. **feel differently; differ in opinion; disagree
다르게 느끼다, 의견을 달리하다, 불일치하다**

When the matter was put to a vote, 29 agreed and 4 **dissented**.

---

08 **dissident**
토익

adj. **not agreeing; dissenting; nonconformist
일치하지 않는, 의견을 달리하는, 관행 등에 따르지 않는**

The compromise was welcomed by all the strikers except a small **dissident** group who felt that the raises were too small.

---

09 **distract**
토플 | 수능

v. **divert the attention of; confuse; bewilder
주의를 딴 데로 돌리다, 혼란스럽게 만들다, 당황하게 하다**

When the bus is in motion, passengers should do nothing to **distract** the driver.

---

06   새 주인이 건물을 제대로 관리하지 않자 건물은 곧 황폐해졌다.
07   그 문제를 표결에 부치자 29명이 찬성하고 4명이 반대했다.
08   임금 인상폭이 너무 작다고 느낀 소수 반대집단을 제외하고 타협안은 모든 파업 참가자들의 환영을 받았다.
09   버스가 달리고 있을 때 승객들은 운전자의 주의를 흐트러뜨리지 말아야 한다.

ⓜ mini exercise   DIS-   번역 P. 394

문맥에 가장 적합한 단어를 dis- 어군에서 골라 빈칸을 채워 봅시다.

01   The leader conferred with several _____ members of his party in an attempt to win them over to his views.

02   Add your marks for the different parts of the test to see if they equal your total mark. If there is a _____, notify the teacher.

03   The negligent owner allowed her equipment to fall into _____.

04   I had no reason to _____ the information, since it came from a reliable source.

05   Turn off the television set while you are trying to concentrate, or it will _____ your attention.

정답 | 01. dissident   02. discrepancy   03. disrepair   04. discredit   05. distract

18. SE- apart 떨어져

01 **secede**
수능

v. **조직이나 연합에서 탈퇴하다, 분리하다**

When Lincoln was elected President in 1860, South Carolina **seceded** from the Union.

02 **secession**
GRE

n. **조직이나 연합에서의 탈퇴**

South Carolina's **secession** was followed by that of ten other states and led to the formation of the Confederacy.

03 **seclude**
토플 | 수능

v. **isolate; sequester 격리시키다, 고립시키다**

Monica was so upset over losing her job that she **secluded** herself and refused to see anyone.

04 **secure**
토플 | 수능

adj. **1. confident; assured 자신 있는**
2. 손실·공격·위험에 대하여 안전한

1. Are you worried about passing, or do you feel **secure**?
2. Guests who want their valuables to be **secure** are urged to deposit them in the hotel vault.

---

01 1860년 링컨이 대통령으로 선출되자 사우스 캐롤라이나 주가 연방에서 탈퇴했다.
02 사우스 캐롤라이나 주가 탈퇴하자 다른 10개 주도 이어 탈퇴해 남부연합이 결성되었다.
03 모니카는 직장을 잃자 너무 속상한 나머지 틀어박힌 채 아무도 만나지 않으려 했다.
04 ① 합격에 대해 걱정되나요, 아니면 자신 있나요?
　 ② 귀중품을 안전하게 보관하고자 하는 투숙객은 호텔 금고에 맡기시도록 권합니다.

05 sedition

토플 | GRE

n. **insurrection; treason 폭동, 반역**

The signers of the Declaration of Independence, if captured by the enemy, would probably have been tried for sedition.

06 segregate

수능

v. **separate from the main body; isolate**
주 집단에서 분리하다, 격리시키다, 고립시키다

During the swim period, the nonswimmers are segregated from the rest of our group to receive special instruction.

---

05 독립선언서에 서명한 사람들은 적에게 붙잡혔더라면 아마도 반역죄로 재판을 받았을 것이다.

06 수영 시간에 수영할 줄 모르는 사람들은 나머지 사람들과 분리돼 특별 강습을 받는다.

(m) mini exercise SE-

번역 P. 394

문맥에 가장 적합한 단어를 se- 어군에서 골라 빈칸을 채워 봅시다.

01 The law forbids public institutions to _____ people by race, sex, or religion.

02 In a dictatorship, anyone who criticizes the head of state may be charged with
_____.

03 Three of the teams have threatened to _____ from the league unless at least two umpires are assigned to each game.

04 As the storm approached, coastal residents were evacuated to more _____ quarters in the interior.

05 Some prefer to study for a test with friends; others like to _____ themselves with their books.

정답 | 01. segregate   02. sedition   03. secede   04. secure   05. seclude

EXERCISES

1 왼쪽 라틴어 접두어의 의미를 오른쪽에서 골라 빈칸에 그 기호를 쓰시오.

1) mal, male- _____

2) se- _____

3) bene- _____

4) dis- _____

5) de- _____

6) in, il, im, ir- _____

(a) opposite, differently, apart, away

(b) not, un-

(c) down, down from, opposite of

(d) apart

(e) good, well

(f) evil, ill, bad, badly

2 이탤릭 체로 쓰여진 단어와 비슷한 말이나 반대말을 고르시오.

1) *dispassionate*

  (a) punctual   (b) demented   (c) impartial
  (d) ungrateful   (e) gratuitous

2) *discontent*

  (a) overburdened   (b) opposed   (c) deliberate
  (d) satisfied   (e) similar

3) *beneficiary*

  (a) detrimental   (b) benefactor   (c) malediction
  (d) adherent   (e) insurgent

4) *despised*

  (a) isolated   (b) scrutinized   (c) demoted
  (d) destitute   (e) admired

5) *maltreated*

  (a) abhorred   (b) incarcerated   (c) undeceived
  (d) maladjusted   (e) abused

3 빈칸에 가장 알맞은 단어를 아래 목록에서 골라 쓰시오.

dependent	ingratitude	legible	impunity
rational	secession	inhospitable	hospitable
illiterate	immature	inaccessible	irreconcilable

1) Paul's kite was trapped in the _____ upper branches of a lofty oak.

2) Two of my uncles had a bitter quarrel over a political issue four years ago and have remained _____ to this day.

3) A strong force for peace is the knowledge that no nation can launch a nuclear attack with _____.

4) You cannot expect _____ behavior of a person suddenly demented with intense hatred.

5) If _____ were permitted, our federal government would have disintegrated a long time ago.

6) Dispossessed of their apartment, the indigent family was given shelter and food for several days by _____ neighbors.

7) Landlocked nations are _____ on their neighbors for access to the sea.

8) My books were soaked by the sudden shower, with the result that some of my notes are no longer _____.

9) If you continue to accept help without expressing any thanks or appreciation, you may be accused of _____.

10) Some people may be fully grown physically but _____ mentally.

정답 | 1. 1) (f) 2) (d) 3) (e) 4) (a) 5) (c) 6) (b) 2. 1) (c) 2) (d) 3) (b) 4) (e) 5) (e) 3. 1) inaccessible 2) irreconcilable 3) impunity 4) rational 5) secession 6) hospitable 7) dependent 8) legible 9) ingratitude 10) immature

라틴어 접두어 19-24

Latin Prefixes 19–24

PRETEST
—

01 빈칸에 가장 적합한 답을 골라 그 기호를 써 넣으시오.

1
A **protracted** illness is not _____.
긴 병은 짧지 않다.
(A) curable   (B) contagious   (C) brief

2
The term **circumlocution** in the margin of your composition paper indicates you have _____.
작문 시험지 여백에 있는 "circumlocution"이라는 용어는 어떤 생각을 표현하기 위해 단어를 지나치게 많이 사용했다는 것을 나타낸다.
(A) used too many words to express an idea
(B) wandered off the topic
(C) used a slang expression

3
Thoughts that **obsess** you _____ your mind.
머릿속을 떠나지 않는 생각들이 마음을 고통스럽게 한다.
(A) bypass   (B) trouble   (C) relax

4
Those who work in **collusion** are seeking to _____.
한통속이 되어 일을 꾀하는 사람들은 사기를 칠 속셈이다.
(A) escape noise   (B) assist others   (C) commit fraud

5
A snowfall in Virginia in _____ is **premature**.
9월에 버지니아에 눈이 내린다면 때 이르다.
(A) December   (B) September   (C) March

6
If you make a **pertinent** comment, you are _____.
논지에 맞는 의견을 내면 토론을 진척하게 됩니다.
(A) being rude   (B) delaying the discussion   (C) advancing the discussion

정답 | 1. (C) 2. (A) 3. (B) 4. (C) 5. (B) 6. (C)

19. CIRCUM- around, round ~주위에, 둘레에

01 **circumference**

SAT | 토플 | 편입

n. **perimeter 원주, 원둘레**

The circumference of the earth is greatest at the equator and diminishes as we go toward the North or South Pole.

02 **circumlocution**

GRE

n. **roundabout way of speaking; verbiage; tautology 완곡한 표현, 장황, 반복**

The circumlocution "the game ended with a score that was not in our favor" should be replaced by "we lost the game."

03 **circumnavigate**

SAT | GRE

v. **sail around 일주하다**

Ferdinand Magellan's expedition was the first to circumnavigate the globe.

04 **circumscribe**

토플 | GRE

v. **1. 둘레에 선을 긋다**
2. limit; restrict 제한하다, 한정하다

1. On the composition I got back, the teacher had circumscribed a misspelled word to call it to my attention.
2. The patient was placed on a very circumscribed diet; there are very few foods she is permitted to eat.

01 　지구의 둘레는 적도에서 가장 크고 북극이나 남극을 향해 갈수록 줄어든다.
02 　"경기는 우리 쪽에 유리하지 않은 점수로 끝났다"는 완곡한 표현은 "우리가 경기에 졌다"로 바뀌어야 한다.
03 　페르디난드 마젤란의 탐험은 최초로 지구를 일주한 탐험이었다.
04 　① 돌려받은 작문을 보니 선생님은 내가 주목하도록 철자가 틀린 단어에 동그라미를 쳐 놓으셨다.
　　② 환자는 매우 제한된 식단을 처방 받았다. 그녀가 먹을 수 있는 음식은 거의 없다.

05 circumspect

토플 | GRE

adj. **cautious; prudent 신중한**

Don't jump to a conclusion before considering all the facts. Be circumspect.

06 circumvent

토플 | GRE | 편입 | 공무원

v. **skirt; bypass; go around; get the better of; frustrate 회피하다, 면하다, 돌아가다, 능가하다, 방해하다**

To circumvent local sales taxes, shoppers buy in neighboring communities that do not have such taxes.

---

05 모든 사실을 다 고려하기도 전에 속단하지 마라. 신중하게 처신하라.

06 지방 판매세를 피하기 위해 쇼핑객들은 그런 세금이 없는 이웃 지역에서 구매한다.

---

m mini exercise CIRCUM-

번역 P. 394

문맥에 가장 적합한 단어를 circum- 어군에서 골라 빈칸을 채워 봅시다.

01 A physician may decide to _____ the physical activities and diet of a heart-disease patient.

02 Obey the regulations; don't try to _____ them.

03 If you had been _____, you would have tested the used camera before buying it.

04 The _____ of the earth at the equator is nearly 25,000 miles.

05 The rowers had expected to _____ the island in a couple of hours, but by evening they were less than halfway around.

정답 | 01. circumscribe 02. circumvent 03. circumspect 04. circumference 05. circumnavigate

UNIT 4 20. CON-, CO-, COL-, COR-
together, with 함께, 같이

---

01 **coalesce**

SAT | 토플 | GRE

v. **grow together; join; combine 결합하다**

During the Revolutionary War, the thirteen colonies **coalesced** into one nation.

---

02 **coherent**

토플 | 수능 | 공무원

adj. **logical; consistent**
조리가 있는, 일관된, 모순이 없는

In **coherent** writing, every sentence is connected in thought to the previous sentence.

---

03 **collaborate**

토익 | 토플 | 수능 | 편입

v. **다른 사람(들)과 특히 공저자로서 함께 일하다**

George and Helen Papashvily **collaborated** on *Anything Can Happen* and several other books.

---

04 **collusion**

토플 | GRE

n. **conspiracy; plot 모의, 음모, (비밀) 계획**

The federal agency claimed the price increases were due to **collusion** among the producers.

---

05 **concord**

토플 | 수능 | 편입

n. **harmony; agreement 조화, 일치**

Neighbors cannot live in **concord** if their children keep fighting with one another.

---

01   독립전쟁 도중 13개 식민지가 연합해 하나의 국가가 되었다.
02   논리 정연한 글은 각 문장이 앞 문장과 논리적으로 연결되어 있다.
03   조지 파파쉬빌리와 헬렌 파파쉬빌리는 <무슨 일이든 일어날 수 있다>를 비롯해 여러 권을 공동 저술했다.
04   정부기관은 가격 인상이 생산자들의 담합 때문이라고 주장했다.
05   아이들끼리 서로 계속 싸우면 이웃이 화목하게 지낼 수 없다.

06 **congenital**

SAT | GRE | 편입

adj. **inborn; innate** 선천적인, 타고난

Helen Keller's deafness and blindness were not **congenital** defects; she was normal at birth.

07 **convene**

SAT | GRE | 편입

v. **meet; assemble** 모이다, 소집하다

The House and the Senate will **convene** at noon to hear an address by the President.

08 **correspond**

토익 | 토플 | 텝스 | 수능

v. **1. agree; be in harmony; match; tally**
일치하다, 조화를 이루다, 부합하다, 어울리다, 꼭 들어맞다
2. 서신을 교환하다

1. Helene's account of how the argument started does not **correspond** with Sam's version.

2. Bill and I **correspond** regularly.

---

06   헬렌 켈러의 청각 및 시각 손실은 선천적인 장애가 아니었다. 태어날 때는 정상이었다.
07   하원과 상원은 정오에 소집해 대통령의 연설을 들을 것이다.
08   ① 논쟁이 어떻게 시작되었는지를 놓고 헬레네의 설명과 샘의 설명이 일치하지 않는다.
      ② 빌과 나는 자주 편지를 주고받는다.

ⓜ mini exercise　　**CON-, CO-, COL-, COR-**　　　　　　　　　　번역 P. 395

문맥에 가장 적합한 단어를 con-, co-, col-, cor- 어군에서 골라 빈칸을 채워 봅시다.

01   Though elected in November of even-numbered years, the new Congress does not _____ until the following January.

02   If your seat number does not _____ to your ticket number, the usher may ask you to move.

03   When Billy Budd, the peacemaker, was aboard, there was perfect _____ among the sailors.

04   Do you want to _____ with me, or do you prefer to work alone?

05   Just above St. Louis, the Missouri and Mississippi rivers _____ into a single waterway.

정답 | 01. convene　02. correspond　03. concord　04. collaborate　05. coalesce

21. OB- against, in the way, over

대항하여, 방해가 되어, 위에

01 **obliterate**

SAT | 토플 | GRE | 편입

v. **erase; blot out; destroy; remove all traces of**
지우다, 말살하다, 없애다, 흔적을 제거하다

Today's rain has completely **obliterated** yesterday's snow; not a trace remains.

02 **obsess**

토익 | 토플

v. **preoccupy; trouble the mind of; haunt**
마음을 빼앗다, 마음을 괴롭히다, 붙어 다니다

Ian is **obsessed** with the idea of becoming a professional ballplayer.

03 **obstacle**

토플 | 텝스 | 수능 | 편입

n. **hindrance; obstruction; impediment** 방해, 장애, 저지

If Albert were to visit Rome, the language would be no **obstacle**; he knows Italian.

04 **obstruct**

토플 | 수능

v. **hinder; impede; block**
방해하다, 훼방 놓다, 막다

The disabled vehicles **obstructed** traffic until removed by a tow truck.

---

01 오늘 비가 와서 어제 내린 눈이 완전히 사라져 흔적도 남지 않았다.
02 이안의 머릿속에는 온통 프로 야구선수가 되겠다는 생각뿐이다.
03 만약 앨버트가 로마를 방문한다면 언어는 걸림돌이 되지 않을 것이다. 그는 이탈리아어를 안다.
04 고장 난 차량들은 견인차가 치울 때까지 교통에 방해가 됐다.

05 **obtrude**

SAT | GRE | 편입

v. intrude; impose 주제넘게 나서다, 말참견하다

It is unwise for outsiders to obtrude their opinions into a family quarrel.

---

06 **obviate**

GRE | 편입

v. meet and dispose of; make unnecessary; forestall; avert
당면해서 해결하다, 제거하다, 불필요하게 하다, 미연에 방지하다

By removing her hat, the woman in front obviated the need for me to change my seat.

---

05   남이 집안 싸움에 이래라저래라 참견하는 것은 현명하지 못하다.
06   앞에 앉은 여자가 모자를 벗자 나는 자리를 바꿀 필요가 없어졌다.

---

m mini exercise   **OB-**

번역 P. 395

문맥에 가장 적합한 단어를 ob- 어군에서 골라 빈칸을 채워 봅시다.

01   A dropout will discover that the lack of a high school diploma is a serious _____ to employment.

02   The pickets sat on the front steps in an attempt to _____ the entrance.

03   To _____ waiting on line at the box office, order your tickets by mail.

04   Though Harry is a very careful driver, the possibility of his having a serious accident continues to _____ his parents.

05   Claire tried to forget the incident, but she couldn't _____ it from her mind.

정답 | 01. obstacle   02. obstruct   03. obviate   04. obsess   05. obliterate

---

22. PER- through, to the end, thoroughly

~을 통해서, 끝까지, 철저히

---

01 **perennial**

SAT | GRE | 편입

adj. **enduring; unceasing** 지속하는, 영속적인, 끊임없는

Authors have come and gone, but Shakespeare has remained a perennial favorite.

n. perennial 다년생 식물

---

02 **perforate**

토플 | GRE | 공무원

v. **pierce; puncture** 꿰뚫다, 관통하다, 찌르다

The tack I stepped on went through the sole of my shoe, but luckily did not perforate my skin.

---

03 **permeate**

토플 | GRE

v. **pass through; penetrate; spread through; pervade** 침투하다, 스며들다, 퍼지다

The aroma of freshly brewed coffee permeated the cafeteria.

---

04 **perplex**

GRE | 수능

v. **puzzle; bewilder** 당황하게 하다, 난처하게 하다

I need help with the fourth problem; it perplexes me.

---

01 많은 작가들이 나타났다 사라졌지만 셰익스피어는 변함없이 사랑 받고 있다.
02 내가 밟은 압정이 신발 밑창을 뚫었지만 다행히 살을 찌르지는 않았다.
03 식당에 갓 끓인 커피 향기가 가득 퍼졌다.
04 네 번째 문제에는 도움이 필요해요. 정말 난처하네요.

05 persist
토플 | 텝스 | 수능

v. 1. continue in spite of opposition; persevere
반대에도 불구하고 지속하다, 고집하다

2. continue to exist; last; endure 계속 존재하다, 지속하다

1. Dr. Brown warned Janet of the consequences if she **persisted** in smoking despite his warnings.

2. The rain was supposed to end in the morning, but it **persisted** through the afternoon and evening.

---

06 pertinent
토플 | 텝스 | GRE | 수능 | 편입

adj. to the point; related; relevant 논지에 맞는, 관련된, 적절한

Stick to the point; don't give information that is not **pertinent**.

---

07 perturb
토익 | 토플 | GRE

v. make uneasy; agitate; upset
불안하게 하다, 동요시키다, 당황하게 하다

Sandra's folks were **perturbed** when they learned she had failed two subjects.

---

05 ① 브라운 박사는 자신의 경고에도 불구하고 담배를 계속 피운다면 어떤 대가를 치를지 자넷에게 경고했다.
② 비는 오전에 그치기로 되어 있었지만 오후에도, 저녁에도 계속 내렸다.
06 핵심 사안에 집중하세요. 관련 없는 정보는 주지 마세요.
07 산드라의 가족은 그녀가 두 과목에서 낙제했다는 것을 알고 마음이 심란했다.

---

m mini exercise PER-

번역 P.395

문맥에 가장 적합한 단어를 per- 어군에서 골라 빈칸을 채워 봅시다.

01 The claim of wage earners that they are being overtaxed is by no means new; it has been their _____ complaint.

02 Why do you _____ in asking to see my notes when I have told you I don't have any?

03 Train conductors use hole punchers to _____ passenger tickets.

04 We thought the news would upset Jane, but it didn't seem to _____ her.

05 Road signs that _____ residents of this community are even more confusing to out-of-town visitors.

정답 | 01. perennial 02. persist 03. perforate 04. perturb 05. perplex

23. PRE- before, beforehand, fore-
전에, 미리, 앞에

01 **precede**
토플 | 텝스 | 수능

v. **go before; come before 앞서다**

Did your complaint follow or precede Jane's?

---

02 **preclude**
SAT | 토플 | GRE

v. **impede; prevent; make impossible**
방해하다, 불가능하게 만들다

A prior engagement precludes my coming to your party.

---

03 **precocious**
GRE

adj. **조숙한**

If Nancy's three-year-old sister can read, she must be a precocious child.

---

04 **preconceive**
토플

v. **편견을 갖다**

The dislike I had preconceived for the book disappeared when I read a few chapters.

---

05 **prefabricated**
SAT | 토플

adj. **constructed beforehand 미리 제조한**

Prefabricated homes are quickly erected by putting together large sections previously constructed at a factory.

---

06 **preface**
수능 | 편입

n. **foreword; preliminary remarks 서문, 머리말**

The preface usually provides information that the reader should know before beginning the book.

---

01 당신이 제인보다 나중에 항의했나요, 아니면 앞서 항의했나요?
02 선약이 있어서 전 파티에 못 가요.
03 낸시의 세 살짜리 여동생이 글을 읽을 수 있다면 분명 조숙한 아이다.
04 나는 선입견 때문에 그 책을 싫어했지만 몇 장을 읽으면서 반감은 사라졌다.
05 조립식 주택은 공장에서 미리 지어 놓은 큰 구획들을 조립해 빠르게 세워진다.
06 서문은 보통 독자가 책을 읽기 전에 알아야 할 정보를 제공한다.

| 07 | **premature** | adj. | **early; untimely** 이른, 시기상조의 |
| | 토플ㅣ수능ㅣ편입 | | Since less than half of the votes have been counted, my opponent's claims of victory are **premature**. |

| 08 | **premeditate** | v. | **consider beforehand** 미리 생각하다 |
| | 토플 | | The jury decided that the blow was struck in a moment of panic and had not been **premeditated**. |

| 09 | **presume** | v. | **assume; suppose** 가정하다, 추측하다 |
| | 텝스ㅣ수능 | | Nineteen of the sailors have been rescued. One is missing and **presumed** dead. |

| 10 | **preview** | n. | **(극·영화의) 시사, 시연** |
| | 토익ㅣ토플ㅣ텝스ㅣ수능 | | Last night Carole and Bob attended a **preview** of a play scheduled to open next Tuesday. |

07 개표가 절반도 되지 않았으므로 상대 후보의 승리 선언은 너무 이르다.
08 배심원단은 순간 당황해서 가격한 것이지 사전에 계획된 것은 아니라고 판단했다.
09 선원 중 19명이 구조되었다. 한 명은 실종되었는데 사망한 것으로 추정된다.
10 지난밤 캐롤과 밥은 다음 주 화요일에 개막할 예정인 연극의 시사회에 참석했다.

ⓜ mini exercise   **PRE-** 번역 P. 395

문맥에 가장 적합한 단어를 pre- 어군에서 골라 빈칸을 채워 봅시다.

01 Mozart, who began composing at the age of five, was definitely ＿＿＿＿＿＿＿.

02 The bills they have to pay do not ＿＿＿＿＿＿＿ their making further purchases; they can use their credit.

03 I ＿＿＿＿＿＿＿ the directions to Barbara's house are correct, since she gave them to me herself.

04 A group of distinguished specialists saw a ＿＿＿＿＿＿＿ of the exhibit before it was opened to the public.

05 The report that the President was in town was ＿＿＿＿＿＿＿ because his plane had not yet landed.

정답 | 01. precocious   02. preclude   03. presume   04. preview   05. premature

24. PRO- forward, forth 앞으로, 전방으로

---

01 **procrastinate**

GRE | 편입 | 공무원

v. **delay; dawdle** 연기하다, 지연시키다, 빈둥거리다

Start working on the assignment without delay. It doesn't pay to procrastinate.

---

02 **proficient**

토플 | 텝스 | 수능 | 편입

adj. **skilled; adept; expert** 솜씨 있는, 숙련된, 능숙한

When I fell behind, the teacher asked one of the more proficient students to help me.

---

03 **profuse**

토플 | GRE | 수능

adj. **exceedingly generous; extravagant; lavish**
지나치게 돈을 함부로 쓰는, 아끼지 않는, 헤픈

Despite a large income, the actor has saved very little because he is a profuse spender.

---

04 **project**

토익 | 토플 | 텝스 | 수능 | 편입

v. **throw or cast forward** 앞으로 던지거나 발사하다

The fireboat's powerful engines projected huge streams of water on the blazing pier.

---

01 지체 없이 과제를 시작해라. 미루어 봐야 득 될 게 없다.
02 내가 뒤처지자 선생님은 실력이 더 나은 학생 한 명에게 나를 도우라고 부탁하셨다.
03 그 배우는 돈을 헤프게 쓰는 사람이어서 많은 수입에도 불구하고 저축을 거의 하지 않았다.
04 소방정의 강력한 엔진이 불타는 부두를 향해 거대한 물줄기들을 뿜었다.

05 prominent
토플 | 텝스 | 수능 | 편입

adj. **standing out; notable; important; conspicuous**
두드러진, 눈에 띄는, 중요한, 저명한, 현저한

The mayor, the governor, and several other prominent citizens attended the preview.

---

06 propel
토플 | 수능

v. **impel forward; drive onward; force ahead; push; thrust**
추진하다, 앞으로 나아가게 하다, 몰아대다, 밀고 나아가다

High winds propelled the flames, and they spread rapidly.

---

07 proponent
토플 | 수능

n. **advocate; supporter 옹호자, 대변인, 지지자**

At the budget hearing, both proponents and opponents of the tax increase will be able to present their views.

---

08 prospect
토플 | 텝스 | 수능 | 공무원

n. **expectation; vision 기대, 예상, 미래상, 환상**

To a first-year student, graduation is a distant but pleasant prospect.

---

09 prospects
토익 | 텝스 | 수능 | 공무원

n. **pl. chances 가망, 승산, 가능성**

The prospects of our winning are slim.

---

05   시사회에는 시장, 주지사를 비롯해 저명한 시민 몇 명이 참석했다.
06   강한 바람이 불길을 밀어내자 불길이 빠르게 번졌다.
07   예산심사에서 증세에 찬성하는 쪽과 반대하는 쪽 모두 의견을 제시할 수 있게 된다.
08   1학년 학생에게 졸업은 아직 먼 미래 일이지만 즐겁고 기대되는 일이다.
09   우리가 이길 가능성은 희박하다.

10 protract

토플 | GRE

v. **draw out; lengthen; extend; prolong**
끌다, 길게 하다, 연장하다, 연기하다, 오래 끌다

Our cousins stayed with us only for the day, though we urged them to protract their visit.

11 protrude

SAT | 토플 | GRE

v. **thrust forth; stick out; bulge; jut**
앞으로 밀어내다, 튀어나오다, 내밀다, 불룩하다, 돌출하다

Keep your feet under your desk; if they protrude into the aisle, someone may trip over them.

12 provoke

토익 | 토플 | 수능

v. **1. call forth; bring on; cause** 불러일으키다, 초래하다
2. make angry; annoy; incense; irritate
화나게 하다, 괴롭히다, 자극하다, 짜증나게 하다

1. Maria's account of her experiences as a babysitter provoked much laughter.
2. There would have been no quarrel if Lisa hadn't provoked you by calling you a liar.

---

10 우리가 더 있다 가라고 간청했지만 사촌들은 그날만 우리 집에 머물렀다.
11 발을 책상 밑에 두세요. 발이 통로로 삐져나오면 누가 걸려 넘어질 수도 있어요.
12 ① 마리아가 보모로 일하며 겪은 일을 이야기하자 폭소가 터졌다.
② 리사가 당신을 거짓말쟁이라고 부르며 자극하지 않았다면 다툼은 없었을 거예요.

---

m mini exercise **PRO-**
번역 P. 395

문맥에 가장 적합한 단어를 pro- 어군에서 골라 빈칸을 채워 봅시다.

01 The _____ of a sizable raise impelled the new employee to do her best.

02 Your enthusiastic supporters are _____ in their praise of your merits.

03 George Stephenson was the first to use steam power to _____ a locomotive.

04 You must not expect an apprentice to be as _____ as an experienced worker.

05 The proposal to demolish the historic building is sure to _____ a storm of protest.

정답 | 01. prospect   02. profuse   03. propel   04. proficient   05. provoke

EXERCISES

1 왼쪽 말과 반대되는 말을 오른쪽에서 골라 빈칸에 그 기호를 써 넣으시오.

1) did not pass through   _____

2) coalesced   _____

3) persisted   _____

4) absent at birth   _____

5) considered
    beforehand   _____

6) disagreed   _____

> (a) separated
> (b) permeated
> (c) desisted
> (d) congenital
> (e) unpremeditated
> (f) corresponded

2 다음 밑줄 친 단어와 가장 비슷한 뜻을 가진 말을 고르시오.

1) quite <u>unperturbed</u>
    (a) agitate   (b) upset   (c) unrelated   (d) calm

2) act in <u>collusion</u>
    (a) discord   (b) conspiracy   (c) expectation   (d) harmony

3) further <u>procrastination</u>
    (a) progress   (b) haste   (c) complaint   (d) delay

4) <u>precludes</u> my joining
    (a) comes before   (b) postpones   (c) prevents   (d) makes possible

5) <u>provoked</u> the voters
    (a) incensed   (b) perplexed   (c) obsessed   (d) impeded

6) <u>circumvented</u> our plan
    (a) deferred   (b) frustrated   (c) projected   (d) advocated

3 빈칸에 가장 알맞은 단어를 아래 목록에서 골라 쓰시오.

obliterated	circumscribed	persisted	collaborated
obviated	circumnavigated	premature	propelled
perplexed	protruded	coherent	obsessed

1) Wilbur Wright _____ with his brother Orville in the invention of the airplane.

2) A prisoner's freedom of movement is necessarily _____.

3) The sleepy child's remarks were not too _____.

4) David is _____ with the idea that he alone was responsible for the mishap.

5) A carelessly parked vehicle _____ into the roadway, obstructing traffic.

6) Despite everything I have done to get rid of it, my cold has _____.

7) The reports of Joe's return to active play are _____; he is still recovering at home.

8) You could not possibly have _____ Florida, since it isn't an island.

9) _____ by strong winds, the flames raced through hundreds of acres of timberland.

10) The inscription on the old monument has been _____ by time.

정답 | 1. 1) (b) 2) (a) 3) (c) 4) (d) 5) (e) 6) (f) 2. 1) (d) 2) (b) 3) (d) 4) (c) 5) (a) 6) (b) 3. 1) collaborated
2) circumscribed 3) coherent 4) obsessed 5) protruded 6) persisted 7) premature 8) circumnavigated
9) Propelled 10) obliterated

5

VOCABULARY 2

ENLARGING VOCABULARY THROUGH LATIN ROOTS

라틴어 어근을
통한 어휘 확장

ENLARGING VOCABULARY
THROUGH LATIN ROOTS

라틴어 어근을 통한 어휘 확장

What is a root?
어근이란 무엇인가?

A *root* is a word or basic element from which other words are derived. For example, *kind* is the root of *unkind, kindest, kindly,* and *unkindness.* As you can see, the root is the part of a word that is left after an addition, such as a prefix or a suffix, has been removed. Sometimes a root has more than one form, as in the words *enjoy, rejoice, joyous,* and *enjoyable.* Here, the root is *joy* or *joi.*

'어근'이란 특정 단어나 다른 여러 말을 파생시키는 기초 요소를 말합니다. 예를 들면, kind는 unkind, kindest, kindly, unkindness의 어근이라고 할 수 있지요. 즉, 단어에서 어근 접두어나 접미어와 같은 첨가어를 빼고 남는 부분입니다.

때때로 어근은 한 가지 이상의 형태를 갖기도 합니다. 예를 들어 enjoy, rejoice, joyous, enjoyable 같은 단어의 경우 어근은 joy와 joi 모두가 되지요.

Why study roots?

왜 어근을 공부할까?

Once you know what a particular root means, you have a clue to the meaning of words derived from that root. For example, when you have learned that the root *MAN* means "hand," you are better able to understand — and remember — that *manacles* are *"handcuffs"*; that to *manipulate* is to *"handle"* or *"manage skillfully"*; and that a *manual* operation is *"something done by hand."*

일단 어느 특정 어근의 의미를 알고 나면, 그 어근에서 파생되는 단어들의 의미를 푸는 실마리를 얻게 됩니다. 예를 들면, MAN이라는 어근이 hand를 의미한다는 것을 알고 나면 manacles는 '수갑'이고, manipulate는 '솜씨 있게 다루다', manual operation은 '손으로 하는 일'이라는 것을 훨씬 잘 이해하고 기억할 수 있습니다.

Purpose of this chapter

이 단원의 목적

This chapter aims to enlarge your vocabulary by acquainting you with twenty Latin roots and some English words derived from them. Be sure to memorize the roots; they will help you unlock the meaning of numerous words beyond those discussed in this chapter.

이 단원은 20개의 라틴어 어근과 거기에서 파생된 다른 영어 단어를 숙지하여 여러분의 어휘를 대폭 확장시키는 것을 목표로 합니다. 반드시 어근을 외우세요. 이 단원에서 다루어진 단어뿐 아니라 다른 수많은 단어들의 의미도 알아낼 수 있게 될 것입니다.

PRETEST

01 빈칸에 가장 적합한 답을 골라 그 기호를 써 넣으시오.

1 Some people are **gregarious**; others _____.
사교적인 사람도 있고, 남과 어울리지 않는 사람도 있다.

(A) arrive late　　　　(B) keep to themselves　(C) are ready to help

2 An **enamored** individual is _____.
마음을 빼앗긴 사람은 매료된다.

(A) well rounded　　　(B) armed　　　　　(C) captivated

3 The **literal** meaning of a word is its _____.
단어의 글자 그대로 의미는 본래의 뜻이다.

(A) original meaning　(B) hidden meaning　(C) meaning in literature

4 A person with an **affinity** for sports is not _____ them.
운동을 좋아하는 사람은 운동을 불쾌하게 생각하지 않는다.

(A) repelled by　　　(B) absorbed in　　　(C) talented in

5 Prices in **flux** _____.
유동성 있는 가격은 계속 변한다.

(A) keep changing　　(B) rise sharply　　(C) drop rapidly

6 Don't be _____. Give them a **lucid** answer.
애매하게 굴지 마라. 명쾌하게 대답하라.

(A) frank　　　　　(B) misled　　　　(C) vague

7

There can be no **animus** in a person of _____ will.

선의에 찬 사람에겐 악의가 있을 수 없다.

(A) good　　　　　　　　　(B) ill　　　　　　　　　(C) strong

8

There was _____, instead of **cohesion**.

일치단결 대신 분열이 있었다.

(A) ignorance　　　　　　(B) disunity　　　　　(C) uncertainty

9

Any **unilateral** action is a _____ undertaking.

어떤 일방적 행동도 한쪽에서 일방적으로 착수한 일이다.

(A) worldwide　　　　　　(B) cooperative　　　　(C) one-sided

10

A **regenerated** community _____.

재건된 공동체는 새로운 활력을 보여준다.

(A) shows new life　　(B) resists changes　　(C) grows steadily worse

여러분은 pretest에 나온 greg, amor, litera, fin, flux, luc, anim, hes, lateral, gen 등의 어근들의 의미를 알면 단어 이해에 도움이 된다는 것을 알았을 것입니다. 이제 그 어근 사용법을 알아보도록 합시다.

정답| 1. (B) 2. (C) 3. (A) 4. (A) 5. (A) 6. (C) 7. (A) 8. (B) 9. (C) 10. (A)

1. AM, AMOR love, liking, friendliness
사랑, 좋아함, 친근함

---

01 amateur
SAT | 토플 | 수능

n. **1. 애호가**
2. 비전문가, 경험이 없는 사람

1. The performance was staged by a group of amateurs who have been studying dramatics as a hobby.
2. When it comes to baking a cake, you are the expert; I'm only an amateur.

---

02 amiable
SAT | 토플 | GRE | 수능

adj. **likable; good-natured; pleasant and agreeable; obliging**
사랑스러운, 좋은 성품을 가진, 상냥하고 호감을 주는, 친절한

Charlotte is an amiable person; everybody likes her.

---

03 amicable
토플 | GRE | 공무원

adj. **friendly; neighborly; not quarrelsome**
우호적인, 이웃 사람 같은, 친절한, 다투지 않는

Let us try to settle our differences in an amicable manner.

---

04 amity
SAT | 토플 | 공무원

n. **friendship; goodwill; friendly relations**
우호, 친목, 친선, 친선 관계

We must look ahead to the time when the dispute is over and amity is restored.

---

01 ① 이 공연은 연극을 취미로 공부해 온 아마추어들이 무대에 올렸다.
　　② 케이크 굽는 일이라면 당신이 전문가죠. 전 그저 풋내기인 걸요.
02 샬롯은 상냥한 사람이라서 모두가 그녀를 좋아한다.
03 의견 차이를 원만한 방법으로 해결하도록 노력합시다.
04 갈등이 종식되고 우호관계가 회복됐을 때를 내다봐야 한다.

05 **amorous**

SAT | 토플

adj. **enamored; loving 사랑에 빠진, 매혹된, 애정 어린**

In the famous balcony scene, amorous Romeo expresses undying love for Juliet.

---

06 **enamored**

GRE | 토플

adj. **(usually followed by *of*) inflamed with love; charmed; captivated**
(보통 of를 수반하여) 사랑에 불이 붙은, 매혹된, 사랑에 사로잡힌

Jason became enamored of the young woman and asked her to marry him.

---

05   유명한 발코니 장면에서 사랑에 빠진 로미오가 줄리엣에게 시들지 않는 사랑을 고백한다.

06   제이슨은 그 젊은 여성에게 홀딱 반해 그녀에게 청혼했다.

2. ANIM mind, will, spirit 마음, 의지, 정신

---

01 **animosity**

SAT | 토플 | GRE

n. **ill will; violent hatred; enmity; antagonism**
악의, 격렬한 증오, 원한, 적대, 대립

Someday the animosity that led to the war will be replaced by amity.

---

02 **animus**

SAT | GRE

n. **ill will (usually controlled) (대개 억제된) 적의**

Though Howard defeated me in the election, I bear no animus toward him; we are good friends.

---

03 **equanimity**

토플 | GRE | 편입

n. **emotional balance; composure; calmness; equilibrium**
감정의 균형, 침착, 냉정, 마음의 평정

If you become extremely upset when you lose a game, it is a sign that you lack equanimity.

---

04 **magnanimous**

토플 | GRE | 공무원

adj. **chivalrous; forgiving; generous in overlooking insult**
관대한, 아량 있는, 모욕을 너그럽게 봐주는

The first time I was late for practice, Ms. O'Neill excused me with the warning that she would not be so magnanimous the next time.

---

05 **unanimity**

수능 | 편입

n. **complete agreement 완전한 동의, 만장일치**

In almost every discussion there is bound to be some disagreement. Don't expect unanimity.

---

01 전쟁까지 몰고 갔던 증오도 언젠가는 친선으로 바뀔 것이다.
02 비록 하워드가 선거에서 나를 이겼지만, 나는 그에게 아무런 적개심도 없다. 우리는 좋은 친구다.
03 시합에 졌다고 화가 머리끝까지 나면 평정심이 부족하다는 신호다.
04 내가 처음 연습에 늦었을 때, 오닐 선생님은 다음에는 너그럽게 봐주지 않겠다고 경고하면서 눈감아 주셨다.
05 어떤 토론이나 다소 의견 차이는 생기기 마련이다. 만장일치는 기대하지 마라.

06 **unanimous**

토익 | 토플 | 수능 | 편입 | 공무원

adj. **in complete accord** 완전히 일치된, 만장일치의

Except for one student, who voted "no," the class was **unanimous** in wanting the party.

---

06 '아니오'에 투표한 학생 하나를 제외하면, 학급은 만장일치로 파티를 원했다.

---

m mini exercise   **AM, AMOR, ANIM**   번역 P.396

문맥에 가장 적합한 단어를 am, amor, anim 어군에서 골라 빈칸을 채워 봅시다.

01 After his first success as a screen lover, the actor was cast only in _____ roles.

02 The prospect of financial reward has induced many a(n) _____ to turn professional.

03 Don't brood over your defeat. Accept it with _____.

04 Narcissus was too conceited to like anyone else; he was _____ of himself.

05 The 9–0 verdict shows that the judges were _____.

정답 | 01. amorous   02. amateur   03. equanimity   04. enamored   05. unanimous

3. FIN end, boundary, limit 끝, 경계, 한계

01 affinity
SAT | 토플 | GRE

n. **sympathy; liking; attraction; kinship**
공감, 호감, 좋아함, 끌려 좋아함, 인척 관계

Because they share the same language and ideals, the Americans and the English have an **affinity** for one another.

02 confine
토플 | 텝스 | 수능

v. **restrict; limit 제한하다, 한정하다**

I will **confine** my remarks to the causes of inflation; the next speaker will discuss its effects.

03 definitive
텝스 | GRE

adj. **conclusive; final 결정적인, 최후의**

The officials accused of bribery confessed when the district attorney presented **definitive** evidence of their guilt.

04 finale
수능 | 공무원

n. **end or final part of a musical composition, opera, play, etc.; conclusion**
악곡·오페라·연극 따위의 종결이나 끝부분, 결말, 종결, 종국

The acting was superb from the opening scene to the **finale**.

05 finis
편입

n. **end; conclusion 끝, 결말**

The word **finis** on the screen indicated that the film had ended.

---

01 미국인과 영국인은 같은 언어와 이상을 공유하기 때문에 서로 친밀감을 느낀다.
02 저는 인플레이션의 원인에 국한해 발언하겠습니다. 인플레이션의 영향은 다음 강연자가 논의하겠습니다.
03 뇌물 혐의를 받고 있는 관리들은 지방 검사가 유죄를 입증하는 결정적인 증거를 제시하자 자백했다.
04 첫 장면부터 결말까지 연기는 아주 훌륭했다.
05 화면에 finis가 찍히면서 영화가 끝났음을 알렸다.

4. FLU, FLUC, FLUX flow 흐르다

---

01 **fluctuate**

토익 | 편입

v. **move up and down; change often and irregularly; be unsteady**
오르내리다, 자주 불규칙하게 변하다, 동요하다

Last week the stock **fluctuated** from a high of 19 to a low of 17.

---

02 **fluent**

수능 | 편입

adj. **speaking or writing easily; articulate; eloquent**
쉽게 말하거나 쓰는, 유창한, 명료한, 달변인

Do you have to grope for words, or are you a **fluent** speaker?

---

03 **fluid**

수능 | 공무원

n. **흐르는 물질, 유동체**

Air, water, molasses, and milk are all **fluids**.

adj. fluid   고정되지 않은, 변하기 쉬운, 불안정한

---

04 **flux**

토플 | GRE

n. **unceasing change 끊임없는 변화, 유동**

When prices are in a state of **flux**, many buyers delay purchases until conditions are more settled.

---

01   지난주 주가는 고점 19에서 저점 17로 등락을 거듭했다.
02   말을 더듬는 편인가요, 아니면 유창한가요?
03   공기, 물, 당액, 우유는 모두 유동체다.
04   가격이 계속 변하면 많은 구매자들은 상황이 좀 더 안정될 때까지 구매를 늦춘다.

05 **influx**
GRE

n. **inflow; inpouring; inrush**
유입, 흘러 들어옴, 쇄도

The discovery of gold in California in 1848 caused a large **influx** of settlers from the East.

---

05   1848년 캘리포니아에서 금이 발견되자 동부에서 이주자들이 대량 유입됐다.

ⓜ mini exercise   **FIN, FLU, FLUC, FLUX**   번역 P.396

문맥에 가장 적합한 단어를 fin, flu, fluc, flux 어군에서 골라 빈칸을 채워 봅시다.

01   A diplomat who represents us in Russia should be _____ in Russian.

02   During the late spring, beach resorts ready themselves for the expected _____ of summer visitors.

03   The entire cast appeared on stage after the _____ to acknowledge the applause.

04   Unlike a lower court ruling, which may be reversed on appeal, a Supreme Court decision is _____.

05   There is a(n) _____ among classmates that is often as strong as loyalty to one's family.

정답 | 01. fluent   02. influx   03. finale   04. definitive   05. affinity

5. GEN, GENER, GENIT birth, kind, class
출생, 종류, 계급

---

01 degenerate

토플 | 편입 | 수능

v. **worsen; deteriorate 퇴보하다, 악화되다, 타락하다**

But for the skill of the presiding officer, the debate would have degenerated into an exchange of insults.

---

02 engender

SAT | GRE | 편입

v. **give birth to; create; generate; produce; cause 낳다, 창조하다, 발생시키다, 생산하다, 야기하다**

Name-calling engenders hatred.

---

03 genre

GRE

n. **kind; sort; category 종류, 부류, 범주**

The writer achieved distinction in two literary genres — the short story and the novel.

---

04 progenitor

GRE | 편입

n. **forefather; forebear 선조, 조상**

The Bible states that Adam and Eve were the progenitors of the human race.

---

05 regenerate

텝스 | 수능

v. **reform completely; revive; reinvigorate 완전 개조하다, 되살리다, 활기를 되찾게 하다**

The new manager regenerated the losing team and made it a strong contender.

---

01 사회자의 역량이 아니었다면 토론은 모욕적인 언사가 오가는 지경까지 가고 말았을 것이다.
02 비방은 증오를 낳는다.
03 그 작가는 단편소설과 장편소설이라는 두 가지 문학 장르에서 두각을 나타냈다.
04 성경은 아담과 이브가 인류의 조상이라고 말한다.
05 신임 감독은 패배한 팀을 재건해 강팀으로 만들었다.

6. GREG gather, flock 모으다, 모이다

01 **aggregate**

토플 | 텝스 | GRE

adj. **total; collective** 전체의, 집합적인, 합계의

The aggregate strength of the allies was impressive, though individually some were quite weak.

02 **aggregation**

SAT | GRE | 공무원

n. **assemblage** 집합, 회중

At the airport, the homecoming champions were welcomed by a huge aggregation of admirers.

03 **congregation**

토플 | 텝스

n. **(특정 교회의) 신도들, (종교적) 집회**

The minister addressed the congregation on the meaning of brotherhood.

04 **gregarious**

토플 | GRE | 편입

adj. **sociable** 사교적인

Human beings, as a rule, are gregarious; they enjoy being with other people.

---

01 따로따로 보면 일부 국가들은 상당히 약했지만 동맹국들이 뭉치자 위력이 대단했다.
02 귀국한 챔피언들은 공항에서 엄청나게 많은 팬들에게 환영 받았다.
03 목사는 신도들에게 인류애의 의미에 대해 설교했다.
04 인간은 대체로 어울리기를 좋아해서 다른 사람들과 함께 있기를 즐긴다.

05 segregation

토플 | 수능

n. **setting apart; isolation; separation**
떼어놓음, 격리, 분리

The warden believes in **segregation** of first offenders from hardened criminals.

---

05 교도소장은 초범과 상습범을 떼어놓는 것이 옳다고 믿는다.

---

m mini exercise **GEN, GENER, GENIT, GREG** 번역 P.396

문맥에 가장 적합한 단어를 gen, gener, genit, greg 어군에서 골라 빈칸을 채워 봅시다.

01 New housing developments, shopping centers, and schools can _____ decadent neighborhoods.

02 Everyone in the _____ rose to sing a hymn.

03 Unless healed soon, these animosities are sure to _____ armed conflict.

04 The box score shows the points scored by each player, as well as the team's _____ score.

05 When I first came here, I had no friends and kept to myself. I was not too _____.

정답 | 01. regenerate 02. congregation 03. engender 04. aggregate 05. gregarious

7. HERE, HES stick 달라붙다

01	**adhere**	v. **stick; hold fast; cling; be attached**

01 **adhere**
토플 | GRE | 수능 | 편입

v. **stick; hold fast; cling; be attached**
달라붙다, 고수하다, 집착하다, 부착되다

Apply the sticker according to the directions, or it will not adhere.

02 **cohere**
SAT | 수능

v. **stick together; hold together firmly**
함께 달라붙다, 굳게 결합하다, 밀착하다

I glued together the fragments of the vase, but they did not cohere.

03 **coherence**
수능 | 편입 | 공무원

n. **consistency; logical connection**
조리, 일관성, 논리적인 관련(성)

If the relationship between the first sentence and what follows is not clear, the paragraph lacks coherence.

04 **cohesion**
토플 | GRE | 수능

n. **union; unity; bond 결합, 단결, 통일(성), 동맹**

There can be no real cohesion in an alliance if the parties have little in common.

01　사용법에 따라 스티커를 붙이세요. 그렇지 않으면 스티커가 부착되지 않습니다.
02　나는 꽃병 파편들을 붙여봤지만 서로 달라붙지 않았다.
03　첫 번째 문장과 다음 문장의 관계가 명확하지 않으면 문단의 일관성이 없어진다.
04　당사자들 사이에 공통점이 거의 없다면 동맹이라도 진정한 결속력이 생기지 않는다.

05 incoherent

토플 | GRE | 수능

adj. **not logically connected; disconnected; unintelligible**
논리적으로 관련이 없는, 앞뒤가 맞지 않는, 이해할 수 없는

The speech of a person in a rage may be incoherent.

06 inherent

SAT | 토플 | 수능

adj. **intrinsic; essential 본래의, 고유의, 본질의**

Because of her inherent carefulness, I am sure my sister will be a good driver.

---

05   격분한 사람이 하는 말은 앞뒤가 안 맞을 수도 있다.
06   여동생은 본래 조심성이 있기 때문에, 나는 그녀가 운전을 잘 할 수 있을 거라고 확신한다.

8. LATERAL side 쪽, 측, 측면

01 bilateral

공무원 | 편입

adj. **양측의, 쌍무적인**

A **bilateral** team of federal and local experts conducted the survey.

02 collateral

토익 | 토플 | GRE

adj. **situated at the side; accompanying; parallel; additional; supplementary**
옆에 위치한, 수반하는, 평행하는, 부수적인, 보충의

After voting for the road-building program, the legislature took up the **collateral** issue of how to raise the necessary funds.

03 equilateral

토플

adj. **모든 변이 같은, 등변의**

If one side of an **equilateral** triangle measures three feet, the other two must also be three feet each.

04 lateral

토익 | 토플 | GRE

adj. **측면의, 측면에 관한, 옆의**

The building plan shows both a front and a **lateral** view of the proposed structure.

---

01 연방정부 및 지방정부 전문가 양측이 모두 참여한 팀이 조사를 실시했다.
02 도로 건설안을 가결한 후 의회는 이에 따르는 문제, 즉 필요한 자금을 어떻게 조달할지에 대해 논의했다.
03 정삼각형의 한 변이 3피트라면 나머지 두 변도 각각 3피트여야 한다.
04 건축 설계도는 계획된 구조물의 정면과 측면을 모두 보여준다.

05 multilateral

SAT | 토플 | GRE

adj. **여러 면을 가진**

A parent plays a **multilateral** role as a nurse, housekeeper, shopper, cook, teacher, etc.

06 quadrilateral

토플

n. **4변과 4각을 가진 평면도형, 사변형**

A square is a quadrilateral.

07 unilateral

텝스

adj. **one-sided; undertaken by one side only**
한 쪽으로 치우친, 일방적인

Don't judge the matter by my opponent's **unilateral** statement, but wait till you have heard the other side.

---

05 부모는 간호사, 가정부, 구매 대리인, 요리사, 교사 등 다양한 역할을 한다.
06 정사각형은 4변을 가진 도형이다.
07 상대방의 일방적인 말만 듣고 사태를 판단하지 말고, 기다렸다가 다른 쪽 말도 들으세요.

---

m mini exercise　　HERE, HES, LATERAL　　번역 P. 396

문맥에 가장 적합한 단어를 here, hes, lateral 어군에서 골라 빈칸을 채워 봅시다.

01 Most city blocks are shaped like a(n) _____.

02 Are you speaking for all the members of your club or giving only your _____ views?

03 Some believe that might is right, but I do not _____ to that doctrine.

04 When we were studying *Johnny Tremain*, our teacher assigned _____ reading on the Revolutionary War.

05 The politician's _____ role as champion of justice, defender of the poor, supporter of education, and friend of business attracted many adherents.

정답 | 01. quadrilateral　02. unilateral　03. adhere　04. collateral　05. multilateral

9. LITERA letter 편지, 서한, 글자, 문자

---

01 alliteration
SAT | GRE

n. **두운(법)**

Note the **alliteration** in the line "Sing a song of sixpence."

---

02 literacy
토플 | 수능 | 편입

n. **학식이 있거나 교육을 받음, 읽고 쓰는 능력**

Research required a high degree of **literacy**.

---

03 literal
토플 | 수능

adj. **verbatim; word-for-word 문자 그대로의**

We translate "laissez-faire" as "absence of government interference," but its **literal** meaning is "let do."

---

04 literary
텝스 | 수능

adj. **문학과 관련이 있는, 문학의**

Willa Cather is one of the great writers of novels in our **literary** history.

---

05 literate
토플 | 수능 | 편입 | 공무원

adj. **able to read and write; lettered; educated 읽고 쓸 수 있는, 학식 있는, 교육을 받은**

The teacher's main goal in working with adults who can neither read nor write is to make them **literate**.

---

01 "Sing a song of sixpence" 구절의 두운법에 주목하라.
02 연구에는 수준 높은 학식이 필요했다.
03 우리는 'laissez-faire'를 '정부 불간섭'으로 번역하지만, 문자 그대로는 "하도록 둔다"는 의미다.
04 윌라 캐서는 우리 문학사에서 위대한 소설가로 손꼽힌다.
05 읽지도 쓰지도 못하는 어른들을 가르치는 선생님의 주된 목표는 그분들이 읽고 쓸 수 있게 만드는 것이다.

10. LUC, LUM light 빛

01 elucidate
토익 | GRE | 편입

v. **throw light upon; make clear; explain; clarify**
설명하다, 밝히다, 명백하게 설명하다

I asked the teacher to elucidate a point that was not clear to me.

02 lucid
SAT | 토플 | GRE

adj. **clear; easy to understand; comprehensible**
명백한, 이해하기 쉬운, 알기 쉬운

To obviate misunderstanding, state the directions in the most lucid way possible.

03 luminary
토플

n. **famous person; celebrity; notable**
유명인

A number of luminaries, including a Nobel Prize winner, will be present.

04 luminous
토플 | GRE | 수능 | 편입

adj. **emitting light; bright; shining; brilliant**
빛을 발하는, 빛나는, 밝은

With this watch you can tell time in the dark because its hands and dial are luminous.

---

01   나는 선생님께 명확히 이해되지 않는 점을 설명해 달라고 부탁했다.
02   오해가 없도록 사용법은 가능한 한 가장 명쾌하게 설명하세요.
03   노벨상 수상자를 비롯해 많은 유명인사들이 참석할 예정이다.
04   이 시계는 시계바늘과 숫자판이 야광이므로 어두워도 시간을 알 수 있다.

05 translucent

SAT | GRE

adj. **반투명의**

Lamp shades are translucent but not transparent.

05 전등갓들은 반투명으로, 투명하지는 않다.

---

m mini exercise   **LITERA, LUC, LUM**   번역 P. 396

문맥에 가장 적합한 단어를 litera, luc, lum 어군에서 골라 빈칸을 채워 봅시다.

01   You need not prove that you can read and write. No one doubts your _____.

02   _____ paint is used for road signs so that they may be visible to night drivers.

03   Gary tried to _____ the matter, but he only made us more confused.

04   A host of admirers surrounded the sports _____ to ask for her autograph.

05   Did you know that the _____ meaning of Philip is "lover of horses"?

정답 | 01. literacy   02. Luminous   03. elucidate   04. luminary   05. literal

EXERCISES

1 왼쪽 라틴어 어근의 의미를 오른쪽에서 골라 빈칸에 그 기호를 쓰시오.

1) LATERAL   _____

2) FLU, FLUC, FLUX   _____

3) AM, AMOR   _____

4) GREG   _____

5) HERE, HES   _____

6) ANIM   _____

7) FIN   _____

> (a) love, liking, friendliness
> (b) flow
> (c) side
> (d) gather, flock
> (e) end, boundary, limit
> (f) stick
> (g) mind, will, spirit

2 오른쪽에서 반대말을 골라 빈칸에 그 기호를 써 넣으시오.

1) having no sides equal   _____

2) good will   _____

3) antagonistic   _____

4) speaking with difficulty   _____

5) fluid   _____

6) uneducated   _____

7) obscure person   _____

8) one-sided   _____

9) beginning   _____

10) lack of logical connection   _____

> (a) luminary
> (b) equilateral
> (c) literate
> (d) fluent
> (e) coherence
> (f) amicable
> (g) animosity
> (h) finis
> (i) multilateral
> (j) rigid

다음 밑줄 친 단어와 가장 비슷한 뜻을 가진 말을 고르시오.

1) without <u>fluctuation</u>
    (a) procrastination (b) honesty (c) frequent change (d) foresight

2) different <u>genre</u>
    (a) plan (b) category (c) reason (d) manner

3) <u>magnanimous</u> offer
    (a) generous (b) stingy (c) decisive (d) dishonest

4) <u>enmity</u> toward none
    (a) ingratitude (b) impunity (c) amity (d) animus

5) <u>lucid</u> explanation
    (a) lengthy (b) clear (c) complicated (d) vague

빈칸에 가장 알맞은 단어를 아래 목록에서 골라 쓰시오.

alliteration	confine	inherent	flux
degenerate	unanimity	literary	amateur
influx	lucid	equanimity	finale

1) Did the structure collapse because of some _____ weakness or as a result of external pressures?

2) It is difficult to select a wardrobe when styles are in _____.

3) The poet John Masefield worked as a sailor before embarking on a(an) _____ career.

4) During the morning rush hour, the heavy _____ of vehicles into the city snarls traffic.

5) I had trouble understanding your last paragraph; it is not too _____.

6) There is a good example of _____ in the line "The furrow followed free."

7) All of us must agree on the plan, but so far we have not achieved _____.

8) History has seen many a world power _____ into a second-rate nation.

9) Don't digress; _____ yourself to the topic.

10) A student who easily loses his temper shows that he lacks _____.

정답 | 1. 1) (c) 2) (b) 3) (a) 4) (d) 5) (f) 6) (g) 7) (e) 2. 1) (b) 2) (g) 3) (f) 4) (d) 5) (j) 6) (c) 7) (a) 8) (i) 9) (h) 10) (e)
3. 1) (c) 2) (b) 3) (a) 4) (d) 5) (b) 4. 1) inherent 2) flux 3) literary 4) influx 5) lucid 6) alliteration 7) unanimity
8) degenerate 9) confine 10) equanimity

CH. 5 라틴어 어근을 통한 어휘 확장 **279**

라틴어 어근 11-20

Latin Roots 11–20

PRETEST

01 빈칸에 가장 적합한 답을 골라 그 기호를 써 넣으시오.

1   **Video** signals have to do with _____.
영상 신호는 화면과 관계가 있다.

(A) sounds   (B) pictures   (C) music

2   In a **soliloquy**, you would be _____.
독백에서는 혼잣말을 한다.

(A) doing most of the talking
(B) questioning a group
(C) talking to yourself

3   A **redundant** expression should be _____.
쓸데없이 덧붙인 표현은 없애야 한다.

(A) removed   (B) explained   (C) replaced

4   _____ involves no **manual** operations.
미소는 수동 조작이 필요 없다.

(A) Dining   (B) Typing   (C) Smiling

5   A **pendant** cannot _____.
장신구는 변형되지 않는다.

(A) translate   (B) adorn   (C) dangle

6

Now that my **veracity** has been questioned, I feel deeply _____.

나의 진실성이 의심받았기 때문에 심한 모욕감을 느낀다.

(A) honored   (B) insulted   (C) relieved

7

A **scribe** belongs to the _____ profession.

저자는 글을 쓰는 직업에 속한다.

(A) teaching   (B) acting   (C) writing

8

We cannot tell whether their interest is **simulated** or _____.

우리는 그들의 관심이 그런 체 하는 건지 진심인지 분간할 수 없다.

(A) real   (B) selfish   (C) pretended

9

The new regulation **imposes** additional _____ on all.

새 규정은 모두에게 추가로 책임을 부과한다.

(A) responsibilities   (B) privileges   (C) benefits

10

If you are **insolvent**, you cannot _____.

지급 불능 상태이면 빚을 갚을 수 없다.

(A) vote   (B) pay your debts   (C) think logically

여러분이 vid, sol, unda, manu, pend, vera, scrib, simul, pos, solv 등의 어근들의 의미를 알고 있었다면 pretest를 푸는 데 도움이 되었을 것입니다. 이제 그 어근에 대해 알아보도록 합시다.

정답 | 1. (B) 2. (C) 3. (A) 4. (C) 5. (A) 6. (B) 7. (C) 8. (A) 9. (A) 10. (B)

11. MAN, MANU hand 손

01 emancipate
GRE | 편입 | 공무원

v. **release from bondage; free; liberate**
속박에서 벗어나게 하다, 해방하다, 벗어나게 하다

The washing machine has emancipated millions of people from a great deal of drudgery.

02 manacle
GRE

n. **handcuff 수갑, 구속**

The manacles were removed from the prisoner's wrists.

03 mandate
토익 | 텝스 | GRE

n. **1. 권한**
2. command; order; injunction 명령, 지휘, 지령, 훈령

1. The overwhelming vote for the reform slate is regarded as a mandate from the people to root out corruption.

2. By a close margin, the workers voted to comply with the court's mandate against a strike.

04 manipulate
토플 | 텝스 | GRE | 수능

v. **1. operate with the hands; handle or manage skillfully; maneuver**
손으로 조작하다, 솜씨 있게 다루거나 처리하다, 조종하다
2. falsify; rig 조작하다, 속이다

1. In today's lesson I learned how to manipulate the steering wheel.

2. The defeated candidate charged that the election results had been manipulated.

---

01   세탁기 덕분에 수백만 명이 엄청난 고역에서 해방되었다.

02   죄수의 손목에서 수갑을 벗겼다.

03   ① 개혁진영 후보에게 압도적으로 표를 몰아준 것은 국민들이 부패를 근절하라고 권한을 부여한 것으로 평가된다.
      ② 근소한 차이로 노동자들은 법원의 파업금지 명령에 따르기로 투표했다.

04   ① 오늘 수업에서 나는 핸들 조작법을 배웠다.
      ② 낙선한 후보는 선거 결과가 조작되었다고 비난했다.

05 **manual**
토익 | 텝스 | GRE | 수능

n. **handbook 소책자, 편람, 안내서**
Each student has a learner's permit and a copy of the "Driver's Manual."

adj. manual 손으로 하는, 손의

---

06 **manuscript**
수능 | 편입

n. **원고**
The author's manuscript is now at the printer.

---

05   모든 수강생은 임시운전면허증과 '운전자 편람'을 한 권 가지고 있다.
06   저자의 원고는 지금 인쇄되고 있다.

CH. 5 라틴어 어근을 통한 어휘 확장   **283**

12. PEND, PENS hang 매달다

---

01 append
토플 | GRE

v. **attach; add as a supplement 첨부하다, 보충하다**

If you hand in your report late, append a note explaining the reason for the delay.

---

02 appendix
수능

n. **부록**

A school edition of a novel usually has an appendix containing explanatory notes.

---

03 impending
토플 | GRE

adj. **imminent 금방이라도 닥칠 듯한, 임박한**

At the first flash of lightning, we scurried for shelter from the impending storm.

---

04 pendant
토익 | 토플 | 텝스

n. **hanging ornament 매달려 있는 장식, 장신구**

The pendant dangling from the chain around her neck looked like a medal, but it was really a timepiece.

---

05 pending
토플 | GRE

adj. **해결되기를 기다리는, 아직 결정되지 않은, 미결의**

Has a date been set for the game, or is the matter still pending?

prep. pending ~할 때까지

---

01   만약 보고서를 늦게 제출한다면, 늦어진 이유를 밝히는 메모를 첨부하세요.
02   학교용 소설에는 대개 주석이 포함된 부록이 있다.
03   처음 번개가 치자 우리는 곧 닥쳐올 폭풍우에서 몸을 숨길 곳을 찾아 허둥지둥 내달렸다.
04   그녀의 목걸이에 매달린 장신구는 메달처럼 보였지만 사실은 시계였다.
05   시합 날짜가 결정됐나요, 아니면 아직 미정인가요?

06 **suspend**

토플 | 텝스 | 수능 | 편입

v. **1. 어떤 것에 붙여서 매달다**

2. stop temporarily; hold up; make inoperative for a while
일시적으로 멈추다, 정지하다, 한동안 중단시키다, 보류하다

1. Would you prefer to attach a lamp to the wall or suspend one from the ceiling?

2. Service will be suspended from midnight to 4 A.M. to permit repairs.

07 **suspense**

토플 | 수능 | 공무원

n. **condition of being in doubt; anxiety; apprehension**
망설이는 상태, 걱정, 우려

If you have seen the marks posted, please tell me whether I passed or failed; don't keep me in suspense!

---

06 ① 전등을 벽에 부착하시겠습니까, 아니면 천장에 매다시겠습니까?

② 자정부터 새벽 4시까지 수리를 위해 서비스가 중단됩니다.

07 게시된 점수를 봤다면 내가 합격인지 불합격인지 말해줘. 애태우지 말고!

---

m mini exercise   **MAN, MANU, PEND, PENS**   번역 P. 397

문맥에 가장 적합한 단어를 man, manu, pend, pens 어군에서 골라 빈칸을 채워 봅시다.

01 Can you operate this gadget? I don't know how to _____ it.

02 As the enemy approached, the defenders got ready for the _____ attack.

03 Because of a lengthy labor dispute, the city's daily newspapers had to _____ publication.

04 Is it possible to _____ addicts from their bondage to drugs?

05 The retiring manager has agreed to stay on, _____ the choice of a successor.

정답 | 01. manipulate   02. impending   03. suspend   04. emancipate   05. pending

13. PON, POS put 놓다, 두다

01 depose
토플 | GRE

v. **1. put out of office; dethrone 내쫓다, 해고하다, 폐위시키다**
   **2. state under oath; testify; swear
   선서 하에 진술하다, 증언하다, 맹세하다**

  1. Did the king abdicate, or was he deposed?
  2. He deposed on the witness stand that he had never
     taken a bribe.

---

02 impose
SAT | 토익 | 토플 | 텝스 | 수능

v. **put on as a burden, duty, tax, etc.; inflict
짐·의무·세금 따위를 부과하다, 맡기다, 강요하다**

Cleaning up after the job is the repair crew's responsibility.
Don't let them impose it on you.

---

03 postpone
토익 | 텝스 | 수능 | 공무원

v. **put off; defer; delay 연기하다, 미루다, 지연시키다**

Our instructor has postponed the test until tomorrow to
give us an extra day to study.

---

04 superimpose
GRE

v. **꼭대기나 위에 놓다, 첨가하다**

Today's snowfall superimposed a fresh two inches on
yesterday's accumulation.

---

05 transpose
토플

v. **change the relative order of; interchange
관련 순서를 바꾸다, 교체하다**

There is a misspelled word on your paper, "strenght."
Correct it by transposing the last two letters.

---

01   ① 왕은 왕위에서 물러났는가, 아니면 폐위되었는가? ② 그는 증인석에서 뇌물을 결코 받은 적이 없다고 증언했다.
02   작업 후 청소는 수리반이 할 일입니다. 그들이 청소 일을 당신에게 미루지 못하게 하십시오.
03   강사는 우리에게 하루 더 공부할 시간을 주려고 시험을 내일로 연기했다.
04   오늘 강설량으로 어제의 적설량에 새로 2인치가 추가되었다.
05   네 리포트에 'strenght'는 철자가 틀린 단어야. 마지막 두 글자를 맞바꿔서 바로잡아.

14. SCRIB, SCRIPT write 쓰다, 작성하다

01 conscript

토플 | GRE | 공무원

v.   **draft 징집하다**

When there were not enough volunteers for the armed forces, the government had to **conscript** additional men and women.

02 inscription

수능

n.   **비석·동전 따위에 새겨진 것, 비문**

The **inscription** on the inside of their wedding bands read, "Nicole and Adam forever."

03 prescribe

토플 | 수능 | 편입

v.   **1. order; dictate; direct
명(령)하다, 규정하다, 지시하다, 정하다
2. 처방하다**

1. The law **prescribes** that aliens may not vote.
2. Her physician **prescribed** some pills, a light diet, and plenty of rest.

04 proscribe

SAT | GRE

v.   **prohibit; forbid 금지하다**

The dumping of wastes into the waterways is **proscribed**.

05 scribe

GRE | 편입 | 공무원

n.   **person who writes; author; journalist
글을 쓰는 사람, 저자, 작가, 기자**

Both candidates used professional **scribes** to prepare their campaign speeches.

---

01   군대의 지원자가 부족할 때는 정부에서 남녀를 추가로 징집해야 했다.
02   그들의 결혼반지 안쪽에는 '니콜과 아담 영원히'라는 글귀가 새겨져 있었다.
03   ① 법은 외국인은 투표할 수 없다고 규정하고 있다. ② 의사는 그녀에게 알약 몇 알과 가벼운 식단, 충분한 휴식을 처방했다.
04   수로에 쓰레기를 투기하는 행위는 금지되어 있다.
05   두 후보 모두 정견발표를 준비하기 위해 전문 작가를 활용했다.

script

텝스 | 수능

n. **1. 연극이나 연설 따위의 대본, 각본**

2. handwriting; penmanship 손으로 쓰기, 글씨체, 서법

1. How much time did the actors have to memorize the script?

2. I knew the note was from Mabel because I recognized her script.

07

subscriber

토플 | 수능 | 공무원

n. **서명자, 응모자, 정기구독자**

The petition to nominate Sue for president of the junior class already has forty-three subscribers.

06　① 배우들이 대본을 외우는 데 몇 시간이 걸렸나요?

　　② 나는 필체를 알아봤기 때문에 메이블이 보낸 쪽지라는 것을 알았다.

07　수를 3학년 학생장에 추천하는 청원서에 벌써 43명이 서명했다.

번역 P. 397

ⓜ mini exercise　PON, POS, SCRIB, SCRIPT

문맥에 가장 적합한 단어를 pon, pos, scrib, script 어군에서 골라 빈칸을 채워 봅시다.

01　In his address, the President inserted some remarks that were not in the _____ previously released to the press.

02　The insurgents aim to _____ the dictator and establish a republic.

03　According to the _____ on its cornerstone, this school was erected in 1969.

04　With war impending, the nation hastened to _____ all able-bodied citizens.

05　You cannot _____ your decision much longer; the deadline for submitting applications is Monday.

정답 |　01. script　02. depose　03. inscription　04. conscript　05. postpone

15. SIMIL, SIMUL similar, like, same
유사한, 같은, 동일한

01 assimilate
토플 | 수능

v. **1. 동화하다**
2. take in and incorporate as one's own; absorb
받아들여서 자기 것으로 하다, 흡수하다

1. The letter "n" in the prefix "in-" is often **assimilated** to the following letter. For example, "in" plus "legible" becomes "illegible."
2. A bright student **assimilates** knowledge rapidly.

02 dissimilar
수능

adj. **unlike; different 같지 않은, 다른**

These gloves are not a pair; they are quite **dissimilar**.

03 similarity
토플 | 텝스 | 수능

n. **likeness; resemblance 비슷함, 같음, 닮음**

The two pills are alike in color and shape, but there the **similarity** ends.

04 simile
텝스 | GRE

n. **직유**

"What happens to a dream deferred?" asks Langston Hughes in one of his poems. "Does it dry up/Like a raisin in the sun?" Note that the last six words are a **simile**.

---

01 ① 접두사 'in-'에 있는 'n'은 종종 다음에 오는 문자에 동화된다. 예를 들어, 'in'과 'legible'이 합쳐지면 'illegible'이 된다.
② 영리한 학생은 지식을 빨리 습득한다.
02 이 장갑은 한 켤레가 아니다. 생김새가 전혀 다르다.
03 알약 둘은 색깔과 모양이 비슷하지만, 비슷한 점은 그것뿐이다.
04 "미루어 둔 꿈은 어찌 될까?" 랭스턴 휴즈는 어떤 시에서 이렇게 묻는다. "말라 비틀어지지 않을까 / 햇볕 아래 건포도처럼?"
마지막 여섯 단어가 직유라는 점에 주목하라.

| 05 | **simulate** | v. | **feign; imitate** ~인 체하다, 가장하다, 흉내내다 |

05 **simulate**
토플 | 수능 | 편입

v. **feign; imitate** ~인 체하다, 가장하다, 흉내내다

Nancy was the star of the show; she simulated the bewildered mother very effectively.

06 **simultaneous**
토익 | 수능

adj. **contemporary; concurrent** 동시에 발생하는, 동시의

The flash of an explosion comes to us before the sound, though the two are really simultaneous.

---

05   낸시는 그 쇼의 주역으로, 당황한 어머니 역할을 아주 그럴 듯하게 해냈다.
06   폭발 시 나는 섬광과 소리는 실제로는 동시에 일어나지만 소리보다 섬광이 먼저 보인다.

16. SOL, SOLI alone, lonely, single
홀로, 고독한, 독신의

---

01 desolate
토플 | 수능

v. **lay waste; ravage; devastate**
황폐하게 하다, 유린하다, 파괴하다

A large section of the neighborhood was desolated by the disastrous fire.

adj. desolate 혼자 남은, 황폐한, 버려진, 쓸쓸한

---

02 sole
텝스 | 수능 | 공무원

adj. **one and only; single; lone**
오직 하나의, 유일한, 고독한, 혼자의

Franklin D. Roosevelt was the sole candidate to be elected President for a fourth term.

---

03 soliloquy
GRE | 편입

n. **독백**

What an actor says in a soliloquy is heard by no one except the audience.

---

04 solitary
텝스 | 수능

adj. **being or living alone; without companions**
혼자 있거나 혼자 사는, 친구가 없는, 외로운

A hermit leads a solitary existence.

---

05 solitude
SAT | 토플 | 수능

n. **condition of being alone; loneliness; seclusion**
혼자 있음, 고독, 은둔

Though I like company, there are times when I prefer solitude.

---

01 끔찍한 화재로 동네의 넓은 지역이 초토화되었다.
02 프랭클린 D. 루즈벨트는 4선에 도전하는 유일한 대통령 후보였다.
03 배우가 독백으로 하는 말은 관객 외에는 아무도 듣지 못한다.
04 은둔자는 외롭게 살아간다.
05 나는 사람들과 같이 있는 걸 좋아하지만 때로는 혼자 있고 싶다.

06 solo

토익 | 텝스 | 수능

n. **독주곡, 독창**

Instead of singing a **solo**, Brenda would prefer to join with me in a duet.

---

06 브렌다는 독창보다는 나와 듀엣으로 노래하는 편을 더 좋아할 것이다.

ⓜ mini exercise **SIMIL, SIMUL, SOL, SOLI** 번역 P. 397

문맥에 가장 적합한 단어를 simil, simul, sol, soli 어군에서 골라 빈칸을 채워 봅시다.

01 Did you know you were using a(n) _____ when you said I was as sly as a fox?

02 After the chorus sang the first number, Stanley played a violin _____.

03 The closing of the huge factory did not _____ the area, as few of the workers moved away.

04 Don't compare Jane with Peggy; the two are entirely _____.

05 If you speak too rapidly, your audience may be unable to _____ what you are saying.

정답 | 01. simile   02. solo   03. desolate   04. dissimilar   05. assimilate

17. SOLV, SOLU, SOLUT loosen 풀다, 늦추다

01 **absolute**
토플 | GRE | 수능

adj. **1. autocratic; despotic**
독재적인, 전제의, 횡포한
2. utter; outright; unquestionable
완전한, 철저한, 확실한

1. A democratic ruler is restricted by a constitution, a legislature, and courts, but a dictator has absolute power.
2. The sudden rainstorm turned our picnic into an absolute mess.

02 **dissolution**
GRE | 수능

n. **disintegration; ruin; destruction**
용해, 분해, 분열, 파멸, 몰락, 파괴

When President Lincoln took office, the Union faced imminent dissolution.

03 **dissolve**
토플 | 수능 | 공무원

v. **1. break up; disintegrate; disband**
해산하다, 분해하다
2. cause to disappear; end
사라지게 하다, 끝내다

1. Since the members lack mutual interests, the group will probably dissolve.
2. After our quarrel, Grace and I dissolved our friendship.

---

01 ① 민주적인 통치자는 헌법, 입법부, 사법부의 통제를 받지만 독재자는 절대 권력을 거머쥔다.
② 갑작스런 비바람에 소풍은 엉망진창이 되었다.
02 링컨 대통령이 취임하자 연방은 분열 직전에 몰렸다.
03 ① 회원들 사이에 공통 관심사가 부족하기 때문에, 모임은 아마 해체될 것이다.
② 말다툼 끝에 그레이스와 나는 의절했다.

resolution

토플 | 텝스 | 수능 | 편입

n. **solving; solution; answer 해결, 해명, 해답**

The **resolution** of our air and water pollution problems will be difficult and costly.

05

resolve

텝스 | 수능 | 편입

v. **solve; explain; unravel 해결하다, 설명하다**

A witness provided the clue that **resolved** the mystery.

06

soluble

토익 | 토플

adj. **1. 녹는, 용해되는**
2. solvable 해결할 수 있는

1. Sugar is **soluble** in water.

2. Someone would have found the answer by now if the problem were **soluble**.

07

solvent

토플 | GRE

n. **용매 (다른 물질을 분해할 수 있는 물질로서 보통 액체)**

In a saltwater solution, the water is the **solvent** and the salt is the solute.

adj. **solvent 모든 빚을 변제할 수 있는, 지불 능력이 있는**

04　대기 및 수질 오염 문제를 해결하려면 힘들고 비용도 많이 들 것이다.

05　목격자 한 사람이 수수께끼를 풀 수 있는 단서를 제공했다.

06　① 설탕은 물에 녹는다.

　　② 해결할 수 있는 문제라면 지금쯤 누군가가 답을 찾아냈을 것이다.

07　소금물 용액에서 물은 용매, 소금은 용질이다.

18. UND, UNDA wave, flow 물결, 흐름

---

01 abound
토익 | 수능

v. **1. (used with *in* or *with*) teem**
   (in 또는 with와 함께) 충분하다, 풍부하다
   2. be plentiful; be present in great quantity
   풍부하다, 많은 양이 있다

1. Our nation abounds in (or with) opportunities for well-educated young men and women.
2. Fish abound in the waters off Newfoundland.

---

02 abundant
토플 | 수능 | 편입

adj. **more than sufficient; plentiful**
   충분한 것 이상의, 풍부한

Before Christmas, the stores have abundant supplies of merchandise.

---

03 inundate
토플 | GRE | 편입

v. **flood; overflow; deluge; overwhelm**
   범람하다, 넘쳐흐르다, 침수시키다, 압도하다, 쇄도하다

On Election Night, the victor's offices were inundated by congratulatory messages.

---

04 redound
편입 | 공무원

v. **flow back as a result; contribute**
   결과로 되돌아오다, 이바지하다

The success of so many of its graduates redounds to the credit of the school.

---

01 ① 우리나라는 제대로 교육 받은 젊은 남녀들에게 기회가 많다.
    ② 뉴펀들랜드 섬 앞바다에는 물고기가 풍부하다.
02 크리스마스 전 가게들은 상품을 다량으로 구비해 둔다.
03 선거일 밤, 당선자 사무실에는 축하 인사가 빗발쳤다.
04 수많은 졸업생들이 성공하면 학교의 명성에 기여하게 된다.

05 redundant

SAT | 텝스 | GRE | 편입

adj. **superfluous; surplus; opposite of concise**
남는, 불필요한, 과잉의, 간결하지 못한

Remove the last word of the following sentence because it is **redundant**: "My report is longer than Bob's report."

---

05 다음 문장에서 마지막 단어는 쓸데없으므로 삭제하라. "내 보고서는 밥의 보고서보다 길다."

---

m **mini exercise**   **SOLV, SOLU, SOLUT, UND, UNDA**   번역 P. 397

문맥에 가장 적합한 단어를 solv, solu, solut, und, unda 어군에서 골라 빈칸을 채워 봅시다.

01 Mutual suspicion and jealousy led to the eventual _____ of the alliance.

02 The blue whale, once _____ in Antarctic waters, is becoming more and more scarce.

03 The firm is in no danger of bankruptcy; it is completely _____.

04 Several offshore areas _____ in oil.

05 Either of the signers can _____ the agreement by giving thirty days' written notice to the other.

정답 | 01. dissolution   02. abundant   03. solvent   04. abound   05. dissolve

19. VER, VERA, VERI true, truth 진실의, 진실

01 aver

SAT | 토플 | GRE

v. **state to be true; affirm confidently; assert; depose; opposite of deny**
사실이라고 진술하다, 자신 있게 증언하다, 단언하다, 주장하다, 부인하지 않다

Two eyewitnesses **averred** they had seen the defendant at the scene.

---

02 veracity

SAT | GRE | 편입

n. **truthfulness** 진실성, 정직성

Since he has lied to us in the past, he should not wonder that we doubt his **veracity**.

---

03 verdict

토플 | 텝스 | 수능

n. **decision of a jury; opinion; judgment**
배심원의 결정, 평결, 의견, 판단

A hung jury is one that has been unable to reach a **verdict**.

---

04 verify

SAT | 토플 | 수능 | 편입 | 공무원

v. **prove to be true; confirm; substantiate; corroborate**
진실임을 입증하다, 확증하다, 증명하다, 확실히 하다

So far, the charges have been neither disproved nor **verified**.

---

01   목격자 두 명이 현장에서 피고를 봤다고 진술했다.
02   그는 과거 우리에게 거짓말을 한 전력이 있기 때문에 우리가 자신의 진실성을 의심해도 놀라지 않을 것이다.
03   불일치 배심원단은 평결을 내리지 못한 배심원단을 의미한다.
04   지금까지 혐의는 반증도 입증도 되지 않았다.

adj. **true; actual; genuine; real; authentic**
진실의, 참된, 진짜의, 진정한

As the pretended heirs of Peter Wilks were disposing of his fortune, the **veritable** heirs arrived.

n. **truth (of things); something true; true statement**
(사물의) 진실, 진실한 것, 진실한 말, 사실

That smoking is injurious to health is a scientifically established **verity**.

---

05 피터 윌크스의 가짜 상속인들이 윌크스의 재산을 처분하고 있을 때, 진짜 상속인들이 도착했다.

06 흡연이 건강에 해롭다는 것은 과학적으로 확립된 진실이다.

20. VID, VIS see, look, sight 보다, 주목하다, 봄

01 envision
텝스 | 수능

v. **foresee; envisage 예견하다, 상상하다**

Mr. Brown **envisions** for Marcia a bright career as a fashion designer.

02 improvise
토플 | GRE | 공무원

v. **invent offhand; extemporize
즉석에서 만들다, (연설·연주 등을) 즉흥적으로 하다**

Did you prepare your jokes before the program or **improvise** them as you went along?

03 invisible
토플 | 텝스 | 수능

adj. **not able to be seen; imperceptible; indiscernible
보이지 않는, 감지할 수 없는, 식별할 수 없는**

The microscope enables us to see organisms **invisible** to the naked eye.

04 revise
토익 | 수능

v. **examine and improve 검토해서 좋게 하다, 개정하다**

Before handing in your composition, be sure to **revise** it carefully.

05 video
토익 | 텝스 | 공무원

adj. **영상의**

The audio (sound) and **video** signals of a television program can be recorded on magnetic tape.

---

01 브라운 씨는 마르시아가 패션 디자이너로서 앞날이 창창하다고 예견한다.
02 프로그램 전에 우스개를 준비하셨나요, 아니면 진행하면서 즉흥적으로 나온 건가요?
03 현미경으로 육안으로는 보이지 않는 유기체를 볼 수 있다.
04 작문을 제출하기 전에 반드시 꼼꼼하게 교정하세요.
05 텔레비전 프로그램의 음향신호와 영상신호를 자기 테이프에 기록해 둘 수 있다.

visibility

텝스 | 수능

n. **눈에 보이는 정도, (대기의) 투명도, 가시도**

With the fog rolling in and **visibility** approaching zero, it was virtually impossible for planes to land.

---

07 **visual**

토플 | 텝스 | 편입

adj. **시각과 관계 있는, 시각의**

Radar tells us of an approaching object long before **visual** contact is possible.

---

06 안개가 짙게 끼고 대기의 투명도가 0에 가까워지면서 비행기 착륙이 사실상 불가능했다.

07 레이더는 육안으로 식별이 가능한 시점보다 훨씬 앞서서 접근하는 물체에 대해 알려준다.

ⓜ mini exercise **VER, VERA, VERI, VID, VIS** 번역 P. 397

문맥에 가장 적합한 단어를 ver, vera, veri, vid, vis 어군에서 골라 빈칸을 채워 봅시다.

01 I am not much of a student, but Norma is a(n) _____ scholar.

02 Since words alone may fail to convey an idea, teachers often use _____ aids, such as pictures, charts, and films.

03 La Guardia Airport reports low clouds and reduced _____.

04 Since the speaker was not prepared, he had to _____ his talk.

05 You may believe this statement; it comes from a person of unquestionable _____.

정답 | 01. veritable 02. visual 03. visibility 04. improvise 05. veracity

EXERCISES

1 왼쪽 라틴어 어근의 뜻을 오른쪽에서 골라 빈칸에 그 기호를 쓰시오.

1) SOL. SOLI _____

2) MAN, MANU _____

3) FEND, FENS _____

4) SOLV, SOLU, SOLUT _____

5) UND, UNDA _____

6) VER, VERA, VERI _____

7) SCRIB, SCRIPT _____

8) VID, VIS _____

9) SIMIL, SIMUL _____

10) PON, POS _____

> (a) hang
> (b) see, look, sight
> (c) put
> (d) write
> (e) alone, lonely, single
> (f) similar, like, same
> (g) wave, flow
> (h) hand
> (i) true, truth
> (j) loosen

2 다음 다섯 개의 단어 중 나머지 넷과 관련 <u>없는</u> 단어를 고르시오.

1) (a) liberated (b) freed (c) emancipated (d) released (e) manacled

2) (a) prescribe (b) order (c) heal (d) dictate (e) direct

3) (a) absolute (b) controlled (c) despotic (d) tyrannical (e) autocratic

4) (a) literal (b) manual (c) dental (d) nasal (e) facial

5) (a) remote (b) imminent (c) approaching (d) impending (e) close

6) (a) writer (b) author (c) journalist (d) appendix (e) scribe

7) (a) conscripted (b) imitated (c) feigned (d) pretended (e) simulated

8) (a) deserted (b) alone (c) forlorn (d) dissimilar (e) desolate

9) (a) solitude (b) resolution (c) aloneness (d) isolation (e) seclusion

10) (a) mandate (b) dictate (c) order (d) command (e) verdict

오른쪽에서 반대말을 골라 빈칸에 그 기호를 써 넣으시오.

1) detached　　　　　　　　　　＿＿＿＿＿

2) occurring sooner or later　　＿＿＿＿＿

3) able to pay all one's legal debts　＿＿＿＿＿

4) corroborated　　　　　　　　＿＿＿＿＿

5) not interchanged　　　　　　＿＿＿＿＿

6) unsolved　　　　　　　　　　＿＿＿＿＿

7) with companions　　　　　　＿＿＿＿＿

8) incapable of being dissolved　＿＿＿＿＿

9) absence of anxiety　　　　　＿＿＿＿＿

10) placed underneath　　　　　＿＿＿＿＿

(a) simultaneous
(b) unverified
(c) resolved
(d) suspense
(e) solitary
(f) soluble
(g) appended
(h) superimposed
(i) insolvent
(j) transposed

4 빈칸에 가장 알맞은 단어를 아래 목록에서 골라 쓰시오.

envisioned	verity	manuscript	veritable	redounded
simulated	sole	similarity	resolution	assimilated

1) Pamela claims there is a(an) ＿＿＿＿＿＿＿＿ between her idea and mine, but I fail to see any resemblance.

2) What you suspect may or may not be true. Therefore, I do not regard your assumption as a(an) ＿＿＿＿＿＿＿＿.

3) The ＿＿＿＿＿＿＿＿ of Lincoln's "Gettysburg Address" provides us with an excellent sample of his penmanship.

4) If I had gone back on my word, it would have ＿＿＿＿＿＿＿＿ to my discredit.

번역 P. 397

5) Mr. Lopez is not the _____ owner of the business; he has two partners.

6) Immigrants came to America because they _____ a better future here for themselves and their children.

7) Within a short time, most immigrants were _____ into the mainstream of American life.

8) Are these pearls genuine or _____?

6

ENLARGING VOCABULARY

THROUGH GREEK WORD ELEMENTS

그리스어 단어
요소를 통한
어휘 확장

CHAPTER 6

ENLARGING VOCABULARY THROUGH GREEK WORD ELEMENTS

그리스어 단어 요소를 통한
어휘 확장

Why study Greek word elements?

왜 그리스어 단어 요소를 공부하는가?

English contains a substantial and growing number of words derived from Greek. Some of these words are general words in everyday use, e.g., *authentic, chronological, economical, homogeneous,* etc. Others are used in specialized fields. Certainly you have heard terms like *antibiotic, orthopedic,* and *pediatrician* in the field of medicine; *astronaut, protoplasm,* and *thermonuclear* in science; and *autonomous, demagogue,* and *protocol* in government.

영어에는 그리스어에서 파생된 단어가 상당히 많으며 그 수효도 증가하고 있습니다. 이러한 단어들 중에는 authentic(진짜의), chronological(연대순의), economical(경제적인), homogeneous(균질의) 등과 같이 일상생활에서 사용하는 일반적인 단어들도 있고, 전문 분야에서 사용되는 단어들도 있습니다. 의학 분야의 antibiotic(항생제), orthopedic(정형외과의), pediatrician(소아과 의사) 같은 용어들, 과학 분야의 astronaut(우주비행사), protoplasm(원형질), thermonuclear(열핵의) 등의 용어들, 그리고 정치 분야의 autonomous(자치의), demagogue(선동 정치가), protocol(의정서) 등의 용어들을 한 번쯤은 들어보셨을 겁니다.

Purpose of this chapter
이 단원의 목적

These important words, and others like them in this chapter, are constructed from Greek word elements. Once you know what a particular word element means, you have a clue to the meaning of words derived from it. When, for example, you have learned that *PAN* or *PANTO* means "complete" or "all," you are better able to understand—and remember—that a *panacea* is a "remedy for all ills," a *panorama* is a "complete and unobstructed view in all directions," and a *pantomime* is "all gestures and signs, i.e., a performance without words."

이러한 중요한 단어들과 앞으로 이 장에서 배우게 될 단어들은 그리스어 단어 요소로 만들어진 것입니다. 일단 특정 단어 요소의 의미를 안다면, 그것에서 파생된 단어들의 의미를 푸는 실마리를 얻게 되는 것이지요. 예를 들어, PAN 또는 PANTO가 '완전한' 또는 '전부의'를 의미한다는 것을 알고 나면, panacea는 '모든 병에 듣는 약'이고, panorama는 '사방으로 완전하고 거침없는 전경'이며, pantomime은 '모든 몸짓과 신호, 즉 말없이 하는 연기'라는 것을 보다 잘 이해하고 또 기억할 수 있습니다.

This chapter aims to enlarge your vocabulary by acquainting you with twenty Greek word elements and some English words derived from them. As you study each word group, make it a special point to memorize the meaning of the word element so that you will be able to recognize it in derivatives.

이 단원은 20개의 그리스어 단어 요소와 거기에서 파생된 다른 영어 단어를 숙지하여 여러분의 어휘를 확장시키는 것을 목표로 합니다. 각 단어군을 공부하면서 파생어 속에서도 단어 요소를 알아볼 수 있도록 단어 요소의 뜻을 기억하는 데 중점을 두도록 합니다.

그리스어 단어 요소 1-10

Greek Word Elements 1–10

PRETEST
—

01　빈칸에 가장 적합한 답을 골라 그 기호를 써 넣으시오.

1　In a **plutocracy**, _____ govern.
　금권 정치에서는 부유층이 다스린다.

　(A) technical experts　　(B) the wealthy　　　(C) the nobles

2　A **pedagogue** is mainly concerned with _____.
　교사는 주로 가르치는 일에 관여한다.

　(A) politics　　　　　　(B) medicine　　　　(C) teaching

3　**Pandemonium** is a condition of _____.
　대혼란은 제멋대로 날뛰는 무질서 상태이다.

　(A) wild disorder　　　(B) poor nourishment　(C) absolute peace

4　People who lack **autonomy** are _____.
　자율성이 부족한 사람은 스스로를 다스릴 수 없다.

　(A) unreliable　　　　(B) selfish　　　　　(C) not self-ruled

5　You study **orthography** mainly in your _____ classes.
　여러분은 영어 수업 시간에 주로 철자법을 공부합니다.

　(A) English　　　　　(B) mathematics　　　(C) social studies

6 A mistake in _____ order is a mistake in **chronology**.
시기 상의 실수는 연대의 오류이다.

(A) word   (B) alphabetical   (C) time

7 In a **homogeneous** group, the members are of _____ ability.
동질적인 집단에서는 구성원들의 역량이 비슷하다.

(A) similar   (B) varied   (C) high

8 A **kleptomaniac** is a menace mainly to _____.
도벽이 있는 사람은 주로 재산을 위협하는 존재이다.

(A) liberty   (B) property   (C) life

9 The **odometer** on your automobile dashboard measures _____.
자동차 계기판의 주행 기록계는 거리를 측정한다.

(A) distance   (B) speed   (C) motor temperature

10 A **demagogue** stirs up the people _____.
선동가는 사익을 위해 대중을 선동한다.

(A) when they forget their responsibilities
(B) to protect democratic principles
(C) for personal advantage

위 pretest에서 표시된 단어들은 서로 다른 단어 요소로 구성되어 있습니다. plutocracy는 '통치'라는 뜻을 지닌 cracy에서, pedagogue는 '아이'를 뜻하는 ped에서 파생되었습니다. 이제 이러한 단어 요소와 이것에서 파생된 단어들에 대해 알아보도록 합시다.

정답 | 1. (B) 2. (C) 3. (A) 4. (C) 5. (A) 6. (C) 7. (A) 8. (B) 9. (A) 10. (C)

1. AUT, AUTO self 자신

---

01 **authentic**
토플 | 수능

adj. **genuine; real; reliable; trustworthy**
진짜의, 진정한, 확실한, 믿을 만한

When you withdraw money, the bank may compare your signature with the one in its files to see if it is **authentic**.

---

02 **autobiography**
SAT | 토플 | 텝스

n. **자서전**

In her **autobiography** *The Story of My Life*, Helen Keller tells how unruly she was as a young child.

---

03 **autocrat**
토플 | GRE

n. **despot; dictator 전제 군주, 독재자**

The **autocrat** was replaced by a ruler responsible to the people.

---

04 **autograph**
토플 | 수능 | 공무원

n. **자신이 쓴 서명, 자필**

The baseball star wrote his **autograph** for an admirer who came up to him with a pencil and scorecard.

---

01 돈을 인출할 때 은행에서 서명이 진짜인지 확인하기 위해 은행 서류철에 있는 서명과 대조하기도 한다.
02 헬렌 켈러는 자서전 <내가 살아온 이야기>에서 자신이 어렸을 때 얼마나 제멋대로였는지 이야기한다.
03 독재자는 국민들을 책임지는 통치자로 교체되었다.
04 인기 야구선수는 연필과 채점표를 들고 다가온 어떤 팬에게 사인을 해줬다.

| 05 | **automatic** | adj. | **acting by itself; self-regulating 자동인, 스스로 조절하는** |

토플 | 텝스 | 수능

Some cars require the driver to shift gears manually, while others have an **automatic** transmission.

| 06 | **automation** | n. | **자동화** |

토플 | 텝스 | 수능

Many workers have lost their jobs as a result of **automation**.

| 07 | **automaton** | n. | **아주 기계적인 사람, 로봇, 자동장치** |

토플 | GRE | 편입

An autocrat prefers subjects who are **automatons** rather than intelligent human beings.

| 08 | **autonomous** | adj. | **self-governing; independent; sovereign** |

GRE | 편입

자치의, 자율의, 독립의, 주권을 가진, 자주의

The Alumni Association is not under the control of the school. It is a completely **autonomous** group.

| 09 | **autonomy** | n. | **right of self-government; independence; sovereignty** |

토플 | 공무원

자치(권), 독립, 자주, 주권, 통치권

After World War II, many former colonies were granted **autonomy** and became independent nations.

---

05 어떤 차는 운전자가 수동으로 기어를 바꿔야 하는 반면, 어떤 차에는 자동 변속기가 있다.

06 자동화로 많은 노동자들이 일자리를 잃었다.

07 독재자는 국민이 지성적인 인간이기보다는 로봇처럼 기계적인 존재이기를 바란다.

08 동창회는 학교의 통제를 받지 않는다. 동창회는 전적으로 자율적인 단체다.

09 제2차 세계대전 이후 과거 식민지였던 많은 국가가 자치권을 부여 받아 독립국이 되었다.

10 **autopsy**

SAT | 토플 | GRE

n. **postmortem examination** 부검, 검시

The cause of the celebrity's sudden death will not be known until the **autopsy** has been performed.

---

10 그 연예인의 급사 원인은 부검이 끝나야 알 수 있을 것이다.

---

m **mini exercise** **AUT, AUTO** 번역 P. 398

문맥에 가장 적합한 단어를 aut, auto 어군에서 골라 빈칸을 채워 봅시다.

01 Some members want to censure the president for ignoring the club's constitution and behaving like an _____.

02 You are no better than an _____ if you act mechanically without using your intelligence.

03 The prime minister left her life story to others, for she had neither the time nor the desire to write an _____.

04 The camera has a built-in _____ flash, which works whenever there's not enough light.

05 For generations, colonial peoples who asked for _____ were usually told that they were not ready to govern themselves.

정답 | 01. autocrat   02. automaton   03. autobiography   04. automatic   05. autonomy

UNIT 1   ## 2. CRACY government 통치

01 aristocracy
토플 | 수능 | 공무원

n. **1. 귀족정치 국가**
2. ruling class of nobles; nobility; privileged class; gentry
귀족 지배 계급, 귀족, 특권층, 상류 사회

1. Before 1789, France was an aristocracy.

2. When the Revolution of 1789 began, many members of the French aristocracy fled to other lands.

---

02 autocracy
토플 | 공무원

n. **독재정치, 독재 국가**

Germany under Adolf Hitler was an autocracy.

---

03 bureaucracy
GRE | 공무원

n. **관료정치, 지나치게 관료적이고 관례적인 정부**

The mayor was criticized for setting up an inefficient bureaucracy unresponsive to the needs of the people.

---

04 democracy
텝스 | 수능 | 공무원

n. **민주정치, 민주주의 국가**

The thirteen colonies developed into the first democracy in the Western Hemisphere.

---

05 plutocracy
토플 | 공무원

n. **금권정치, 금권정치 국가**

If only millionaires can afford to run for office, we may soon become a plutocracy.

---

01   ① 1789년 이전 프랑스는 귀족사회였다. ② 1789년 혁명이 시작되자 많은 프랑스 귀족들이 다른 나라로 도망쳤다.

02   아돌프 히틀러 치하의 독일은 독재국가였다.

03   시장은 시민의 요구에 부응하지 못하는 무능한 관료정부를 구축했다는 비판을 받았다.

04   식민지 13곳은 서반구에서 최초의 민주주의 국가로 발전했다.

05   백만장자만이 공직에 출마할 형편이 된다면, 곧 금권정치가 판칠지도 모른다.

06 technocracy

SAT | GRE

n. **기술 전문가에 의해 통치되는 정치나 국가**

In a technocracy, the governing class would consist largely of engineers.

07 aristocrat

토플

n. **1. 귀족정치 옹호가**

2. member of the aristocracy; noble; patrician
귀족 사회의 일원, 귀족

1. An aristocrat would like to see members of the upper class in control of the government.

2. Winston Churchill was born an aristocrat; he was the son of Sir Randolph Churchill.

08 Democrat

편입 | 공무원

n. **민주당의 당원**

The senator used to be a Republican, but she is now a Democrat.

note 단어 끝의 **crat**는 '어떤 정치 형태의 옹호자'나 '어떤 계층의 구성원'을 의미하며, 그 단어가 대문자로 시작되면 '어떤 정당의 당원'을 의미합니다. 예를 들면 aristocrat(귀족정치 옹호자), bureaucrat(관료주의자), plutocrat(금권정치가), technocrat(기술주의 옹호자) 등입니다.

---

06 기술주의국가에서는 지배계급이 대부분 기술자로 구성된다.

07 ① 귀족정치를 옹호하는 사람은 상류층이 정부를 좌지우지하기 바랄 것이다.
　　② 윈스턴 처칠은 귀족 태생으로 랜돌프 처칠 경의 아들이었다.

08 그 상원의원은 한때 공화당원이었지만 지금은 민주당원이다.

---

m mini exercise CRACY

문맥에 가장 적합한 단어를 cracy 어군에서 골라 빈칸을 채워 봅시다.

01 It was most unusual for a member of the _____ to marry someone not belonging to the nobility.

02 If you believe that only the affluent are fit to govern, you must be a(n) _____.

03 In a(n) _____, the ruler has absolute and unlimited power.

04 How can you call yourself a(n) _____ if you do not believe in majority rule?

05 Many are opposed to a(n) _____ because they do not wish to be ruled by technical experts.

정답 | 01. aristocracy 02. plutocrat 03. autocracy 04. democrat 05. technocracy

3. DEM, DEMO people 사람들

---

01 demagogue
텝스 | 수능 | 편입

n. **rabble-rouser 민중 선동가**

No responsible leader, only a demagogue, would make campaign speeches promising to solve all the people's problems.

---

02 democratic
GRE | 수능

adj. **민주적인**

A nation cannot be considered democratic unless its leaders are chosen by the people in free elections.

---

03 democratize
수능

v. **make democratic 민주화하다**

The adoption of the 19th Amendment, giving women the franchise, greatly democratized our nation.

---

04 epidemic
토플 | 텝스 | 수능

adj. **널리 퍼진, (병이) 유행성의, 전염성의**

Greater federal and state aid is needed in areas where unemployment is epidemic.

n. epidemic 유행병, 전염병

---

01 책임감 있는 지도자라면 선거 유세에서 국민의 문제를 다 해결하겠다고 장담하지 않을 것이다.
오로지 선동가만이 그런 유세를 한다.

02 국민이 자유선거를 통해 지도자를 선출하지 않는다면 민주국가라고 볼 수 없다.

03 여성에게 선거권을 주는 수정헌법 19조를 채택하면서 우리나라의 민주화는 크게 진전되었다.

04 실업이 만연한 지역은 연방정부와 주정부의 원조가 더 많이 필요하다.

문맥에 가장 적합한 단어를 dem, demo 어군에서 골라 빈칸을 채워 봅시다.

01   Millions of people died in the 14th century as the result of a(n) _____ known as the Black Death.

02   The election was not _____ because some people voted more than once and others were prevented from voting.

03   An intelligent voter can distinguish the unselfish political leader from the _____.

04   To _____ the country, a new constitution was drawn up, giving equal rights to all segments of the population.

05   It is more _____ for a governor to be chosen by the people than to be appointed by the king.

정답 | 01. epidemic   02. democratic   03. demagogue   04. democratize   05. democratic

4. PAN, PANTO all, complete 모두, 완전한

---

01 panacea
토플 | GRE

n. **cure-all; universal remedy; elixir 만병통치약**

The international treaty will reduce tensions, but it will not resolve all conflict. It is no panacea.

---

02 Pan-American
GRE

adj. **범미(汎美)의 (북·남미와 중앙 아메리카 전 지역의)**

The Pan-American Highway links all the countries of the Western Hemisphere from Alaska to Chile.

---

03 pandemonium
GRE | 편입

n. **wild uproar; very noisy din; wild disorder; tumult; racket 대소란, 매우 시끄러움, 대혼란, 소동, 법석**

The huge crowds in Times Square grew noisier as the old year ticked away, and when midnight struck there was pandemonium.

---

04 panoply
SAT | GRE

n. **complete suit of armor; complete covering or equipment; magnificent array 갑옷과 투구의 완전한 한 벌, 완전한 복장이나 장비, 멋진 옷**

The opposing knights, mounted and in full panoply, awaited the signal for the tournament to begin.

---

01 국제조약으로 긴장이 완화되겠지만 모든 갈등이 해결되지는 않을 것이다. 국제조약이 만병통치약은 아니다.

02 팬아메리칸 하이웨이는 알래스카에서 칠레까지 서반구의 모든 나라들을 잇는다.

03 한 해가 저물자 타임스퀘어에 모인 어마어마한 군중은 더 시끄러워졌고, 자정이 되자 아수라장이 되었다.

04 서로 겨룰 기사들은 갑옷과 투구를 갖춘 채 말에 올라타 마상시합 개시를 알리는 신호를 기다렸다.

05 panorama

토플 | GRE

n. **complete, unobstructed view**
완전하고 가로막는 것이 없는 전망, 전경

From the Verrazano-Narrows Bridge, you can get an excellent panorama of New York's harbor.

06 pantomime

GRE | 수능

n. **무언극**

Not until *The Great Dictator* did Charlie Chaplin play a speaking part. All his previous roles were in pantomime.

---

05 베라자노내로스교에서는 뉴욕 항의 멋진 전경을 볼 수 있다.
06 <위대한 독재자>에서 찰리 채플린은 비로소 대사가 있는 역할을 맡았다. 그의 이전 배역은 모두 무언극이었다.

---

m mini exercise — PAN, PANTO

번역 P.398

문맥에 가장 적합한 단어를 pan, panto 어군에서 골라 빈칸을 채워 봅시다.

01 When Karen scored the tie-breaking goal with five seconds left to play, _____ broke out.

02 Many regard education as the _____ that will cure all of society's ills.

03 The top of 3605-foot Mt. Snow in Vermont offers a fine _____ of the Green Mountains.

04 In a _____, the actors express themselves only by facial expressions, bodily movements, and gestures.

05 The woods in their full _____ of autumn color are a breathtaking sight.

정답 | 01. pandemonium   02. panacea   03. panorama   04. pantomime   05. panoply

5. CHRON, CHRONO time 시간

---

01 **anachronism**
SAT | 토플

n. **error in chronology or time order**
연대의 오기(誤記), 시대착오

The actor playing the Roman gladiator forgot to remove his wristwatch, creating an amusing **anachronism**.

---

02 **chronicle**
토플 | 텝스

n. **annals; history 연대기, 역사**

One of the earliest accounts of King Arthur occurs in a 12th-century **chronicle** of the kings of Britain by Geoffrey of Monmouth.

---

03 **chronological**
토플 | 수능 | 편입

adj. **연대순의**

The magazines in this file are not in **chronological** order. I found the February issue after the October one.

---

04 **chronology**
토플 | 수능

n. **연대기, 연대학**

In the **chronology** of American Presidents, Ulysses S. Grant comes after Andrew Johnson.

---

05 **synchronize**
토플 | GRE | 수능 | 편입

v. **시간을 맞추다, 동시에 일어나게 하다**

The clocks in the library need to be **synchronized**; one is a minute and a half behind the other.

---

01 로마 검투사 역을 맡은 배우가 손목시계 벗는 것을 깜박하는 바람에 우스꽝스러운 시대착오가 일어났다.
02 아서 왕 이야기가 가장 먼저 등장하는 문헌 중 하나는 몬머스의 제프리가 쓴 12세기 영국 왕 연대기이다.
03 이 보관철의 잡지는 시간순으로 정리가 안 되어 있다. 내가 보니 10월호 뒤에 2월호가 있었다.
04 미국 대통령 연대표에서 율리시스 S. 그랜트는 앤드류 존슨 뒤에 나온다.
05 도서관 시계들의 시간을 같이 맞춰야 한다. 어떤 시계는 다른 시계보다 1분 30초 늦다.

문맥에 가장 적합한 단어를 chron, chrono 어군에서 골라 빈칸을 채워 봅시다.

01   Can you recall the World Series champions of the last five years in the correct
     _____ ?

02   To say that the ancient Greeks watched the siege of Troy on television would be an
     amusing _____ .

03   The film begins near the climax and then goes back to the hero's childhood, violating the
     usual _____ order.

04   The townspeople used to _____ their timepieces with the clock outside the
     village bank.

05   The current *World Almanac* gives a(n) _____ of last year's events.

정답 | 01. chronology   02. anachronism   03. chronological   04. synchronize   05. chronicle

6. MANIA madness, insane impulse, craze
광기, 광적인 충동, 광분

---

01 kleptomania
SAT | GRE

n. **도벽**

The millionaire arrested for shoplifting was found to be suffering from **kleptomania**.

---

02 mania
GRE | 토플

n. **1. madness; insanity 광증, 정신 이상**

2. excessive fondness; craze 지나치게 좋아함, 열광

1. For a student with an A average to quit school two months before graduation is sheer **mania**.

2. Though I still read science fiction, I no longer have the **mania** for it that I originally had.

---

03 maniac
수능

n. **mad or insane person; crackpot 미친 사람, 이상한 사람**

The deranged behavior of the narrator in "The Tell-Tale Heart" leaves little doubt that he is a **maniac**.

---

04 maniacal
GRE

adj. **insane; raving 미친, 발광한, 미쳐 날뛰는**

You protested in such a loud, violent, and **maniacal** manner that onlookers must have thought you had lost your sanity.

---

01 가게 물건을 훔치다 체포된 백만장자는 도벽에 시달리고 있는 것으로 드러났다.

02 ① 평균 A학점을 받은 학생이 졸업 두 달 전에 학교를 그만두는 건 완전히 미친 짓이다.
　② 나는 아직도 공상과학소설을 읽지만, 더 이상 처음처럼 그것에 열광하지는 않는다.

03 <고자질하는 심장>에 나오는 화자의 정신 나간 행동을 보면 그가 미치광이라는 건 의심할 여지가 없다.

04 그렇게 요란하고 난폭하게 미쳐 날뛰며 항의했으므로 구경꾼들은 당신이 제정신이 아니라고 틀림없이 생각했을 것이다.

pyromania

토플

n. **불을 지르려는 광적인 충동, 방화광**

The person charged with setting the fire had been suspected of **pyromania** on two previous occasions.

---

note 단어의 끝에 있는 maniac이라는 형태는 '광적인 충동이나 광기에 영향을 받는 사람'을 의미한다. 예를 들면, kleptomaniac(광적인 도벽이 있는 사람)과 pyromaniac(광적인 방화벽이 있는 사람)이 있다.

---

05 방화 혐의로 기소된 그 사람은 예전에 두 번이나 방화광으로 의심 받은 적이 있다.

---

m mini exercise   MANIA

번역 P. 398

문맥에 가장 적합한 단어를 mania 어군에서 골라 빈칸을 채워봅시다.

01 The weird, _____ shrieks and groans coming from the house might have made one believe that it was inhabited by a raving lunatic.

02 Sharon has a _____ for chocolates; she will finish a whole box in no time at all if not restrained.

03 Herb can't help taking things belonging to others; he is a _____.

04 Officials believe the recent series of small fires to be the work of a _____.

05 The spoiled brat raved like a _____ when he didn't get his way.

정답 | 01. maniacal   02. mania   03. kleptomaniac   04. pyromaniac   05. maniac

7. PED child 아이

01 encyclopedia
SAT | GRE

n. (literally, "well-rounded rearing of a child")
(문자 그대로 '어린이를 전인적으로 양육함') 백과사전

There are four different **encyclopedias** in the reference section of our school library.

02 orthopedic
텝스 | 수능

adj. (literally, "of the straight child")
(문자 그대로 '신체가 바른 어린이의') 정형외과의

Patients recovering from broken limbs are treated in the hospital's **orthopedic** ward.

03 pedagogue
토플 | GRE

n. (literally, "leader of a child")
(문자 그대로 '어린이의 지도자') 선생님, 교원, 교사

The new teacher received a great deal of help from the more experienced **pedagogues**.

04 pedagogy
SAT | 토플 | 수능

n. 교육학, 교수법

Dr. Dworkin's lessons are usually excellent. She is a master of **pedagogy**.

05 pediatrician
토플

n. 소아과 의사

When the baby developed a fever, the parents telephoned the **pediatrician**.

---

01 우리 학교 도서관의 참고문헌 코너에는 종류가 다른 백과사전이 4권 있다.
02 팔다리가 부러져 회복 중인 환자들은 정형외과 병동에서 치료 받는다.
03 신임 교사는 경험이 많은 교사들에게 도움을 많이 받았다.
04 드워킨 박사의 수업은 늘 훌륭하다. 그녀는 교수법의 대가다.
05 아기가 열이 나자 부모는 소아과 의사에게 전화했다.

pediatrics

SAT | 토플

n. **소아과**

From the number of baby carriages outside the office, you can tell that Dr. Enders specializes in **pediatrics**.

---

06   진료실 밖에 있는 유모차 수를 보면 엔더스 박사가 소아과 전문의라는 것을 알 수 있다.

---

m mini exercise   **PED**   번역 P. 398

문맥에 가장 적합한 단어를 ped 어군에서 골라 빈칸을 채워 봅시다.

01   _____ deals with diseases that afflict the young.

02   You can now purchase an entire twenty-two-volume _____ on one CD, saving a considerable amount of space in your home.

03   A teacher's professional training includes courses in _____.

04   Until the age of six months, the baby was taken to the _____ every month.

05   A(n) _____ specialist performed the operation to correct the deformity of the child's spinal column.

정답 | 01. Pediatrics   02. encyclopedia   03. pedagogy   04. pediatrician   05. orthopedic

8. ORTHO straight, correct 곧은, 올바른

01 orthodontist

SAT | 토플 | 텝스

n. **치열 교정 의사**

A teenager wearing braces is obviously under the care of an orthodontist.

02 orthodox

adj. **generally accepted, especially in religion; conventional; approved; conservative**
특히 종교에서 일반적으로 받아들여진, 전통적인, 인정된, 보수적인

There was no religious liberty in the Massachusetts Bay Colony. Roger Williams, for example, was banished because he did not accept orthodox Puritan beliefs.

03 orthography

GRE

n. **철자법, 맞춤법**

American and English orthography are very much alike. One difference, however, is in words like "honor" and "labor," which the English spell "honour" and "labour."

04 orthopedist

SAT

n. **정형외과 의사**

A deformity of the spine is a condition that requires the attention of an orthopedist.

---

01   치아 교정기를 끼고 있는 10대는 분명 치열교정 전문의의 진료를 받고 있다.
02   매사추세츠만식민지에는 종교의 자유가 없었다. 예를 들어 로저 윌리엄스는 정통 청교도 신앙을 받아들이지 않아 추방되었다.
03   미국식 맞춤법과 영국식 맞춤법은 매우 비슷하다. 그러나 한 가지 차이점은 영국에서는
      'honor', 'labor' 같은 단어의 철자를 'honour', 'labour'로 쓴다.
04   척추 기형은 정형외과 의사의 치료가 필요한 질환이다.

unorthodox

텝스 | 공무원

adj. **not orthodox; unconventional; heretical**
정통이 아닌, 관습을 좇지 않는, 이교의, 이단의

Vaccination was rejected as **unorthodox** when Dr. Jenner first suggested it.

---

05   제너 박사가 백신 접종을 처음 제안했을 때는 정통 방식이 아니라는 이유로 배척 받았다.

ⓜ mini exercise   **ORTHO**   번역 P. 399

문맥에 가장 적합한 단어를 ortho 어군에서 골라 빈칸을 채워 봅시다.

01   It is _____ to begin a meal with the dessert.

02   Phyllis has won the spelling bee again. She excels in _____.

03   The young patient is under the care of a well-known _____ for a leg deformity.

04   The infant gets up at 4 A.M. We should prefer him to wake at a more _____ hour, such as 7 A.M.

05   Laura's parents have been assured by an _____ that her teeth can be straightened.

정답 | 01. unorthodox   02. orthography   03. orthopedist   04. orthodox   05. orthodontist

9. GEN, GENO, GENEA race, kind, birth
인종, 종류, 출생

01 genealogy
SAT | GRE

n. **lineage; pedigree 계보, 가계, 가문**

Diane can trace her descent from an ancestor who fought in the Mexican War. I know much less about my own **genealogy**.

---

02 genesis
토플 | GRE

n. **birth or coming into being of something; origin 창시, 발생, 기원**

According to legend, the Trojan War had its **genesis** in a dispute among three Greek goddesses.

---

03 heterogeneous
GRE | 공무원

adj. **differing in kind; dissimilar; not uniform; varied 종류가 다른, 같지 않은, 한결같지 않은, 다양한**

Many different racial and cultural groups are to be found in the **heterogeneous** population of a large American city.

---

04 homogeneous
GRE | 편입

adj. **of the same kind; similar; uniform 같은 종류의, 동질의, 한결같은**

All the dancers in the ballet corps wore the same costume to present a **homogeneous** appearance.

---

01 다이앤의 혈통을 추적하면 멕시코 전쟁에서 싸운 조상의 후손임을 알 수 있다. 나는 내 가문에 대해서 그만큼은 모른다.

02 전설에 따르면 트로이 전쟁은 그리스 여신 셋 사이의 갈등에서 시작됐다.

03 다인종으로 이루어진 미국 대도시 인구에는 무수히 다양한 인종과 문화 집단이 있다.

04 발레단의 모든 무용수들이 똑같은 의상을 입고 일치된 모습을 선보였다.

05 homogenize

v. **make homogeneous** 동질적으로 하다, 균질화하다

If dairies did not homogenize milk, the cream would be concentrated at the top instead of being evenly distributed.

---

05   유제품 제조업체에서 우유를 균질화하지 않으면 유지가 고르게 퍼지지 않고 표면에 몰릴 것이다.

번역 P. 399

m mini exercise   **GEN, GENO, GENEA**

문맥에 가장 적합한 단어를 gen, geno, genea 어군에서 골라 빈칸을 채워 봅시다.

01   The class consists of intermediate and advanced dancers, as well as a few beginners.
It is a _____ group.

02   A family Bible in which births, marriages, and deaths have been recorded for generations is a source of information about a person's _____.

03   There are always lumps in the cereal when you cook it. You don't know how to _____ it.

04   When every house on the block has the same exterior, the result is a _____ dullness.

05   Democracy is not an American creation; it had its _____ in ancient Greece.

정답 | 01. heterogeneous   02. genealogy   03. homogenize   04. homogeneous   05. genesis

10. METER, METR measure 측정

01 barometer

수능 | 편입

n. **기압계, 고도계**

When the barometer indicates a rapid drop in air pressure, it means a storm is coming.

02 chronometer

공무원

n. **정밀시계, 크로노미터**

Unlike ordinary clocks and watches, chronometers are little affected by temperature changes or vibration.

03 diameter

수능

n. **직경, 지름, 굵기, 폭**

Some giant redwood trees measure up to 30 feet (9.14 meters) in diameter.

04 meter

텝스 | 수능 | 편입

n. **1. 측정기구, 계량기**
2. 미터법의 측정 단위, 39.37인치

1. When water meters are installed, it will be easy to tell how much water each home is using.
2. A meter is 3.37 inches longer than a yard.

05 odometer

토플

n. **주행거리계**

All eyes, except the driver's, were fastened on the odometer as it moved from 9,999.9 to 10,000 miles.

---

01 기압계에서 기압이 급강하하면 폭풍우가 온다는 뜻이다.
02 크로노미터는 일반 시계나 손목시계와 달리 온도 변화나 진동에 거의 영향을 받지 않는다.
03 거대한 일부 삼나무들은 지름이 30피트(9.14미터)에 이른다.
04 ① 수도 계량기를 설치하면 각 가정마다 물을 얼마나 쓰고 있는지 쉽게 알 수 있을 것이다.
    ② 1미터는 1야드보다 3.37인치 길다.
05 주행 기록계가 9,999.9마일을 넘겨 1만 마일을 가리키자 운전자를 제외한 모든 이의 시선이 주행 기록계에 고정되었다.

06 photometer
SAT

n. 빛의 강도를 측정하는 도구, 광도계, 노출계

The intensity of a source of light, such as an electric lightbulb, can be measured with a **photometer**.

07 speedometer
토플 | 텝스 | GRE | 수능

n. 속도계, 회전속도계

I advised Ann to slow down, as we were in a 30-mile-an-hour zone and her **speedometer** registered more than 40.

08 symmetry
토익 | 토플 | GRE | GMAT | 공무원

n. 대칭, 균형, 조화

As the planes passed overhead, we were impressed by the perfect **symmetry** of their V-formation.

---

06 전구 같은 광원의 세기는 광도계로 측정할 수 있다.
07 시속 30마일 구역에서 속도계가 40마일을 넘기자 나는 앤에게 속도를 늦추라고 충고했다.
08 비행기들이 머리 위를 지나자 우리는 완벽한 대칭을 이루는 V자 대형에 감탄했다.

---

m mini exercise METER, METR 번역 P. 399

문맥에 가장 적합한 단어를 meter, metr 어군에서 골라 빈칸을 채워 봅시다.

01 Every apple in this package has a(n) _____ of no less than 2¼ inches.

02 We couldn't tell how fast we were going because the _____ was out of order.

03 Notice the _____ of the human body. The right side is the counterpart of the left.

04 You can tell how many miles a car has been driven since its manufacture if you look at its _____.

05 In the 100- _____ dash, the course is more than 100 yards long.

정답 | 01. diameter 02. speedometer 03. symmetry 04. odometer 05. meter

1 왼쪽 그리스어 단어 요소의 의미를 오른쪽에서 골라 빈칸에 그 기호를 쓰시오.

1) ORTHO _____

2) MANIAC _____

3) GEN, GENO, GENEA _____

4) CHRON, CHRONO _____

5) CRAT _____

6) AUT, AUTO _____

7) METER, METR _____

8) PAN, PANTO _____

9) MANIA _____

10) CRACY _____

11) PED _____

12) DEM, DEMO _____

(a) child

(b) all; complete

(c) madness; insane impulse; craze

(d) straight; correct

(e) government

(f) race; kind; birth

(g) people

(h) advocate of a type of government

(i) measure

(j) self

(k) time

(l) person affected by an insane impulse

2 다음 밑줄 친 단어와 가장 비슷한 뜻을 가진 단어를 고르시오.

1) lengthy chronicle

(a) illness   (b) annals   (c) period   (d) repetition

2) autonomous branch

(a) subordinate   (b) authentic   (c) dependent   (d) self-governing

3) average diameter

(a) width   (b) height   (c) size   (d) length

4) modern orthography

(a) printing   (b) engraving   (c) spelling   (d) shorthand

5) affluent aristocrat
   (a) plutocrat   (b) nobleman   (c) dictator   (d) autocrat

6) excellent lineage
   (a) design   (b) pedagogy   (c) pedigree   (d) panorama

7) authentic autograph
   (a) name   (b) signature   (c) record   (d) copy

8) orthodox reply
   (a) conservative   (b) firm   (c) automatic   (d) unconventional

9) heterogeneous contents
   (a) uniform   (b) homogenized   (c) varied   (d) similar

10) accurate tachometer
   (a) barometer   (b) chronometer   (c) thermometer   (d) speedometer

3   빈칸에 가장 알맞은 단어를 고르시오.

1) It is not too _____ to make a selection from the box, since the contents are homogeneous.
   (a) costly   (b) easy   (c) soon
   (d) difficult   (e) inexpensive

2) In an autocracy, all power is vested in the _____.
   (a) noblemen   (b) people   (c) wealthy
   (d) clergy   (e) ruler

3) Automation has made the clothes-washing process _____.

    (a) unnecessary   (b) burdensome   (c) unorthodox
    (d) self-operating   (e) democratic

4) A study of the ruler's genealogy will acquaint you with his _____.

    (a) life   (b) descent   (c) beliefs
    (d) government   (e) education

5) An autopsy should reveal the true cause of the patient's _____.

    (a) decease   (b) relapse   (c) complaints
    (d) dissatisfaction   (e) illness

6) We are forbidden to use _____, since our act is to be a pantomime.

    (a) costumes   (b) words   (c) frowns
    (d) gestures   (e) smiles

7) A photometer measures _____.

    (a) light intensity   (b) distance traversed   (c) atmosphere pressure
    (d) speed   (e) time

8) If the account is from an authentic source, you should not _____ it.

    (a) believe   (b) settle   (c) doubt
    (d) read   (e) trust

정답 | 1. 1) (d) 2) (l) 3) (f) 4) (k) 5) (h) 6) (j) 7) (i) 8) (b) 9) (c) 10) (e) 11 (a) 12 (g) 2. 1) (b) 2) (d) 3) (a) 4) (c) 5) (b) 6) (c) 7) (b)
8) (a) 9) (c) 10) (d) 3. 1) (d) 2) (e) 3) (d) 4) (b) 5) (a) 6) (b) 7) (a) 8) (c)

그리스어 단어 요소 11-20

Greek Word Elements 11–20

UNIT 2

PRETEST

01 빈칸에 가장 적합한 답을 골라 그 기호를 써 넣으시오.

1 If a product is **synthetic**, it was not made by _____.

만약 제품이 합성이라면 자연 성분으로 제조된 것이 아니다.

(A) hand   (B) nature   (C) humans

2 A **thermostat** _____.

온도 조절기는 온도를 조절한다.

(A) regulates temperature
(B) keeps liquids warm
(C) provides heat

3 The reference mark _____ is called an **asterisk**.

참조부호 *는 별표라고 부른다.

(A) [;]   (B) [']   (C) [*]

4 An **anonymous** poem is _____.

무명의 시는 알려지지 않은 작가가 쓴 시다.

(A) by an unknown author
(B) humorous
(C) a nursery rhyme

5 The _____ in a series of similar things is the **prototype**.

비슷한 일련의 물품들 중 첫 번째가 원형이다.

(A) latest   (B) first   (C) best

6   Usually, a **nemesis** brings _____.

대개 강적은 패배를 불러온다.

(A) defeat   (B) luck   (C) victory

7   A **phenomenon** can be _____.

현상은 무엇이든 관찰할 수 있는 사실이나 사건이다.

(A) a ghost or a shadow only
(B) an extraordinary fact only
(C) any observable fact or event

8   A **dermatologist** is a _____ specialist.

피부과 전문의는 피부를 전공한 의사다.

(A) skin   (B) foot   (C) heart

9   If you have an **antipathy** to a subject, you have a(n) _____ for it.

어떤 대상에 반감이 있다면 그것을 싫어하는 것이다.

(A) enthusiasm   (B) dislike   (C) talent

10   The word _____ is an **anagram** of "meat."

단어 'team'은 'meat'의 철자를 바꾸어 만든 말이다.

(A) "meet"   (B) "flesh"   (C) "team"

위 pretest에서 표시된 단어들은 서로 다른 단어 요소로 구성되어 있습니다. synthetic은 '놓다'라는 뜻을 지닌 thet에서, thermostat은 '열'을 뜻하는 thermo에서 파생되었습니다. 이제 이러한 단어 요소와 이것에서 파생된 단어들에 대해 알아보도록 합시다.

정답 | 1. (B)   2. (A)   3. (C)   4. (A)   5. (B)   6. (A)   7. (C)   8. (A)   9. (B)   10. (C)

11. ANT, ANTI against, opposite 대항, 반대

---

01 **antagonist**
토플 | 수능 | 공무원

n. **opponent; adversary; foe** 적, 대항자

Great Britain was our antagonist in the War of 1812.

---

02 **antibiotic**
수능 | 편입

n. **항생제**

The antibiotic penicillin stops the growth of bacteria that cause pneumonia, tonsillitis, and certain other diseases.

---

03 **antibody**
토플 | GRE

n. **항체, 항독소**

When the body is invaded by foreign agents, such as bacteria or viruses, the antibodies go to work against them.

---

04 **antidote**
토익 | 토플 | 편입

n. **1. 해독제**
2. countermeasure 대응책, 대책

1. By telephone, the physician prescribed the exact antidote to be given immediately to the poison victim.

2. Heavy fines are an antidote to illegal parking.

---

05 **antihistamine**
편입 | 공무원

n. **항히스타민제**

The antihistamine prescribed for my cold was not too effective.

---

01   1812년 전쟁에서 영국은 우리의 적이었다.
02   항생제 페니실린은 폐렴, 편도선염을 비롯한 특정 질병을 일으키는 박테리아의 증식을 막는다.
03   인체에 박테리아나 바이러스 같은 외부 인자들이 침입하면 항체가 이것들에 저항한다.
04   ① 의사는 전화로 독이 퍼진 피해자에게 정확한 해독제를 즉시 주라고 처방했다. ② 무거운 과태료는 불법 주차를 막기 위한 대책이다.
05   내가 감기로 처방 받은 항히스타민제는 그다지 효과가 없었다.

06 antipathy

토플 | GRE | 수능

n. **distaste; repugnance; dislike; enmity**
싫어함, 혐오, 반감, 적의

A few of the neighbors have an antipathy to dogs, but most are fond of them.

07 antiseptic

토플 | GRE

n. **germicide 소독제, 방부제**

The wound was carefully washed; then hydrogen peroxide was applied as an antiseptic.

08 antitoxin

공무원

n. **항독소, 면역소**

We are injected with diphtheria antitoxin produced in horses because the antitoxin manufactured by our bodies may not be enough to prevent diphtheria.

09 antonym

수능 | 편입

n. **opposite 반의어**

"Temporary" is the antonym of "permanent."

---

06 이웃 몇 사람은 개를 싫어하지만 대부분은 좋아한다.

07 상처를 조심스럽게 씻은 다음 소독제로 과산화수소를 발랐다.

08 우리는 말에서 만들어지는 디프테리아 항독소 주사를 맞는다. 왜냐하면 우리 몸에서 생산되는 항독소는 디프테리아를 예방하기에 충분하지 않을 수 있기 때문이다.

09 'Temporary'는 'permanent'의 반대말이다.

(m) mini exercise ANT, ANTI

번역 P. 399

문맥에 가장 적합한 단어를 ant, anti 어군에서 골라 빈칸을 채워 봅시다.

01 An _____ prescribed by a physician may give temporary relief to some cold and allergy sufferers.

02 Our armed forces must be capable of defending us against any foreign _____.

03 Streptomycin, an _____ developed from living microorganisms, is used in the treatment of tuberculosis.

04 The infection would not have developed if an _____ had been used.

05 I have had an _____ to ship travel ever since I became seasick on a lake cruise.

정답 | 01. antihistamine   02. antagonist   03. antibiotic   04. antiseptic   05. antipathy

12. ONYM, ONOMATO name, word 이름, 단어

---

01 **acronym**

SAT | 토플 | 텝스 | 공무원

n. **약어, 두문자어**

The word "radar" is an **acronym** for RAdio Detecting And Range.

---

02 **anonymous**

SAT | 토플 | 텝스 | GRE | 편입

adj. **nameless; unnamed; unidentified**
이름이 없는, 무명의, 정체불명의

An **anonymous** American killed in combat in World War I lies in the Tomb of the Unknowns.

---

03 **homonym**

토플 | GRE

n. **동음이의어**

"Fair" and "fare" are **homonyms**.

---

04 **onomatopoeia**

편입 | 공무원

n. **의성어**

Notice the **onomatopoeia** in these lines by the poet John Dryden: "The double, double, double beat/Of the thundering drum."

---

05 **pseudonym**

토플 | GRE

n. **pen name; alias 필명, 가명**

Because of antipathy to female authors in her time, Mary Ann Evans wrote under the **pseudonym** "George Eliot."

---

01 'radar'는 RAdio Detecting And Range의 첫 글자로 이루어진 단어다.
02 제1차 세계대전에서 전투 중 사망한 이름 없는 어느 미국인이 무명용사 묘역에 안치되어 있다.
03 'Fair'와 'fare'는 동음이의어다.
04 시인 존 드라이든의 이 시구들에 나오는 의성어에 주목하라: "두둥, 두둥, 두 번 울리는 우레 같은 북소리"
05 당시에는 여성 작가에 대한 반감이 컸기 때문에 메리 앤 에반스는 '조지 엘리어트'라는 필명으로 글을 썼다.

synonym

n. **동의어**

"Building" is a **synonym** for "edifice."

---

06 'Building'은 'edifice'의 동의어다.

ⓜ mini exercise **ONYM, ONOMATO** 번역 P. 399

문맥에 가장 적합한 단어를 **onym, onomato** 어군에서 골라 빈칸을 채워 봅시다.

01 "Deer" and "dear" are _____s.

02 There is no need to use a(n) _____, unless you wish to conceal your identity.

03 Scuba is a(n) _____ for "self-contained underwater breathing apparatus."

04 I was embarrassed when the _____ test paper my teacher spoke about turned out to be mine. I had forgotten to put my name on it.

05 "Hiss," "mumble," and "splash" are good one-word examples of _____.

정답 | 01. homonym   02. pseudonym   03. acronym   04. anonymous   05. onomatopoeia

13. DERM, DERMATO skin 피부

01 **dermatologist**

SAT | 토플

n. **피부과 전문의**

The patient with the skin disorder is under the care of a **dermatologist**.

02 **dermis**

SAT | GRE

n. **피부의 내층, 진피(眞皮)**

The tiny cells from which hairs grow are located in the **dermis**.

03 **epidermis**

토플

n. **피부의 외층, 표피**

Although very thin, the **epidermis** protects the underlying dermis.

04 **hypodermic**

편입 | 공무원

adj. **beneath the skin 피하의**

A **hypodermic** syringe is used for injecting medication beneath the skin.

05 **taxidermist**

SAT

n. **박제술을 행하는 사람, 박제사**

The lifelike models of animals that you see in museums are the work of skilled **taxidermists**.

---

01 피부질환 환자는 피부과 전문의의 치료를 받는다.
02 털이 자라는 작은 세포들은 진피 속에 위치한다.
03 표피는 아주 얇긴 하지만 밑에 있는 진피를 보호한다.
04 피하 주사기는 피부 밑으로 약물을 주입하는 데 쓰인다.
05 박물관에서 보는 동물들의 실물모형은 전문 박제사들의 작품이다.

문맥에 가장 적합한 단어를 **derm, dermato** 어군에서 골라 빈칸을 채워 봅시다.

01   The _____ stretched the skin over a plastic cast of the animal's body.

02   Was the antibiotic taken by mouth or administered by _____ injection?

03   There are numerous tiny openings, or pores, in the _____, or outer layer of the skin.

04   It took three visits for the _____ to remove Rita's painful wart in the skin of her left sole.

05   The sweat glands are located in the _____, or inner layer of the skin.

정답 | 01. taxidermist   02. hypodermic   03. epidermis   04. dermatologist   05. dermis

14. NOM, NEM management, distribution, law
관리, 분배, 법

01 **agronomy**

SAT | 토플

n. **husbandry** 경종(耕種)학, 경작

The science of **agronomy** helps farmers obtain larger and better crops.

02 **astronomical**

토플 | 수능

adj. **1. 천문학의**
2. inconceivably large 상상할 수 없을 만큼 큰

1. The first **astronomical** observations with a telescope were made by the Italian scientist Galileo.

2. It is difficult to conceive of so **astronomical** a sum as a trillion dollars.

03 **economic**

텝스 | 수능 | 편입 | 공무원

adj. **경제학의**

The President's chief **economic** adviser expects that production will continue at the same rate for the rest of the year.

04 **economical**

텝스 | GRE | 수능 | 편입

adj. **thrifty; frugal; sparing 검소한, 알뜰한, 경제적인, 절약하는**

Which is the most **economical** fuel for home heating—gas, electricity, or oil?

---

01 경종학은 농부들이 질 좋은 농산물을 더 많이 수확하는 데 도움이 된다.
02 ① 망원경을 이용해 최초로 천문을 관측한 사람은 이탈리아 과학자 갈릴레오다.
   ② 1조 달러 같은 천문학적인 액수는 감도 잘 잡히지 않는다.
03 대통령 수석 경제고문은 올해 남은 기간 동안 생산량이 계속 동일한 비율로 증가하리라 예상한다.
04 가스, 전기 또는 석유 중 가정용 난방 연료로 가장 경제적인 것은 무엇인가요?

05 gastronome
토플

n. **lover of good food; epicure; gourmet**
식도락가, 미식가

Being a **gastronome**, my uncle is well-acquainted with the best restaurants in the city.

---

06 nemesis
GRE | 편입

n. **(그리스 신화의 복수의 여신인 네메시스에서 온 단어)**
1. 복수자, 벌을 주는 사람
2. 강적

1. The tyrant Macbeth was invincible in combat until he faced Macduff, who proved to be his **nemesis**.
2. We would have ended the season without a defeat if not for our old **nemesis**, Greeley High.

---

05 우리 삼촌은 미식가여서 도시에서 가장 맛있는 식당들을 꿰뚫고 있다.
06 ① 폭군 맥베스는 전투에서 무적이었지만 맥더프는 맥베스에게 복수했다.
② 숙적인 그릴리 고교만 없었다면 우리는 한 번도 지지 않고 시즌을 마쳤을 것이다.

ⓜ mini exercise　　NOM, NEM

번역 P. 399

문맥에 가장 적합한 단어를 nom, nem 어군에서 골라 빈칸을 채워 봅시다.

01 The villain had engineered several robberies before encountering his ＿＿＿＿＿＿＿ in the person of Sherlock Holmes.

02 Overproduction is a serious ＿＿＿＿＿＿＿ problem.

03 Some museums and art collectors have gone to ＿＿＿＿＿＿＿ expense to acquire famous paintings.

04 Underdeveloped nations are trying to improve the yield and quality of their crops by applying the principles of ＿＿＿＿＿＿＿.

05 The acknowledged ＿＿＿＿＿＿＿ cheerfully aided her dining companions in making their selections from the menu.

정답 | 01. nemesis　02. economic　03. astronomical　04. agronomy　05. gastronome

15. PHAN, PHEN show, appear
보여주다, 나타나다

01 **cellophane** 토플	n.	**포장에 이용되는 투명한 섬유소, 셀로판** When used as a wrapper, **cellophane** lets the purchaser see the contents of the package.
02 **diaphanous** 토플 ǀ GRE	adj.	**sheer; transparent 투명한, 얇은** Pedestrians on the sidewalk could see some of the inside of the restaurant through its **diaphanous** curtains.
03 **fancy** 텝스 ǀ 수능	n.	**imagination; illusion 상상, 공상, 환상** We must be able to distinguish between fact and **fancy**.
04 **fantastic** GRE ǀ 수능 ǀ 공무원	adj.	**imaginary; unreal; odd; unbelievable** **비현실적인, 이상한, 믿을 수 없는** Robert Fulton's proposal to build a steamboat was at first regarded as **fantastic**.
05 **fantasy** 토플 ǀ 텝스 ǀ 수능 ǀ 편입	n.	**illusory image; play of the mind; imagination; fancy** **환영, 변덕, 상상, 공상** Selma is not sure whether she saw a face at the window. Perhaps it was only a **fantasy**.

---

01 셀로판지를 포장지로 사용하면 물건을 산 사람이 포장지 속에 든 것을 볼 수 있다.
02 인도에 있는 보행자들은 얇은 커튼을 통해 일부나마 식당 내부를 볼 수 있었다.
03 우리는 사실과 공상을 구별할 줄 알아야 한다.
04 증기선을 만들자는 로버트 풀턴의 제안은 처음에는 비현실적이라는 평을 받았다.
05 셀마는 창문에서 얼굴을 보았는지 긴가민가하다. 어쩌면 그저 헛것이었는지도 모른다.

| 06 | **phantom** | n. | **apparition; ghost; specter** 유령, 망령, 요괴 |

06 **phantom**
토플 | 수능

n. **apparition; ghost; specter** 유령, 망령, 요괴

The **phantom** of the slain Caesar appeared to Brutus in a dream.

07 **phenomenal**
수능 | 편입 | 공무원

adj. **extraordinary; remarkable; exceptional; unusual**
비범한, 놀랄 만한, 뛰어난

Bernadine has a **phenomenal** memory; she never forgets a face.

08 **phenomenon**
토익 | 텝스 | 수능

n. **1. 현상**
2. wonder; prodigy 경이로운 것, 신동, 천재

1. We do not see many adults traveling to work on bicycles, but in some foreign cities it is a common **phenomenon**.
2. Renowned as a composer and performer while yet in his teens, Mozart was a musical **phenomenon**.

06 브루투스의 꿈에 살해 당한 시저의 유령이 나왔다.
07 버나딘은 기억력이 비상해 결코 얼굴을 잊어버리지 않는다.
08 ① 우리는 어른이 자전거로 출근하는 모습을 보기 힘들지만, 일부 외국 도시에서는 흔한 현상이다.
② 10대에 벌써 작곡가 겸 연주가로 명성을 떨친 모차르트는 음악 신동이었다.

ⓜ mini exercise　　**PHAN, PHEN**　　　　　　　　번역 P.400

문맥에 가장 적합한 단어를 phan, phen 어군에서 골라 빈칸을 채워 봅시다.

01 Sarah Bernhardt was no ordinary actress; she was a _____.

02 Though these conclusions may seem _____, I can show you they are based on reason.

03 If the apples are in a _____ bag, you can tell how many there are without opening it.

04 Joan was sure someone was behind the door, but no one was there. It was just a _____.

05 Mrs. Potter thought Christine's performance was _____, but I found nothing extraordinary or remarkable in it.

정답 | 01. phenomenon　02. fantastic　03. cellophane　04. fantasy　05. phenomenal

16. THERM, THERMO heat 열

01 **diathermy**

토플 | GRE | 공무원

n. 의료 목적으로 고주파를 신체 조직에 투입시켜 열을 발생시킴, 투열 요법

Diathermy may be used to treat arthritis, bursitis, and other conditions requiring heat treatment.

02 **thermal**

토플 | GRE

adj. **pertaining to heat; hot; warm**
열에 관한, 뜨거운, 따뜻한

At Lava Hot Springs in Idaho, visitors may bathe in the thermal mineral waters.

03 **thermometer**

수능

n. **온도계**

At 6 A.M. the thermometer registered 32° Fahrenheit (0° Celsius).

04 **thermonuclear**

텝스 | 수능

adj. **열핵의, 원자핵 융합 반응의**

It is believed that the sun gets its energy from thermonuclear reactions constantly taking place within it.

01　투열 요법은 관절염, 활액낭염, 그리고 열 치료가 필요한 기타 증상을 치료하는 데 활용되기도 한다.

02　아이다호에 있는 라바핫스프링스 온천에서 휴양객들은 뜨거운 광천수에 몸을 담글 수 있다.

03　아침 6시에 온도계는 화씨 32도(섭씨 0도)를 가리켰다.

04　태양은 내부에서 끊임없이 일어나는 열핵 반응에서 에너지를 얻는 것으로 보인다.

05 thermostat

토플 | 텝스

n. **자동 온도 조절 장치**

You can set the **thermostat** to shut off the heat when the room reaches a comfortable temperature.

---

05 실내가 쾌적한 온도에 도달하면 열을 차단하도록 온도 조절기를 설정할 수 있다.

---

m mini exercise   **THERM, THERMO** 번역 P. 400

문맥에 가장 적합한 단어를 therm, thermo 어군에서 골라 빈칸을 채워 봅시다.

01 The room was cold because the _____ had been set for only 59° Fahrenheit (19° Celsius).

02 If you have a _____ mounted outside your window, you don't need to go outside to learn what the temperature is.

03 The unbelievably intense heat required to start the _____ reaction in a hydrogen bomb is obtained by exploding an atomic bomb.

04 Drugs, hot baths, and _____ are some of the means used to relieve the pain of arthritis.

05 Hot Springs, Arkansas, derives its name from its numerous _____ springs.

정답 | 01. thermostat   02. thermometer   03. thermonuclear   04. diathermy   05. thermal

17. PROT, PROTO first 첫째의

01 **protagonist**
텝스 | 수능

n. **주역, 주인공**

Brutus is the **protagonist** in William Shakespeare's *Julius Caesar*, and Anthony is the antagonist.

---

02 **protocol**
GRE | 공무원

n. **1. 조약의 초안이나 기록**
2. 외교 사절이나 군대의 의전 규칙, 의례

1. The **protocol** initiated by the representatives of the three nations is expected to lead to a formal treaty.

2. It is a breach of **protocol** for a subordinate publicly to question the judgment of a superior officer.

---

03 **protoplasm**
토플 | GRE

n. **모든 생물이 이루어지는 근본 물질, 원형질**

The presence of **protoplasm** distinguishes living from nonliving things.

---

04 **prototype**
토익 | 텝스 | GRE | 수능

n. **first or original model of anything; model; pattern**
어떤 것의 최초의 또는 원래의 모양, 원형, 모델, 견본

The crude craft in which the Wright brothers made the first successful flight in 1903 was the **prototype** of the modern airplane.

---

01 윌리엄 셰익스피어의 <줄리어스 시저>에서 브루투스는 주인공이고 앤서니는 주인공에 대항하는 인물이다.
02 ① 3국 대표가 발의한 의정서는 정식 조약으로 이어질 전망이다.
    ② 하급자가 상관의 판단에 공공연하게 이의를 제기하는 것은 의전 규칙 위반이다.
03 원형질의 존재로 무생물과 생물이 구별된다.
04 1903년 라이트 형제가 처음으로 비행에 성공한 조잡한 비행선이 현대 비행기의 원형이었다.

번역 P. 400

05 **protozoan**

토플 | GRE

n. **단 하나의 세포로만 이루어진 동물, 원생동물**

The tiny **protozoan** is believed to be the first animal to have appeared on earth.

05 이 작은 원생동물이 지구상에 나타난 최초의 동물이라고 한다.

(m) **mini exercise** **PROT, PROTO**

문맥에 가장 적합한 단어를 prot, proto 어군에서 골라 빈칸을 채워 봅시다.

01 At the opening game of the baseball season in Washington, D.C., the President, according to _____, is invited to throw out the first ball.

02 The amoeba, a one-celled animal living in ponds and streams, is a typical _____.

03 Our Constitution has served as the _____ of similar documents in democratic nations all over the world.

04 The movie star will not accept a minor part; she wants the role of the _____.

05 Living plants and animals consist of _____.

정답 | 01. protocol   02. protozoan   03. prototype   04. protagonist   05. protoplasm

18. THESIS, THET set, put 놓다, 두다

01 antithesis
토플 | 텝스 | GRE | 수능

n. **direct opposite; contrary; reverse**
정반대, 반대의 것, 역

I cannot vote for a candidate who stands for the antithesis of what I believe.

---

02 epithet
토플 | GRE

n. **별명, 특성을 묘사하는 형용사구**

Anna Mary Robertson Moses earned the epithet "Grandma" because she did not begin to paint until her late seventies.

---

03 hypothesis
토플 | 수능 | 공무원

n. **가설**

When Columbus first presented his hypothesis that the earth is round, very few believed it.

---

04 synthesis
GRE | 수능 | 공무원

n. **합성, 종합**

Much of the rubber we use is not a natural product but a synthesis of chemicals.

---

01 나는 내가 믿는 것과 정반대 입장을 옹호하는 후보에게 투표할 수 없다.
02 안나 메리 로버트슨 모세는 70대 후반이 돼서야 그림을 그리기 시작했기 때문에 '할머니'라는 별명을 얻었다.
03 콜럼버스가 지구는 둥글다는 가설을 처음 내놓았을 때 이를 믿는 사람은 거의 없었다.
04 우리가 사용하는 고무는 대부분 천연제품이 아니라 합성 화학물질이다.

05 synthetic

토플 | 텝스 | GRE | 편입

adj. **artificial; factitious; not of natural origin**
인공적인, 인위적인, 자연에서 유래한 것이 아닌

Cotton is a natural fiber, but rayon and nylon are **synthetic**.

06 thesis

토플 | 텝스 | 수능

n. **1. claim put forward; proposition; statement; contention**
제안된 주장, 명제, 논제
2. 학위 논문

1. Do you agree with Ellen's **thesis** that a student court would be good for our school?
2. Candidates for Ph.D. degrees usually must write a **thesis** based on original research.

> **note** is로 끝나는 단어의 복수형을 만들려면 is를 es로 바꿉니다. 예를 들면, antitheses(정반대의 것들), hypotheses(가설들), theses(논제들) 등이 있습니다.

---

05   면은 천연섬유지만 레이온과 나일론은 합성섬유다.
06   ① 학생자치법정이 우리 학교에 이로울 것이라는 엘렌의 주장에 동의하시나요?
      ② 박사학위 지원자들은 대개 독창적인 연구를 바탕으로 논문을 써야 한다.

ⓜ mini exercise   **THESIS, THET**   번역 P. 400

문맥에 가장 적합한 단어를 thesis, thet 어군에서 골라 빈칸을 채워 봅시다.

01   _____ rubber is superior to natural rubber in some respects and inferior in others.

02   Jonathan's jalopy is a(n) _____ of parts from several old cars.

03   In the *Odyssey*, you will often find the _____ "wily" before Ulysses' name because he had a reputation for cunning.

04   Anyone who undertakes to write a(n) _____ must know how to do research.

05   Their leader, timid, complaining, and weak, is the _____ of what a leader should be.

정답 | 01. Synthetic   02. synthesis   03. epithet   04. thesis   05. antithesis

19. ASTER, ASTR, ASTRO star 별

01 **aster**
GRE

n. **과꽃**

Most **asters** bloom in the fall.

---

02 **asterisk**
토플

n. **주석이나 생략 따위를 가리키는데 사용되는 별 모양의 표시(*), 별표**

The **asterisk** after "Reduced to $9.95" refers the shopper to a footnote reading "Small and medium only."

---

03 **asteroid**
토플 | GRE

n. **1. 소행성**
2. starfish 불가사리

1. Compared to planet Earth, some **asteroids** are tiny, measuring less than a mile in diameter.
2. If an **asteroid** loses an arm to an attacker, it can grow back the missing arm.

---

04 **astrologer**
SAT

n. **점성술사, 점성가**

An **astrologer** would have people believe that their lives are regulated by the movements of the stars, planets, sun, and moon.

---

01   과꽃은 대개 가을에 꽃이 핀다.
02   '9.95달러로 인하' 뒤의 별표는 구매자에게 '중소형 한정'이라고 적힌 보충설명을 보라는 표시다.
03   ① 행성인 지구와 비교할 때, 어떤 소행성들은 지름이 1마일도 안 될 정도로 아주 작다.
　　　② 불가사리는 공격을 당해 팔을 잃어도 다시 팔이 재생된다.
04   점성술사는 사람의 인생이 별, 행성, 해, 달의 운행에 지배된다고 믿게 만들곤 했다.

05 astronaut
토플 | 수능 | 공무원

n. **우주비행사**

Yuri Gagarin, the world's first **astronaut**, orbited the earth in an artificial satellite on April 12, 1961.

06 astronomer
텝스 | 수능 | 편입

n. **천문학자**

Because the stars are so far away, **astronomers** measure their distance from Earth in "light-years" (one light-year equals about six trillion miles).

07 disaster
텝스 | 수능 | 편입

n. **sudden or extraordinary misfortune; calamity; catastrophe**
갑작스럽거나 엄청난 불행, 재난, 대참사

The attack on Pearl Harbor was the worst **disaster** in the history of the U.S. Navy.

---

05 세계 최초의 우주비행사 유리 가가린은 1961년 4월 12일 인공위성을 타고 지구 궤도를 돌았다.

06 별들은 너무 멀리 있기 때문에 천문학자들은 지구에서 떨어진 거리를 '광년'(1광년은 약 6조 마일)으로 측정한다.

07 진주만 공격은 미 해군 역사상 최악의 참사였다.

ⓜ mini exercise   **ASTER, ASTR, ASTRO**   번역 P. 400

문맥에 가장 적합한 단어를 aster, astr, astro 어군에서 골라 빈칸을 채워 봅시다.

01 Some _____s are regarded as pests because they feed on oysters.

02 _____s claim that your life is influenced by the position of the stars at the moment of your birth.

03 _____s undergo a long and difficult period of training that equips them for the challenges of space travel.

04 Nations that continue to spend beyond their means are headed for economic _____.

05 A(n) _____ alerts the reader to look for additional information at the foot of the page.

정답 | 01. asteroid   02. Astrologer   03. Astronaut   04. disaster   05. asterisk

20. GRAM, GRAPH letter, writing 문자, 쓰기

01 **anagram**
토플 | GRE

n. **다른 단어에서 철자의 순서를 바꿔서 만든 단어나 구**

"Moat" is an anagram for "atom."

02 **cartographer**
SAT | GRE

n. **지도 제작자**

Ancient cartographers did not know of the existence of the Western Hemisphere.

03 **cryptogram**
토플 | 공무원

n. **암호**

Military leaders, diplomats, and industrialists use cryptograms to relay secret information.

04 **electrocardiogram**
편입 | 공무원

n. **심전도**

After reading Henrietta's electrocardiogram, the physician assured her that her heart was working properly.

01　'Moat'는 'atom(원자)'의 철자 순서를 바꾸어 만든 단어다.
02　먼 옛날에 지도를 만든 사람들은 서반구가 있다는 것을 몰랐다.
03　군사 지도자, 외교관, 기업가는 비밀 정보를 전달하기 위해 암호문을 사용한다.
04　의사는 헨리에타의 심전도를 읽고 나서 그녀의 심장이 제대로 작동하고 있다고 단언했다.

05 epigram

토플 | GRE | 수능

n. **경구, 풍자시**

"The more things a man is ashamed of, the more respectable he is" is one of George Bernard Shaw's **epigrams**.

06 graphic

토플 | 텝스 | GRE | 수능

adj. **vivid; picturesque 생생한, 사실적인, 생기 있는**

The reporter's **graphic** description made us feel that we were present at the scene.

07 graphite

토플 | GRE

n. **흑연**

"Lead" pencils do not contain lead, but rather a mixture of clay and **graphite**.

08 monogram

SAT | GRE

n. **짜맞춘 글자 (사람 이름의 머리글자들을 결합시킨 도안), 모노그램**

My **monogram** appears on the front of my warm-up jacket.

09 monograph

SAT | 토플

n. **전공 논문**

For her thesis, my sister wrote a **monograph** on the life of an obscure 19th-century composer.

---

05 "사람은 부끄러워하는 일이 많을수록 더 훌륭하다"는 말은 조지 버나드 쇼의 경구 중 하나이다.
06 기자의 생생한 묘사로 우리는 마치 현장에 있는 듯했다.
07 '납' 연필에는 납이 아니라 점토와 흑연 혼합물이 들어 있다.
08 내 운동복 상의 앞면에는 내 이름의 머리글자가 보인다.
09 여동생은 졸업논문으로 19세기 무명 작곡가의 삶을 주제로 전공 논문을 썼다.

10 stenographer

SAT | 토플

n. **속기사**

A court **stenographer** has to be able to take down more than 250 words a minute.

11 typographical

SAT | GRE

adj. **인쇄상의, 인쇄술의**

Proofs submitted by the printer should be carefully checked to eliminate **typographical** errors.

---

10 법원 속기사는 1분에 250단어 이상을 받아 적을 수 있어야 한다.

11 인쇄물의 오타를 없애려면 인쇄업자가 넘긴 교정쇄를 꼼꼼하게 검토해야 한다.

---

m mini exercise　GRAM, GRAPH

번역 P. 400

문맥에 가장 적합한 단어를 gram, graph 어군에서 골라 빈칸을 채워 봅시다.

01　Modern _____s use aerial photography to aid in mapmaking.

02　There is a(n) _____ account of London in the 1580s in Marchette Chute's *Shakespeare of London*.

03　The patient's physicians cannot be certain that a heart attack has occurred until they have studied his _____.

04　"Reform" is a(n) _____ for "former."

05　I knew it was Annabel's handkerchief because her _____ was on it.

정답 | 01. cartographer　02. graphic　03. electrocardiogram　04. anagram　05. monogram

UNIT 2

EXERCISES

1 왼쪽 그리스어 단어 요소의 의미를 오른쪽에서 골라 빈칸에 그 기호를 쓰시오.

1) NOM, NEM _____

2) ASTER, ASTR, ASTRO _____

3) THERM, THERMO _____

4) ANT, ANTI _____

5) DERM, DERMATO _____

6) GRAM, GRAPH _____

7) ONYM, ONOMATO _____

8) THESIS, THET _____

9) PROT, PROTO _____

10) PHAN, PHEN _____

(a) heat
(b) first
(c) skin
(d) management, distribution, law
(e) name, word
(f) star
(g) show, appear
(h) against, opposite
(i) letter, writing
(j) set, put

2 이탤릭 체로 쓰여진 단어와 가장 반대되는 뜻을 가진 말을 고르시오.

1) *fantastic*

(a) imaginary　　　(b) unorthodox　　　(c) laughable
(d) authentic　　　(e) phenomenal

2) *synthetic*

(a) pliable　　　(b) artificial　　　(c) natural
(d) original　　　(e) fervent

3) *prototype*

(a) model　　　(b) robot　　　(c) copy
(d) electron　　　(e) phenomenon

4) *analysis*

(a) hypothesis　　　(b) comparison　　　(c) symmetry
(d) synthesis　　　(e) antithesis

5) *antagonist*

(a) ally　　　(b) adversary　　　(c) rival
(d) propagandist　　　(e) opponent

빈칸에 가장 알맞은 말을 고르시오.

1) An error is considered _____ if it appears in the printed text but not in the author's manuscript.

    (a) graphic   (b) authentic   (c) anonymous
    (d) unavoidable   (e) typographical

2) A gastronome has a keen interest in _____.

    (a) good eating   (b) crop rotation   (c) the stars
    (d) soil management   (e) maps

3) The famous showman P.T. Barnum is remembered for his _____ "There's a sucker born every minute."

    (a) cryptogram   (b) epigram   (c) anagram
    (d) monograph   (e) acronym

4) One of the topics studied in _____ is the rotation of crops.

    (a) automation   (b) gastronomy   (c) taxidermy
    (d) husbandry   (e) cartography

5) "Buzz" and "hum" are not homonyms because they _____.

    (a) sound alike   (b) are opposites   (c) mean the same
    (d) sound different   (e) are spelled differently

6) All the novels we have studied this year have had a man as the leading character. It's about time we had a female _____.

    (a) antagonist   (b) prodigy   (c) gourmet
    (d) protagonist   (e) phenomenon

7) The following names all contain an epithet except _____.

(a) One-Punch Nelson (b) Ivan the Terrible (c) Alexander the Great
(d) Wrong-Way Corrigan (e) Henry Wadsworth Longfellow

8) Antibodies work against _____.

(a) the body   (b) toxins   (c) the tissues
(d) antitoxins   (e) the blood

9) Plutocracy is government by _____.

(a) the Army   (b) mobs   (c) the majority
(d) the affluent   (e) bureaus

10) We associate asters with _____.

(a) the sea   (b) printed matter (c) gardens
(d) outer space   (e) the aristocracy

정답 | 1. 1) (d) 2) (f) 3) (a) 4) (h) 5) (c) 6) (i) 7) (e) 8) (j) 9) (b) 10) (g) 2. 1) (d) 2) (c) 3) (c) 4) (d) 5) (a) 3. 1) (e) 2) (a) 3) (b)
4) (d) 5) (d) 6) (d) 7) (e) 8) (b) 9) (d) 10) (c)

CH. 6 그리스어 단어 요소를 통한 어휘 확장   359

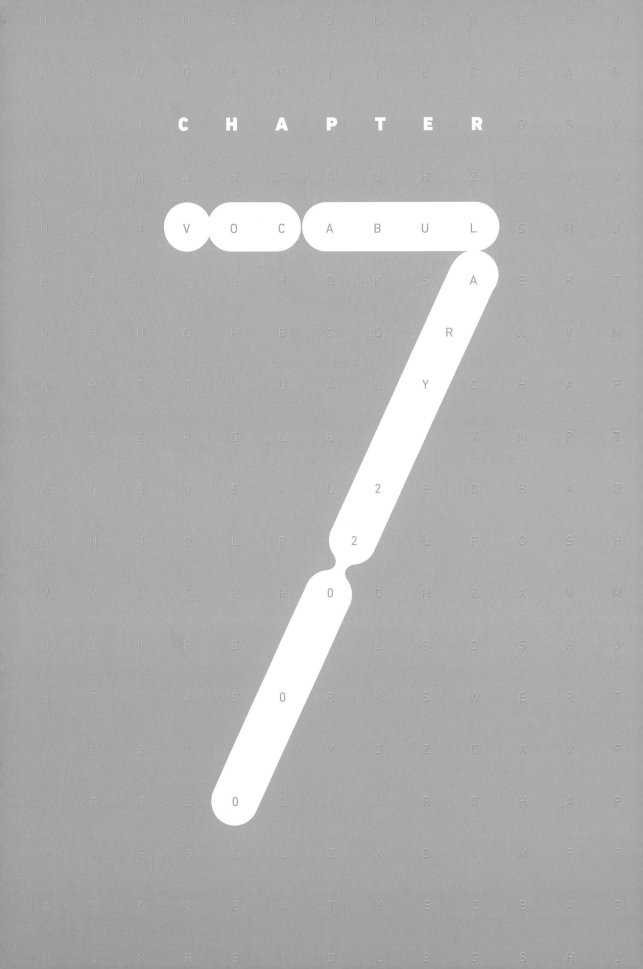

CHAPTER

VOCABULARY

7

EXPANDING VOCABULARY THROUGH DERIVATIVES

파생어를 통한
어휘 확장

접두어와 접미어로 파생어 만들기

CHAPTER 7

EXPANDING VOCABULARY THROUGH DERIVATIVES

파생어를 통한 어휘 확장

파생어란 무엇인가??

여러분이 '읽고 쓸 줄 아는, 교육받은'이라는 뜻의 literate라는 새로운 단어를 배웠다고 가정해 봅시다. 이때 파생어가 어떻게 형성되는지 알고 있다면, literate, illiterate, semiliterate, 그리고 literately, illiterately, semiliterately, 또한 literacy, illiteracy, semiliteracy 등의 여러 단어를 실제로 알고 있다고 할 수 있습니다.

이 단원에서는 주요 파생어의 구성과 표기법을 배워 여러분의 어휘를 향상시킬 수 있습니다.

파생어는 단어(word) 또는 어근(root)에 접두어(prefix)나 접미어(suffix)를 덧붙여 만든 단어입니다.

이 단원에서 사용하는 용어

파생어는 명사, 형용사, 동사, 또는 부사일 수 있습니다. 다음 예를 가지고 용어 설명을 해보도록 하겠습니다. 명사는 사람, 장소, 사물, 또는 특성에 이름을 붙이는 단어입니다. 다음 문장에서 이탤릭체로 표기된 모든 단어는 명사입니다.

접두어		단어 또는 어근		접미어		파생어
with	+	hold 뒤로			=	withhold 억제하다
in 안으로	+	flux 흐르다			=	influx 유입; 주입하기
		literate 글을 읽고 쓸 수 있는	+	ly 태도	=	literately 글을 읽고 쓸 수 있게
		leg 읽다	+	ible ~일 수 있는	=	legible 읽기 쉬운
semi 반쯤, 부분적으로	+	literate	+	ly	=	semiliterately 어느 정도 읽고 쓸 수 있는
il ~이 아닌	+	leg	+	ible	=	illegible 읽기 어려운

Example

1. The enthusiastic *student* very quickly read the partially finished *composition* to
       adj.   n.   adv.   adv.   v.   adv.   adj.   n.

   the amused *class*. 그 열정적인 학생은 미완성된 작문을 재미있어하는 학우들에게 서둘러 읽어 주었다.
       adj.   n.

2. *Knowledge* is *power*. 아는 것이 힘이다.
       n.   n.

n. 명사 : 사람이나, 장소, 물건, 또는 성질을 지칭

ex) student 학생, composition 작문, class 교실, knowledge 지식, power 힘

adj. 형용사 : 명사를 수식하는 단어

ex) enthusiastic 열정적인, finished 끝마친, amused 흥겨워하는

v. 동사 : 행동이나 상태를 표현

ex) read 읽다, is ~이다

adv. 부사 : 동사와 형용사, 그리고 다른 부사를 수식

ex) quickly 빠르게 → 동사 read 읽다 를 수식
partially 부분적으로 → 형용사 finished 끝마친 를 수식
very 매우 → 부사 quickly 빠르게 를 수식
- 모음: a, e, i, o, u
- 자음: 알파벳에서 모음을 제외한 나머지 글자

접두어와 접미어로 파생어 만들기

Forming Derivatives by Attaching Prefixes and Suffixes

1. 접두어 붙이기

단어 spelled에 접두어 mis를 첨가하면 그 단어는 s가 한 개일까요, 아니면 두 개일까요? 이런 문제를 간단히 해결할
수 있도록 다음 규칙으로 먼저 정리해 봅시다.

RULE 단어에 접두어를 붙일 때에는 글자를 더하거나 빼지 않는다. 즉, 접두어와 단어의 '모든' 철자를
그대로 둔다.

접두어		단어		파생어
mis	+	spelled	=	misspelled
mis	+	informed	=	misinformed

---

m mini exercise   접두어   번역 P. 401

다음 단어에 접두어를 붙여 만든 파생어를 오른쪽에 써 봅시다.

	접두어		단어		파생어
01	over	+	ripe	=	_____
02	dis	+	integrate	=	_____
03	un	+	necessary	=	_____
04	anti	+	aircraft	=	_____
05	in	+	audible	=	_____
06	under	+	rated	=	_____
07	fore	+	seen	=	_____
08	extra	+	ordinary	=	_____
09	un	+	noticed	=	_____

10	with	+	held	=	_____
11	e	+	migrate	=	_____
12	mis	+	spent	=	_____
13	over	+	estimated	=	_____
14	dis	+	interred	=	_____
15	semi	+	circle	=	_____
16	un	+	nerve	=	_____
17	pre	+	existence	=	_____
18	dis	+	solution	=	_____
19	extra	+	curricular	=	_____
20	un	+	navigable	=	_____
21	over	+	run	=	_____
22	in	+	appropriate	=	_____
23	semi	+	autonomous	=	_____
24	dis	+	satisfied	=	_____
25	un	+	abridged	=	_____

정답 | 01. overripe　02. disintegrate　03. unnecessary　04. antiaircraft　05. inaudible　06. underrated
07. foreseen　08. extraordinary　09. unnoticed　10. withheld　11. emigrate　12. misspent
13. overestimated　14. disinterred　15. semicircle　16. unnerve　17. preexistence　18. dissolution
19. extracurricular　20. unnavigable　21. overrun　22. inappropriate　23. semiautonomous
24. dissatisfied　25. unabridged

2. 접두어 in- 붙이기

접두어 in의 n은 종종 다른 글자로 바뀌기도 합니다. 언제 이런 현상이 일어나는지 다음 규칙을 살펴봅시다.

 RULE

1. l 앞에서는 in-이 il-로 바뀐다. (illegal, illiterate 등)
2. m이나 p 앞에서는 in-이 im-으로 바뀐다. (immature, impure 등)
3. r 앞에서는 in-이 ir-로 바뀐다. (irrational, irregular 등)

ⓜ mini exercise | **in-**
번역 P.401

단어에 알맞은 부정 접두어(in-, il-, im-, ir-)를 쓰고, 이것으로 단어의 반대어를 써 봅시다.

	부정 접두어		단어		반대어
01	in	+	gratitude	=	
02		+	patiently	=	
03		+	responsible	=	
04		+	equitable	=	
05		+	moderate	=	
06		+	literacy	=	
07		+	replaceable	=	
08		+	consistently	=	
09		+	personal	=	
10		+	legible	=	
11		+	plausible	=	
12		+	articulate	=	
13		+	material	=	
14		+	reversible	=	
15		+	security	=	
16		+	liberal	=	
17		+	perceptibly	=	
18		+	flexible	=	

19	_____	+	relevant	=	_____
20	_____	+	moral	=	_____

3. 접미어 붙이기

stubborn에 접미어 ness를 붙이면 그 단어에는 n이 한 개일까요, 두 개일까요? 다음의 간단한 규칙을 배워 앞으로 이러한 고민을 없애 봅시다.

RULE 접미어를 붙일 때 글자를 빼거나 더하거나 변형시키지 않는다. 단, y나 묵음 e로 끝나는 경우는 예외이다. 단어와 접미어의 모든 철자는 그대로 둔다.

단어		접미어		파생어
stubborn	+	ness	=	stubbornness
conscious	+	ness	=	consciousness
punctual	+	ly	=	punctually
anonymous	+	ly	=	anonymously
disagree	+	able	=	disagreeable

---

m mini exercise 　**접미어**　　　　　　　　　　　　　　　번역 P. 401

파생어을 써 봅시다.

	단어		접미어		파생어
01	govern	+	ment	=	_____
02	tail	+	less	–	_____
03	synonym	+	ous	=	_____
04	radio	+	ed	=	_____
05	unilateral	+	ly	=	_____
06	embarrass	+	ment	=	_____
07	sudden	+	ness	=	_____
08	room	+	mate	=	_____
09	ski	+	er	=	_____
10	foresee	+	able	=	_____

정답 | 01. government　02. tailless　03. synonymous　04. radioed　05. unilaterally　06. embarrassment
07. suddenness　08. roommate　09. skier　10. foreseeable

4. -y 뒤에 접미어 붙이기

y로 끝나는 단어일 경우는 앞의 규칙을 적용하는 데 문제가 생깁니다. 이 y가 i로 변하기도 하고 그대로 쓰일 때도 있기 때문이지요. 이처럼 y로 끝나는 단어에 잘 대처하려면 다음의 유용한 규칙을 익히도록 합시다.

RULE -y앞의 글자가 자음이면 y를 i로 바꾼다.

단어		접미어		파생어
comply	+	ed	=	complied
sturdy	+	est	=	sturdiest
costly	+	ness	=	costliness
ordinary	+	ly	=	ordinarily

<u>note</u> 1.   -ing 앞에서는 y를 그대로 둔다.

comply	+	ing	=	complying

<u>note</u> 2.   dryly, dryness, shyly, shyness, babyish, jellylike와 같은 특별한 경우도 있다.

RULE -y 앞의 글자가 모음이면 y는 그대로 둔다.

단어		접미어		파생어
destroy	+	ed	=	destroyed
play	+	ful	=	playful

<u>note</u>   laid, paid, said와 이들의 복합어(mislaid, underpaid, unsaid 등)나 daily와 같은 특별한 경우도 있다.

(m) **mini exercise**   **-y**   번역 P.401

1. 철자에 주의하여 파생어를 써 봅시다.

	단어		접미어		파생어
01	decay	+	ed	=	_____
02	fancy	+	ful	=	_____
03	stealthy	+	ly	=	_____
04	foolhardy	+	ness	=	_____
05	magnify	+	ing	=	_____
06	plucky	+	est	=	_____

07	defy	+	ance	=	_____
08	overpay	+	ed	=	_____
09	accompany	+	ment	=	_____
10	costly	+	ness	=	_____
11	ceremony	+	ous	=	_____
12	deny	+	al	=	_____
13	momentary	+	ly	=	_____
14	crafty	+	er	=	_____
15	display	+	ed	=	_____
16	bury	+	al	=	_____
17	shy	+	ly	=	_____
18	oversupply	+	ing	=	_____
19	harmony	+	ous	=	_____
20	disqualify	+	ed	=	_____

정답 | 01. decayed   02. fanciful   03. stealthily   04. foolhardiness   05. magnifying   06. pluckiest   07. defiance
08. overpaid   09. accompaniment   10. costliness   11. ceremonious   12. denial   13. momentarily
14. craftier   15. displayed   16. burial   17. shyly   18. oversupplying   19. harmonious   20. disqualified

ⓜ mini exercise

2. 각 행에는 같은 뜻에서 나온 파생어 네 개가 무작위로 비어 있습니다. 각각의 어미를 잘 살펴보고 빈칸을 완성해 봅시다.

	형용사	형용사 -er	형용사 -est	부사 -ly	명사 -ness
01	clumsy	clumsier	clumsiest	clumsily	clumsiness
02	_____	noisier	_____	_____	_____
03	_____	_____	sturdiest	_____	_____
04	_____	_____	_____	uneasily	_____
05	_____	_____	_____	_____	greediness
06	flimsy	_____	_____	_____	_____
07	_____	wearier	_____	_____	_____
08	_____	_____	heartiest	_____	_____
09	_____	_____	_____	warily	_____
10	_____	_____	_____	_____	unhappiness

정답 | 02. noisy, (noisier), noisiest, noisily, noisiness   03. sturdy, sturdier, (sturdiest), sturdily, sturdiness
04. uneasy, uneasier, uneasiest, (uneasily), uneasiness   05. greedy, greedier, greediest, greedily, (greediness)
06. (flimsy), flimsier, flimsiest, flimsily, flimsiness   07. weary, (wearier), weariest, wearily, weariness
08. hearty, heartier, (heartiest), heartily, heartiness   09. wary, warier, wariest, (warily), wariness
10. unhappy, unhappier, unhappiest, unhappily, (unhappiness)

5. 묵음 -e 뒤에 접미어 붙이기

묵음 e로 끝나는 단어에 접미어를 붙일 때 e에는 어떤 변화가 일어날까요? e를 그대로 두어야 할까요, 아니면 생략해야 할까요? 규칙에 적용해보면 다음과 같습니다.

RULE 접미어가 모음으로 시작되면 묵음 -e를 생략

단어		접미어		파생어
blame	+	able	=	blamable
secure	+	ity	=	security
innovate	+	or	=	innovator

note 1. 단어가 -ce나 -ge로 끝나고 접미어가 a-나 o-로 시작할 때 -e는 그대로 둔다.

service	+	able	=	serviceable
courage	+	ous	=	courageous

note 2. acreage, mileage, singeing, canoeing, hoeing, shoeing과 같은 특별한 경우도 있다.

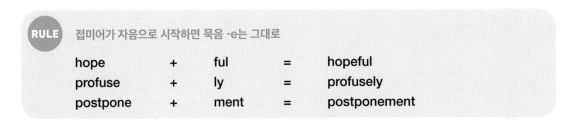

RULE 접미어가 자음으로 시작하면 묵음 -e는 그대로

hope	+	ful	=	hopeful
profuse	+	ly	=	profusely
postpone	+	ment	=	postponement

note argument, awful, duly, truly, wholly, ninth와 같은 특별한 경우도 있다.

ⓜ mini exercise　　**묵음 -e**　　번역 P.402

철자에 주의하여 파생어를 써 봅시다.

	단어		접미어		파생어
01	depreciate	+	ion	=	_____
02	survive	+	al	=	_____
03	suspense	+	ful	=	_____
04	fatigue	+	ing	=	_____
05	censure	+	able	=	_____

06	acquiesce	+	ent	=	_____
07	nine	+	th	=	_____
08	hostile	+	ity	=	_____
09	malice	+	ious	=	_____
10	dawdle	+	er	=	_____
11	reverse	+	ible	=	_____
12	immaculate	+	ly	=	_____
13	spine	+	less	=	_____
14	outrage	+	ous	=	_____
15	demote	+	ion	=	_____
16	homogenize	+	ed	=	_____
17	recharge	+	able	=	_____
18	abate	+	ment	=	_____
19	emancipate	+	or	=	_____
20	dispute	+	able	=	_____
21	whole	+	ly	=	_____
22	provoke	+	ing	=	_____
23	argue	+	ment	=	_____
24	fragile	+	ity	=	_____
25	replace	+	able	=	_____

정답 | 01. depreciation   02. survival   03. suspenseful   04. fatiguing   05. censurable   06. acquiescent
07. ninth   08. hostility   09. malicious   10. dawdler   11. reversible   12. immaculately   13. spineless
14. outrageous   15. demotion   16. homogenized   17. rechargeable   18. abatement   19. emancipator
20. disputable   21. wholly   22. provoking   23. argument   24. fragility   25. replaceable

6. 접미어 -ly 붙이기

> **RULE** 형용사를 부사로 바꾸려면 단어 끝에 ly를 붙인다.
>
> | 형용사 | | 접미어 | | 부사 |
> |--------|---|--------|---|--------|
> | close | + | ly | = | closely |
> | firm | + | ly | = | firmly |
> | usual | + | ly | = | usually |

note 1. -y로 끝나는 형용사는 y를 i로 고치고 -ly를 붙여 부사를 만든다.

easy + ly = easily

note 2. -ic로 끝나는 형용사는 al-을 첨가하고 -ly를 붙여 부사를 만든다.

tragic + al + ly = tragically

heroic + al + ly = heroically

※ 단, public은 다음 두 가지가 가능하다.

public + ly = publicly 또는 public + al + ly = publically

note 3. 자음 뒤에 -le로 끝나는 형용사는 부사가 될 때 -le가 -ly로 바뀐다.

형용사		부사
able	→	ably
simple	→	simply
idle	→	idly

---

m mini exercise   -ly   번역 P.402

1. 다음 형용사를 부사로 바꿔 봅시다.

	형용사	부사
01	overwhelming	
02	normal	
03	interscholastic	
04	mutual	
05	ample	
06	conspicuous	
07	economic	
08	outspoken	

09 graphic   _____

10 incontrovertible   _____

11 punctual   _____

12 exclusive   _____

13 unwary   _____

14 chronic   _____

15 synthetic   _____

16 intermittent   _____

17 manual   _____

18 heavy   _____

19 infallible   _____

20 frantic   _____

정답 | 01. overwhelmingly　02. normally　03. interscholastically　04. mutually　05. amply　06. conspicuously
07. economically　08. outspokenly　09. graphically　10. incontrovertibly　11. punctually　12. exclusively
13. unwarily　14. chronically　15. synthetically　16. intermittently　17. manually　18. heavily　19. infallibly
20. frantically

2. 다음 두 개의 보기처럼 명사를 -ic로 끝나는 형용사와 -ally로 끝나는 부사로 변형하여 각각 써 봅시다.

명사	형용사(-ic)	부사(-ally)
01 democracy	democratic	democratically
02 history	historic	historically
03 autocracy		
04 stenography		
05 antagonist		
06 pedagogy		
07 economics		
08 astronomy		
09 diplomacy		
10 bureaucracy		
11 autobiography		
12 symmetry		

정답 | 03. autocratic, autocratically   04. stenographic, stenographically   05. antagonistic, antagonistically
06. pedagogic, pedagogically   07. economic, economically   08. astronomic or astronomical, astronomically
09. diplomatic, diplomatically   10. bureaucratic, bureaucratically   11. autobiographical or autobiographic,
autobiographically   12. symmetric, symmetrically

7. 접미어 앞의 끝 자음 반복

왜 defer에 -ed가 붙을 때는 r이 두 개가 되고(deferred), differ는 그렇지 않을까요(differed)? 왜 -ing 앞에서 plan의 n은 두 개가 되고(planning), burn은 그렇지 않은지(burning) 정말 헷갈립니다. 어떤 경우에 끝 자음을 두 번 쓰는지에 대한 문제를 확실하게 해결하기 위해서 다음 두 가지의 규칙을 익혀 봅시다.

RULE 음절이 하나인 단어에서 모음으로 시작하는 접미어가 붙을 때 끝의 자음을 두 번 쓴다.

단어		접미어		파생어
plan	+	ing, er	=	planning, planner
stop	+	ed, age	=	stopped, stoppage
big	+	er, est	=	bigger, biggest

note 1. 두 개의 모음 다음에 끝 자음이 오면 그 끝자음은 한 번만 쓴다.

fail	+	ed, ing	=	failed, failing
stoop	+	ed, ing	=	stooped, stooping

note 2. 자음 뒤에 끝 자음이 오면 그 끝 자음은 한 번만 쓴다.

warm	+	er, est	=	warmer, warmest
last	+	ed, ing	=	lasted, lasting

RULE 두 음절 이상의 단어에서는, 모음으로 시작되는 접미어 바로 앞의 음절에 강세가 있을 때만 자음을 두 번 쓴다.

defér	+	ed, ing, al	=	deferred, deferring, deferral
resubmít	+	ed, ing	=	resubmitted, resubmitting

마지막 자음에 강세가 없을 때에는 이 규칙이 적용되지 않는다는 점을 주의하라.

díffer	+	ed, ing, ent	=	differed, differing, different
bénefit	+	ed, ing	=	benefited, benefiting

note 1. 두 개의 모음 뒤에 끝 자음이 바로 이어질 때는 이 규칙이 적용되지 않는다.

obtáin	+	ed, ing	=	obtained, obtaining
concéal	+	ed, ing	=	concealed, concealing

note 2. 자음 뒤에 끝 자음이 이어질 때는 이 규칙이 적용되지 않는다.

abdúct	+	ed, ing, or	=	abducted, abducting, abductor
comménd	+	ed, ing, able	=	commended, commending, commendable

note 3. 파생어 생성 후 강세가 첫 번째 음절로 바뀔 때는 이 규칙이 적용되지 않는다.

confér	+	ence	=	cónference
prefér	+	ence	=	préference
refér	+	ence	=	réference

※ 단, excél + ence = éxcellence의 경우는 예외이다.

1. 철자에 주의하여 파생어를 써 봅시다.

	단어		접미어		파생어
01	concur	+	ing	=	
02	entail	+	ed	=	
03	abhor	+	ent	=	
04	flat	+	er	=	
05	retract	+	able	=	
06	refer	+	al	=	
07	dispel	+	ed	=	
08	deter	+	ent	=	
09	ungag	+	ed	=	
10	drum	+	er	=	
11	elicit	+	ing	=	
12	imperil	+	ed	=	
13	absorb	+	ent	=	
14	defer	+	ence	=	
15	propel	+	ant	=	
16	inter	+	ing	=	
17	append	+	age	=	
18	covet	+	ous	=	
19	discredit	+	ed	=	
20	adapt	+	able	=	
21	cower	+	ing	=	
22	disinter	+	ed	=	
23	pilfer	+	er	=	
24	slim	+	est	=	
25	excel	+	ent	=	

m mini exercise

번역 P. 403

2. 다음 단어에 제시된 접미사가 들어간 파생어 3개를 각각 만들어 빈칸에 써 봅시다.

01	regret	_____ing	_____ed	_____ful
02	sin	_____ing	_____ed	_____er
03	control	_____ing	_____ed	_____er
04	occur	_____ing	_____ed	_____ence
05	adjourn	_____ing	_____ed	_____ment
06	flip	_____ing	_____ed	_____ant
07	transmit	_____ing	_____ed	_____er
08	profit	_____ing	_____ed	_____able
09	defer	_____ing	_____ed	_____ment
10	dissent	_____ing	_____ed	_____er
11	protract	_____ing	_____ed	_____or
12	spot	_____ing	_____ed	_____er
13	commit	_____ing	_____ed	_____ment
14	excel	_____ing	_____ed	_____ence
15	recur	_____ing	_____ed	_____ent

8. 혼동하기 쉬운 접미어

같은 형용사끼리도 왜 dispensable은 -able로 끝나고 sensible은 -ible로 끝날까요? 똑같은 사람을 나타내도 왜 foreigner는 -er로 끝나고 debtor는 -or로 끝날까요? 안타깝게도 이 문제에 관한 규칙은 아직 없습니다. 앞에서 배운 규칙 외에 단어에 붙는 혼동하기 쉬운 접미어는 궁금할 때마다 사전을 찾으며 익혀봅시다. 다음처럼 연습하는 것도 도움이 됩니다.

1. -able이나 -ible 붙이기

-able	
amiable 상냥한	
changeable 변하기 쉬운	
equitable 정당한	
formidable 방대한	
hospitable 공손한	
impregnable 확고한	
indomitable 불굴의	
lovable 사랑스러운	
noticeable 현저한	
unquenchable (갈증을) 해소할 수 없는	

-ible
accessible 접근할 수 있는
credible 믿을 수 있는
fallible 오류에 빠지기 쉬운
flexible 구부리기 쉬운
illegible 읽기 어려운
incompatible 양립할 수 없는
incontrovertible 논쟁의 여지가 없는
invincible 이길 수 없는
reversible 거꾸로 할 수 있는
visible 눈에 보이는

※ -able로 끝나는 형용사는 명사형이 -ability로, -ible로 끝나는 형용사는 명사형이 -ibility로 끝남.

형용사		명사
incapable 불가능한	→	**incapability** 불가능
pliable 유연한	→	**pliability** 유연성

형용사		명사
audible 들을 수 있는	→	**audibility** 들을 수 있음
resistible 저항할 수 있는	→	**resistibility** 저항력

2.'~한 사람'이나 '~ 한 것'을 뜻하는 접미어 -er, -or, -ent 또는 -ant 붙이기

-er	-or	-ent	-ant
abstainer 절제가	**aggressor** 침략자	**adherent** 추종자	**assistant** 조력자
abuser 남용자	**benefactor** 후원자	**antecedent** 선행자	**consultant** 상담역
commuter 통근자	**bisector** 이등분선	**belligerent** 교전국	**contestant** 경쟁자
contender 경쟁자	**collaborator** 협력자	**correspondent** 특파원	**defendant** 피고
dispenser 나누어 주는 사람	**duplicator** 복사기	**current** 흐름	**deodorant** 탈취제
retainer 보유자	**exhibitor** 출품자	**dependent** 부양가족	**immigrant** 이주민
typographer 인쇄 기술자	**interceptor** 요격기	**insurgent** 모반자	**inhabitant** 거주자
underseller 할인 판매자	**precursor** 선구자	**opponent** 반대자	**participant** 참가자
withholder 자제하는 사람	**reflector** 숙고자	**precedent** 전례	**pendant** 늘어뜨린 장식
wrangler 논쟁자	**transgressor** 위반자	**proponent** 제안자	**tenant** 거주자

3. -ant나 -ent 붙이기

-ant	-ent
defiant 도전적인	**adjacent** 근접한
discordant 일치하지 않는	**affluent** 부유한
dormant 휴지 상태의	**coherent** 일관된
extravagant 낭비하는	**decadent** 퇴폐적인
hesitant 주저하는	**fluent** 유창한
ignorant 무지한	**imminent** 임박한
incessant 끊임없는	**latent** 잠재적인
irrelevant 부적절한	**negligent** 태만한
reliant 신뢰하는	**permanent** 영구적인
vigilant 경계하고 있는	**vehement** 열렬한

※ -ant로 끝나는 형용사는 명사형이 -ance나 -ancy로, -ent로 끝나는 형용사는 명사형이 -ence나 -ency로 끝남.

형용사		명사	형용사		명사
defiant 도전적인	→	**defiance** 도전	**coherent** 일관된	→	**coherence** 일관성
dormant 휴지 상태의	→	**dormancy** 휴지	**fluent** 유창한	→	**fluency** 유창성
hesitant 주저하는	→	**hesitance** 주저	**permanent** 영구적인	→	**permanence** 영구
		hesitancy			**permanency**

ⓜ mini exercise　　**혼동하기 쉬운 접미어**　　번역 P. 403

1. 빈칸에 빠진 철자를 채워 봅시다.

01　inflex ___ ble

02　ten ___ ncy

03　vehem ___ nce

04　benefact ___ r

05　self-reli ___ nce

06　vis ___ bility

07　dispens ___ r

08　relev ___ nce

09　infall ___ bility

10　unchange ___ ble

11　collaborat ___ r

12　impregn ___ bility

13　reflect ___ r

14　curr ___ ncy

15　correspond ___ nce

16　contend ___ r

17　imperman ___ nt

18　irrevers ___ ble

19　inaccess ___ bility

20　semidepend ___ nt

정답 | 01. inflexible　02. tenancy　03. vehemence　04. benefactor　05. self-reliance　06. visibility　07. dispenser
08. relevance　09. infallibility　10. unchangeable　11. collaborator　12. impregnability　13. reflector
14. currency　15. correspondence　16. contender　17. impermanent　18. irreversible　19. inaccessibility
20. semidependent

2. 다음 명사의 형용사형을 써 봅시다.

명사	형용사
01 capability	capable
02 urgency	
03 resistance	
04 infallibility	
05 subservience	
06 compatibility	
07 eminence	
08 truancy	
09 audibility	
10 opulence	
11 inconstancy	
12 malevolence	
13 indefatigability	
14 observance	
15 cogency	
16 adaptability	
17 incandescence	
18 unavailability	
19 compliance	
20 transiency	

정답 | 02. urgent   03. resistant   04. infallible   05. subservient   06. compatible   07. eminent   08. truant
09. audible   10. opulent   11. inconstant   12. malevolent   13. indefatigable   14. observant   15. cogent
16. adaptable   17. incandescent   18. unavailable   19. compliant   20. transient

EXERCISES

1 주어진 단어를 참고하여 빈칸을 완성해 봅시다.

동사	명사 (-er, -or, -ent, or -ant)	명사 (-ion, -ence, or -ance)
1) transgress	transgressor	transgression
2) _____	_____	dependence
3) _____	correspondent	_____
4) consult	_____	_____
5) _____	_____	exhibition
6) _____	observer	_____
7) intercept	_____	_____
8) _____	_____	opposition
9) _____	immigrant	_____
10) collaborate	_____	_____

2 주어진 단어를 참고하여 빈칸을 완성해 봅시다.

명사	형용사	부사
1) happiness	happy	happily
2) _____	courageous	_____
3) _____	_____	amicably
4) immaturity	_____	_____
5) _____	original	_____

6) _____	_____	coherently
7) benevolence	_____	_____
8) _____	harmonious	_____
9) _____	_____	stubbornly
10) proficiency	_____	_____
11) _____	legible	_____
12) _____	_____	unanimously
13) shyness	_____	_____
14) _____	weary	_____
15) _____	_____	insecurely
16) autonomy	_____	_____
17) _____	logical	_____
18) _____	_____	outrageously
19) consistency	_____	_____
20) _____	hostile	_____

정답 | 1. 2) depend, dependent 3) correspond, correspondence 4) consultant, consultation 5) exhibit, exhibitor 6) observe, observation 7) interceptor, interception 8) oppose, opponent 9) immigrate, immigration 10) collaborator, collaboration 2. 2) courage, courageously 3) amicability or amicableness, amicable 4) immature, immaturely 5) originality or origin, originally 6) coherence, coherent 7) benevolent, benevolently 8) harmony, harmoniously 9) stubbornness, stubborn 10) proficient, proficiently 11) legibility, legibly 12) unanimity, unanimous 13) shy, shyly 14) weariness, wearily 15) insecurity, insecure 16) autonomous, autonomously 17) logic, logically 18) outrage, outrageous 19) consistent, consistently 20) hostility, hostilely

Vocabulary
22000
3rd Edition

연습문제
번역

—

MINI EXERCISE
EXERCISES

CHAPTER 1

LEARNING NEW WORDS FROM THE CONTEXT

EXERCISES 번역　p.45

3. 1) 이렇게 멋진 건물이 철거된다니 애석하지 않나요?
   2) 산드라는 시간을 잘 지켰다고 칭찬 받았어야 했다.
   3) 집권하면 독재정권은 대체로 언론과 표현의 자유를 막는다.
   4) 우리 모두 동의하면 왈가왈부할 게 없다.

4. 1) 소년들은 주먹다짐 일보직전이었지만, 내가 간신히 한 명을 말렸고 친구가 다른 한 명을 뜯어말렸다.
   2) 고등학교 졸업생들이 점차 더 많이 지원하면서 많은 대학들이 이들을 수용하기 위해 규모를 넓히고 있다.
   3) 나는 엉뚱한 숙제를 하기 시작했지만 다행히 몇 분 뒤에 실수를 알아차렸다.
   4) 다른 도시에 있는 대학에 진학하면 수업료에다 하숙비까지 들어갈 것이다.
   5) 나는 늦게 일어난 탓에 서둘러 학교로 가야 했다. 평소처럼 한가롭게 걸을 시간이 없었다.

EXERCISES 번역　p.54~55

4. 1) 버스에 책을 두고 내렸는데 되돌아왔을 때 얼마나 놀랐다고! 정말이지 책을 되찾을 거란 희망을 다 버렸거든.
   2) 내가 밥을 좀 남기면 어머니는 자신이 한 요리에 불만이 있다고 생각하신다.
   3) 방과 후 219호실에서 사회위원회가 소집되어 추수감사절 무도회 계획을 수립했다.
   4) 너는 형편없는 점쟁이야. 우리가 이긴다고 예언할 때마다 졌잖아.
   5) 다음 주에는 공부모임 회원 전부를 우리 집에 초대합니다. 제가 기꺼이 대접하겠습니다.
   6) 오늘은 바람이 너무 세서 할아버지는 이른 아침 산책을 생략하셨다.
   7) 대다수 교과서는 서문으로 시작해 색인으로 끝난다.
   8) 옛날에는 많은 항해자들이 배 돛대에서 펄럭이는 해적 깃발을 보면 겁을 먹었다.
   9) 환자는 크리스마스 이후 플로리다에서 겨울을 보내다 3월 말에 돌아왔다.
   10) 블랙 씨는 단체 체조 도중에 쑥덕거리는 건 버릇없는 행동이므로 용납하지 않겠다고 말했다.

EXERCISES 번역　p.25

3. 1) 당신 생각엔 그 보도가 거짓인 것 같나요, 아니면 사실인 것 같나요?
   2) 싸움이 그치긴 했지만, 곧 다시 시작될 것 같다.
   3) 운전자는 자신을 체포한 경관에게 변명을 늘어놓아 법규 위반 수위를 낮추려고 했다.
   4) 이 정도 물품이면 충분한가요, 아니면 부족한가요?

4. 1) 나는 테리가 나한테 왜 그렇게 쌀쌀맞게 구는지 이해할 수가 없다. 우리는 늘 친구 사이였는데.
   2) 지시사항대로 따라 하는 건 어렵지 않을 거야. 복잡하지 않거든.
   3) 누군가가 올리버 선생님에게 각 단어의 철자를 몇 번 써야 하는지 묻자, 다섯 번이면 적당하다고 말씀하셨다.
   4) 그 독재자의 내각에 민간인은 단 한 명도 임명되지 않았다. 모든 직위가 군 장교들에게 돌아갔다.
   5) 스피어스 선생님은 빈센트가 주제에서 벗어나자 곧바로 제지하고 본론으로 돌아가라고 말씀하셨다.

EXERCISES 번역　p.35

3. 1) 오래된 그 기념비에 새긴 글자는 좀체 알아볼 수 없다.
   2) 배심원의 평결이 무죄면 피고는 혐의를 벗게 된다.
   3) 에릭은 벌써 타석에 두 번이나 섰는데 우리 중 몇 사람은 한 번도 타석에 못 섰어.
   이건 불공평해!
   4) 조급하게 굴다간 벗어나기 힘든 함정에 빠질 수도 있다.

4. 1) 조앤은 예정된 탁구 경기에 나타나지 않았다. 결국 그녀는 대회 규정에 따라 몰수패 당했다.
   2) 나는 연설 요청을 받을 거라곤 예상하지 못한 탓에 즉석에서 연설해야 한다.
   3) 반대했던 클럽 회원 중 세 명은 그만두겠다고 말했다.
   4) 체스 초보자가 노련한 선수처럼 빈틈없을 거라고 기대하면 안 된다.
   5) 교통경찰은 유턴 금지구역에서 유턴하려던 운전자를 꾸짖었다.

EXERCISES 번역 p.64~65

1. 1) 배심원의 결정이 공개되었기 때문에 우리 모두 결과를 알고 있다.

2) 허브가 격분했다는 건 누구나 알 수 있었다. 평소에 보던 상냥함이 전혀 없었다.

3) 토요일 오후에 볼링 동호회 모임이 있어. 네 파티가 동시간에 열린다면 난 갈 수 없을 거야.

4) 오늘 밤 경기에서 지면 우승을 쟁취하려는 우리 희망은 위태로워질 것이다.

5) 이 방은 별로 밝지가 않다. 조명이 더 필요하다.

4. 1) 나는 점심을 거른 탓에 집에 도착하자 배가 고파 죽을 지경이었다.

2) 프랑스어 2에 앞서 프랑스어 1을 먼저 배워야 한다. 학교 교칙에 따르면 동시에 두 과목을 공부하는 것은 허용되지 않는다.

3) 오늘 아침 나는 초록색 양말 짝을 찾으려고 서랍장을 샅샅이 뒤졌지만 찾지 못했다.

4) 벼를 재배하려면 물이 많이 필요하므로 논에는 물이 그득하다.

5) 권리장전은 어떤 사람도 같은 범죄로 두 번 재판 받지 않는다고 말한다. 그렇게 한다면 피고는 유죄판결을 두 번 받게 될 위험에 처한다.

EXERCISES 번역 p.74~75

3. 1) 의료진의 도움을 받으려면 멀리 가야 했다. 부근에는 의사가 없었다.

2) 체포된 사람이 결백하다면 누가 진범일까?

3) 어제 패배로 5연패를 당했다. 우리는 3월 8일 이후 한 경기도 이기지 못했다.

4) 과거에 이따금 틀렸기 때문에 나는 내 판단이 틀릴 수 있다는 것을 안다.

5) 농촌 인구는 계속 감소하는 반면 도시 인구는 계속 증가하고 있다.

4. 1) 직업상담사는 적합한 직업이나 직종을 선택하는 데 도움을 줄 수 있다.

2) 당신 의견에 대해 어떻게 생각하는지 이미 분명하게 제 생각을 말했습니다. 이 문제에 관해 제가 더 이상 언급할 필요는 없을 겁니다.

3) 지킬 수 없을 것 같으면 약속하지 마라.

4) 나는 4번째 문장을 없앴다. 그것은 내가 이미 말한 내용을 반복하고 있을 뿐이었다.

5) 어머니는 정신 없이 바쁜 하루를 보내고 지쳐서 앉았지만 아이들은 조금도 피곤해 보이지 않았다.

6) 주니어는 단것을 매우 좋아한다. 그는 엄마가 안 볼 때 병에서 몰래 쿠키를 꺼내 가곤 한다.

7) 부속 건물이 추가되기 전에 우리 학교에는 학생이 1050명뿐이었다.

8) 좀 전에는 무도회에 찬성하더니, 지금은 반대하는구나. 왜 그렇게 갑자기 의견을 번복하는 거야?

9) 최선을 다하면 난관을 극복할 수 있다.

10) 내가 숙제가 "즐거웠다"고 말하자 몇몇 학생들은 내 말을 믿지 않았다. 그들은 내가 우스개 소리를 한다고 생각했다.

EXERCISES 번역 p.85

3. 1) 이디스는 무도회에서 눈에 띄었다. 거의 모든 사람이 그녀를 주목했다.

2) 최근에 있었던 1학년생들과 2학년생들의 논쟁에서 알베르티 씨는 불간섭 방침을 따랐다. 그는 어느 쪽도 편들지 않았다.

3) 감기가 더 심해지지만 않으면 재니스는 내일 출석할 예정이다.

4) 만약 내 답이 책에 있는 답과 일치한다면 내 답에 대해 더 확신이 설 것이다.

4. 1) 험악한 황무지에서 혹독한 첫 겨울을 견딘 개척자들은 분명 체력이 굉장했을 것이다.

2) 저축은행은 괜찮은 금리로 이자를 지불하고 도난에 대비해 보안도 제공한다.

3) 우리 농구팀은 상대팀 5인조를 쉽게 물리칠 수 있었다.

4) 로스 부인은 티끌 하나 없이 빨아 놓자마자 아들이 흰 셔츠에 수프를 쏟자 짜증이 났다.

5) 강도들은 현금 150달러에 모피와 보석 몇 점도 가져갔다.

EXERCISES 번역 p.95

3. 1) 제프리는 언제나 제때 보고서를 제출한다. 꾸물거린다고 책망할 수는 없다.

2) 음식이 아주 조금 나왔다. 우리가 식탁에서 일어설 때 당연히 배가 고팠다!

3) 그 직원은 회사에서 자신을 놓치지 않으리라는 사실을 알자마자 새 일자리 구하는 일을 그만뒀다.

4) 의견만 제시하면 객관적일 수 없다.

4. 1) 릴리푸트 소인들에 비하니 걸리버는 어마어마한 거인처럼 보였다.

2) 자신이 솔로몬 왕과 시바 여왕의 후손이라고 주장하는 황제는 혈통에 유난히 자부심이 강하다.

3) 아무 소용이 없어 토론을 끝내고 싶었지만, 팻은 토론을 더 끌려고 뭐든 했다.

4) 게리는 수영장에 뛰어들기 전에 나에게 손목시계를 맡겼다.

5) 흡연이 미치는 영향에 관한 수많은 객관적 증거가 흡연이 무해한 습관이라는 인식을 말끔히 없앨 것이다.

CHAPTER 2

ENLARGING VOCABULARY THROUGH CENTRAL IDEAS

UNIT 1 | 중심 개념 1-5

ⓜ miniexercise | SKILL 번역   p.102

01 음악에 소질이 있다면 악기 연주를 배워야 한다.

02 한 세기 전에는 도제로 훈련 받으면서 일을 배웠다.

03 자넷은 수영, 테니스, 배구 종목에서 우수선수로 뽑힌 다재다능한 선수다.

04 오른손을 다쳤을 때 나는 양손잡이라는 게 얼마나 유리한지 깨달았다.

05 도구를 다루는 공예가의 손재주는 오랜 경험에서 나온 결과다.

ⓜ miniexercise | POVERTY AND WEALTH 번역   p.106

01 부유한 국가인 미국은 세계의 빈곤한 사람들을 돕기 위해 수십억 달러를 기부했다.

02 18세기 프랑스는 왕실의 헤픈 씀씀이로 궁핍해졌다.

03 가난한 사람들이 형편이 넉넉한 이웃의 소유물을 탐내는 건 놀랍지 않다.

04 부모가 재력이 있으므로 신부는 남편에게 많은 지참금을 갖다줄 것이다.

05 만약 나라에서 지금부터 절약하지 않는다면 심각한 재정난에 빠질 것이다.

ⓜ miniexercise | FEAR AND COURAGE 번역   p.110

01 우리한테 주먹을 휘두르면 누가 겁먹을 줄 알고!

02 엘리자베스 1세 여왕은 해전에서 수훈을 세운 프랜시스 드레이크에게 기사 작위를 수여했다.

03 챔피언들이 경기장에 들어서자 도저히 꺾을 수 없을 것 같았지만 우리는 그들을 이겼다.

04 소피처럼 소심한 2학년 학생이 이렇게 많은 청중 앞에서 연설할 용기가 있으리라고 누가 생각이나 했겠는가?

05 단 한 번 시험에서 낙제했다고 학교를 중퇴하는 것은 경솔하다.

EXERCISES 번역   p.111~113

1. 1) 프랜시스 드레이크는 해전에서 세운 수훈으로 엘리자베스 1세 여왕에게 기사 작위를 받았다.

    2) 택시 대신 버스를 타면 돈을 절약할 수 있다.

    3) 넌 외국어에 소질이 있으니 네가 통역사가 된다 한들 난 놀라지 않을 거야.

    4) 병원을 폭격한 일은 졸렬한 행위라고 비난 받았다.

    5) 만약 우리가 천연자원을 아껴 쓰지 않는다면, 미래 세대가 고통 받을 것이다.

    6) 체커 게임에서 밥을 이기기는 어렵다. 그는 능수능란하게 상대방을 함정에 빠뜨린다.

    7) 많은 정복자들이 나라를 제압할 수는 있었지만 자유를 향한 의지는 정복할 수 없었다. 그러한 정신은 꺾이지 않았다.

    8) 수많은 수해 이재민이 가진 것을 모두 잃고 현재 생계가 어려워졌다.

4. 1) 수천 달러에 이르는 환자의 병원비와 의료비는 보험으로 충당되었다. 그렇지 않았다면 그는 궁색해졌을 것이다.

    2) 한 과목에 재능 있는 학생이 다른 과목에는 소질이 거의 없거나 아예 없을 수도 있다.

    3) 선배 2명이 학급위원을 위협해 옆 출구를 이용해 나갔지만 밖에서 교사에게 제지 당했다.

    4) 만약 내가 저축한 돈이 대학 학비로 충분하지 않으면 금전적인 도움이 필요할 것이다.

    5) 아카데미 상에서 '오스카'로 알려진 작은 조각상은 영화배우들이 가장 탐내는 상이다.

    6) 마이클스 부인은 선물가게를 연 첫해에 손실을 봤다. 그러나 이후 부인은 가게를 수익성 있는 사업으로 발전시켰다.

    7) 우리나라에서 무용에 대한 최고 상은 명예훈장이다.

    8) 사안이 중요하니 시간을 두고 생각해 보자. 우린 성급하게 결정할 게 아니라 신중하게 결정해야 하니까.

    9) 저 도둑이 얼마나 대담한지 생각해 봐! 경찰청 바로 건너편에서 강도 짓을 하려 하다니!

    10) 130달러 주고 그 카메라를 샀다면, 넌 바가지를 쓴 거야. 백화점에서 50달러에 파는 걸 봤거든.

UNIT 2 | 중심 개념 6-10

ⓜ miniexercise | CONCEALMENT AND DISCLOSURE 번역   p.118

01 가격 변동은 이따금 수수께끼 같다. 일어나는 원인을 알 수 없다.

02 제 신분을 밝히지 않고 전화할 수 있을까요?

03 그 사람은 뭐가 뭔지 모르고 있어요. 당신이 좀 깨우쳐 주시겠어요?

04 두 대기업은 은밀한 합의를 통해 가격 담합을 했다는 의혹을 받았다.

05 잠재된 재능이 나타나려면 시간이 걸린다.

ⓜ mini**exercise** | AGREEMENT AND DISAGREEMENT 번역
p. 123

01 우리는 다투었던 두 친구를 화해시키려고 했으나 실패했다.
02 버스와 기차 시간이 서로 딱 맞으면 우리는 대기실에서 하릴없이 앉아 있을 필요가 없을 거야.
03 계약이 성사되려면 양측이 조금씩 양보해야 한다.
04 우리 개와 고양이는 같이 어울릴 수 있다. 녀석들은 잘 지낸다.
05 네가 그들의 논쟁에 휘말릴 이유는 없다.

ⓜ mini**exercise** | EATING 번역
p. 125

01 갈증을 해소할 다양한 음료가 있을 것이다.
02 파이를 우리에게 좀 남겨 주세요. 너무 많이 먹지 말고요.
03 이 오렌지들은 과육이 너무 많고 과즙은 별로 없다.
04 친척들은 식욕이 왕성해서 친척들이 식사를 하러 오면 우리는 음식을 많이 준비한다.
05 어떤 사람들은 직접 조미료를 첨가할 수 있도록 양념되지 않은 채로 나오는 음식을 선호한다.

EXERCISES 번역
p. 127

3. 1) 레스터와 이야기를 나누면서 나는 그가 시카고에서 태어났다는 것을 알아냈다.
   2) 나는 첫 단락에서 깨우쳤다. 그 의미는 명명백백하다.
   3) 우리는 주요 쟁점을 둘러싸고 생각이 일치하지 않으므로 화목할 가망이 별로 없다.
   4) 캐롤이 회의에서 마가렛에게 맞서기 전에는 둘 사이가 틀어진 적이 없었다.

4. 1) 자신이 틀렸다는 것을 깨달으면 자존심을 버리고 인정해야 한다.
   2) 그림 맞추기 퍼즐을 풀려면 조각들을 서로 맞출 수 있어야 한다.
   3) 밥이 톰의 동생을 두고 한 발언을 취소하지 않겠다고 하자 말다툼이 시작되었다.
   4) 나는 일주일 전에 통보 받았기 때문에 위원회의 결정에 전혀 놀라지 않았다.
   5) 나는 어서 빨리 분수대로 가서 갈증을 풀고 싶어서 강의가 끝날 때까지 기다릴 수가 없었다.

UNIT 3 중심 개념 11-15

ⓜ mini**exercise** | SIZE AND QUANTITY 번역
p. 131

01 학생들의 가정은 부요한 집에서 가난한 집까지 모두 있다.
02 이 널찍한 소파에는 네 명이 편하게 앉을 수 있다.

03 음식이 남아돌았다. 식사 자리에 손님을 몇 명 더 불러도 괜찮았을 것이다.
04 예비 타이어에 공기가 너무 많이 들어 있어서 공기를 빼야 한다.
05 경영진은 당장 임금을 20퍼센트 인상하라는 요구는 지나치다고 생각한다.

ⓜ mini**exercise** | WEAKNESS AND STRENGTH 번역
p. 136

01 교직원 선수들을 물리치기는 어려울 것이다. 그들은 확실히 노쇠해 보이지 않는다.
02 에드는 열두 살까지는 상당히 약했지만 자라서 건장한 청년이 됐다.
03 당신이 테니스로 앤을 이길 순 없을 거예요. 공교롭게도 테니스는 앤의 특기거든요.
04 발목이 삐면 몇 주 동안 경기에 나설 수 없겠지만, 발목이 골절되면 몇 달 동안 일상생활을 할 수 없을 것이다.
05 게으름, 사치, 그리고 진취성의 결여는 타락한 사회의 몇 가지 특성이다.

ⓜ mini**exercise** | NEGLECT AND CARE 번역
p. 140

01 나는 리포트를 제출하기 전에 오류가 없는지 꼼꼼하게 살펴보았다.
02 방이 지저분하다고 어머니가 야단치자 제프리는 방을 더 깔끔하게 치우겠다고 약속했다.
03 경고를 무시한다면 그에 따르는 결과를 감수해야 할지도 모른다.
04 법정에 출두하지 못했다면 고모는 궐석으로 패소했을 것이다.
05 데보라는 정확하게 책을 제시간에 도서관에 반납한다. 그녀는 벌금을 문 적이 없었다.

EXERCISES 번역
p. 141~143

2. 1) 병을 앓고 난 직후라서 아직 허약한데 그에게 너무 많은 일을 하라고 요청하지 마라.
   2) 에이브러햄 링컨은 성실하고 정직한 사람이었다.
   3) 학생들은 과제 적기를 소홀히 하다가 엉뚱한 숙제를 하기도 한다.
   4) 대학은 교육의 아성이다.
   5) 그녀가 내 편지에 성의 있게 답장하지 않으므로 나는 그녀에게 편지 쓰는 일을 그만두었다.
   6) 주인은 오랫동안 페인트칠이나 수리를 하지 않았다. 당연히 건물이 허름해 보인다.
   7) 학예회 좌석이 모두 팔렸다. 우리 모두 그렇게 많이 오리라고는 예상하지 못했다.

3. 1) 이 규칙들을 무시해 당신은 자신의 미래 전부를 위험에 빠뜨리고 있어요.
   2) 시험에서 떨어졌다고 걱정했던 케네스만 100점을 받았다. 알다시피 그는 걱정할 필요가 전혀 없었다.
   3) 풍선에 바람을 빼는 가장 신속한 방법은 핀을 쓰는 것이다.
   4) 224호는 그다지 넓지 않다. 일반 교실보다 공간이 좁다.
   5) 병약한 청년은 산 공기를 마시니 기운이 났다. 평생 이처럼 기운이 솟은 적이 없었다.
   6) 말하기 전에 생각하면 무심코 잘못 대답할 가능성이 훨씬 적다.

4. 1) 해변에서 여름을 보내고 나니 기운이 나고 새 학년을 맞을 준비가 된 기분이었다.
   2) 희생자는 출혈로 탈진 상태여서 즉시 수혈이 필요했다.
   3) 약 50만 명이 7년 동안 작업해 파나마 운하를 건설했다. 결코 하찮은 일이 아니었다.
   4) 나이가 지긋한 카터 씨는 노쇠하기는커녕 자기 나이의 반밖에 안 되는 대부분의 사람들보다 더 활기 있다.
   5) 노먼은 그동안 읽지 못했던 필독서들을 읽으며 주말을 보냈다.
   6) 형사는 지문을 찾기 위해 금고 문을 꼼꼼하게 살폈다.
   7) 세심한 급사장은 손님들이 자리에 앉기 전에 테이블 세팅이 세밀한 부분까지 하나하나 완벽하게 되어 있는지 확인한다.
   8) 사자도 무섭지만 호랑이는 훨씬 더 무시무시하다.

UNIT 4 | 중심 개념 16-20

ⓜ miniexercise | RESIDENCE 번역　　p.146

01 겨울이면 많은 북부 주민들이 플로리다로 이주한다.
02 이 지구에는 인간보다 다른 생물들이 훨씬 많이 살고 있다.
03 대다수 사람들은 시골에는 여름 별장, 도시에는 집을 가질 만큼 부유하지 않다.
04 이것들은 토종 멜론이 아니라 해외에서 출하된 것이다.
05 규정에 따르면 수감자는 일요일에 면회객을 맞이할 수 있다.

ⓜ miniexercise | DISOBEDIENCE AND OBEDIENCE 번역　　p.150

01 독재자는 국민들이 굴종하기를 바란다.
02 아이들이 우리 말을 잘 듣기 때문에 패럴 부인은 종종 우리에게 아이들을 돌봐 달라고 맡긴다.
03 반군은 항복하라는 명령을 받았으나 결코 굴복하지 않을 것이다.
04 동생에게 라디오 소리를 줄여달라고 하자 동생은 소리를 더 키웠다. 왜 그렇게 고집불통인지 이해할 수 없었다.
05 밤 10시가 넘어 색소폰을 분다고 이웃들이 불평하면, 예의상 원하는 대로 들어주어야 한다.

ⓜ miniexercise | TIME 번역　　p.153

01 누나는 고집이 세다. 만약 누나에게 통화가 언제 끝날지 물으면 일부러 대화를 질질 끌 것이다.
02 오늘 밤에는 아주 좋은 TV 프로그램이 두 편 있는데 안타깝게도 동시간에 방영된다.
03 공익업체들이 걸핏하면 서비스를 중단한다면 소비자들이 용납하지 않을 것이다.
04 고초열은 특히 봄과 가을에 수백만 명에 영향을 미치는 만성질환이다.
05 처음에는 드문드문 들어오던 항의가 꽤 잦아졌다.

ⓜ miniexercise | NECESSITY 번역　　p.156

01 트렁크가 좀 작아서 꼭 필요한 물건만 갖고 갈 수 있다.
02 그 사람들은 손님이니까 편안하게 해주는 것이 당신이 할 일 아닌가요?
03 공장에서 로봇과 컴퓨터의 사용이 증가하면 직원을 추가로 고용할 필요가 없어질 수도 있다.
04 권리장전의 핵심은 폭정에서 우리를 지켜준다는 것이다.
05 나는 팀에서 내가 필요하다는 말을 듣고 놀랐다. 나는 내가 필요 없는 사람이라고 생각했기 때문이다.

EXERCISES 번역　　p.157~159

2. 1) 다른 사람들이 일 다 하는 사이에 거기서 빈둥거리고 서 있지 마!
   2) 반란은 소수의 불평분자들에 의해 시작되었다.
   3) 해외여행을 하기 전에 먼저 미국부터 둘러보라.
   4) 나이든 직원 넷은 고용주에 대한 의리로 파업에 반대표를 던졌다.
   5) 노스캐롤라이나주 태생인 로다는 고작 세 살 때 우리 주로 이주했다.
   6) 캐런에게 식료품 포장 푸는 법을 알려줘도 소용없다. 그녀는 한사코 제 방식대로 하겠다고 고집한다.

4. 1) 페튜니아는 한 철만 살므로 다년생 식물이 아니다.
   2) 모두가 보고서를 거의 끝냈지만 프레드는 아직 시작도 하지 않았다. 그는 여전히 꾸물대고 있다.
   3) 레스터는 집에서 반항적인 아이였지만, 선생님은 반항아라고 생각하지 않았다.
   4) 디트로이트에 있는 조립 라인에서 처음부터 최종 단계까지 자동차 생산 전체 공정을 볼 수 있다.
   5) 골초는 초보자보다 습관을 버리기가 더 어렵지만 할 수 있다.

CHAPTER 3

ENLARGING VOCABULARY THROUGH ANGLO-SAXON PREFIXES

UNIT 1   앵글로색슨어 접두어 1-4

ⓜ miniexercise | FORE- 번역   p.166

01 우리가 이길 거라고 생각하느냐는 질문에 코치는 예측을 거부했다.
02 시험 전날 밤 벼락치기로 공부하지 말고 현명하게 시험 전 며칠에 걸쳐 복습하라.
03 이 비닐장갑은 손, 손목, 그리고 팔뚝 일부를 덮는다.
04 나는 너무 추워지기 전에 선견지명을 갖고 스웨터를 샀어야 했다. 이제 가장 좋은 스웨터는 다 팔렸다.
05 우주선이 하늘을 향해 오르자 우주비행사는 돌아오지 못할 수도 있다는 예감이 들었다.

ⓜ miniexercise | MIS- 번역   p.168

01 다행히 사고로 크게 다친 사람은 없었다.
02 당신 펜은 어디에 있죠? 잃어버렸나요 아니면 어디에 두었는지 잊어버렸나요?
03 나는 마리에게 노트를 빌려주기 싫었는데, 제때 돌려주지 않을까 봐 걱정됐기 때문이다.
04 소총은 언제든 불발될 가능성이 있다.
05 소비자 단체들은 대중을 기만하는 광고를 비난해왔다.

ⓜ miniexercise | OUT- 번역   p.170

01 앨리스는 매우 솔직하기 때문에 앨리스에게 물어보면 진실을 알게 되리라 믿는다.
02 그 별난 모자는 어디서 났죠? 그런 건 처음 봐요.
03 내 남동생은 수줍음을 많이 타는데, 어머니는 자라면 수줍음이 없어지길 바라신다.
04 이 운동화는 내가 신어본 운동화 중에서 최고다. 다른 어떤 브랜드보다 더 오래 갈 것이다.
05 우리는 적자를 피할 가능성이 높지만, 예상하지 못한 지출이 생기면 전망이 바뀔 수도 있다.

ⓜ miniexercise | OVER- 번역   p.173

01 파티에 참석할 인원 수를 지나치게 많이 계산하면 음식이 많이 남게 된다.
02 프랜시스를 가장 먼저 선택했겠지만, 그녀는 이미 너무 많은 책임을 떠맡고 있으므로 우리는 과도하게 부담 주고 싶지 않았다.
03 탁구공을 왜 더 샀죠? 남아도는 거 몰라요?
04 영어 선생님은 내게 99점을 주셨는데 너무 후하신 것 같다. 그런 점수를 받을 정도는 아니기 때문이다.
05 새로 부임한 상사는 처음에는 군림하려 들었지만, 직원들을 알게 되면서 고압적인 태도는 누그러들었다.

EXERCISES 번역   p.175

4. 1) 학교에서 성적이 좋다는 것은 종종 나중에 성공한다는 전조가 되기도 한다.
   2) 앤디는 육상팀에 들어가야 한다. 그는 반에서 어떤 남자아이보다 더 빨리 달릴 수 있다.
   3) 만약 처방전에 약을 한 작은 술 먹으라고 되어 있으면 큰 술로 재면 안 된다. 그렇지 않으면 과다 복용할 수도 있다.
   4) 수세기 동안 과학자들은 원자는 쪼갤 수 없다는 잘못된 믿음을 고수했다.
   5) 회사가 노조 지도부와 만나기로 하면서 파업이 조기 타결될 수 있다는 전망이 밝아졌다.

UNIT 2   앵글로색슨어 접두어 5-8

ⓜ miniexercise | UN- 번역   p.179

01 일부 야구팬들은 홈경기를 절대 놓치지 않는다. 그들에게는 야구라는 스포츠에 대한 억누를 수 없는 욕구가 있다.
02 교도관들은 죄수가 필사적이어서 조금이라도 방심하면 탈옥을 시도할 것이라는 경고를 받았다.
03 나는 할머니가 입원하셨을 때 매일 병문안을 했다. 왜 내가 할머니 건강에 무관심하다고 비난하는지 이해할 수 없다.
04 전문용어에 관한 믿을 만한 정의를 보려면 대사전을 참조하십시오.
05 파업 근로자와 고용주 모두 시장이 공정하다고 생각하므로 시장이 분규를 중재했으면 한다.

ⓜ miniexercise | UNDER- 번역   p.182

01 상급과정은 학사학위 소지자를 대상으로 하되, 교수가 승인하면 자격 있는 학부생도 등록할 수 있다.
02 임시 대역배우는 시간이 걸리는 어려운 역할을 능숙하게 해내야 하지만, 연기를 제의 받는다는 보장이 없다.
03 알린은 내게 "합격했다"고 말했지만, 겸손한 표현이었다. 그녀는 반에서 가장 높은 점수를 받았다.

4. 1) 회의는 오후 4시 30분에 중단되었다.
2) 국경에서는 양국 시민들이 이해할 수 있도록 교통 표지판이 2개 국어로 되어 있다.
3) 6개월마다 나오는 당사 잡지 <레드 앤 블루>는 5월과 12월에 발행된다.
4) "7 a.m. E.D.T."에서 7 뒤에 오는 철자들은 ante meridiem Eastern Daylight Time을 의미한다.
5) 어머니가 장을 보지 않기로 하셔서 나는 아기 돌보는 일을 맡지 않아도 됐다.
6) 양국은 상호간 무역을 촉진하기 위해 상호협정을 체결했다.
7) 비몽사몽 상태로 학교에 와서 오전수업 내내 몽롱한 정신으로 앉아 있다면 어떻게 합격하기를 바라겠니?
8) 우승컵을 지키려면 숙적 샌더스 고등학교를 꺾어야 한다.

UNIT 2 | 라틴어 접두어 7-12

ⓜ miniexercise | E-, EX-, IN-, IM- 번역
p.213

01 오늘 오후에는 수영팀이 수영장을 독점으로 사용한다. 다른 사람은 아무도 들어갈 수 없을 것이다.
02 그 정착민은 토지증서를 갖고 있으므로 토지에 대한 그의 권리를 누구도 반박할 수 없다.
03 오랜 세월 콜로라도강은 침식과정을 통해 단단한 암석으로 된 강바닥을 깎아냈다.
04 기회가 없었으므로 수천 명이 모국을 떠나 이민을 갈 수밖에 없었다.
05 세금을 늘리려는 계획은 강력한 저항을 불러일으키기 마련이다.
06 기아에 허덕이는 그 나라는 형편이 나은 이웃 국가들에게 도움을 호소하리라 예상된다.
07 나는 속표지에 다음 글귀를 적으려고 한다. "40회 생신을 맞으신 아버지께. 사랑합니다, 루스."
08 반군 지도자들은 체포가 임박했다는 것을 알고 잠적했다.
09 판사는 소란을 피우는 방청객들을 쫓아내라고 경비원들에게 요청했다.
10 우리는 그저 상자 안에 무엇이 들었는지 꼭 봐야 했다. 우리는 호기심을 억누를 수 없었다.

ⓜ miniexercise | EXTRA-, INTRA- 번역
p.215

01 네가 압승할 것이라는 네 주장은 정말 터무니없었다. 질뻔했으니까 말이다.
02 에어컨은 방을 시원하게 해주며 외부 소음 차단에도 도움이 된다.
03 훔친 물건이 주 경계를 넘어 이송되지 않는 한 절도는 주 내부 문제로 간주해야 한다.

04 일부 교사들은 교내 체육에 집중하고 학교간 시합을 없앴으면 한다.
05 펜싱은 교육과정에는 없지만 과외활동으로 제공된다.

ⓜ miniexercise | CONTRA-, CONTRO-, COUNTER- 번역
p.217

01 페기와 난 언쟁에 휘말리기 전에는 단짝이었다.
02 출생증명서는 이론의 여지 없이 나이를 증명해준다.
03 밀수품을 실은 선박은 압류 대상이다.
04 상급 장교에게는 하급자의 명령을 철회할 수 있는 권한이 있다.
05 내 충고에 어긋나는 행동을 시도하는 당신을 지지할 수 없습니다.

ⓜ miniexercise | INTER- 번역
p.219

01 철로가 간선도로와 교차하는 곳이면 어디든지 눈에 띄는 경고 표지판을 세워야 한다.
02 노동쟁의의 중재자가 되어 달라고 거듭 요청 받았지만 시장은 여태껏 중재를 거부하고 있다.
03 라디오 방송국은 한 프로그램이 끝나고 다른 프로그램이 시작하기 전에 막간을 채우기 위해 이따금 짤막한 음악을 내보낸다.
04 특수임무부대가 침략자들을 저지하려고 애쓰고 있다.
05 세 도시를 연결하는 4차선 도시 간 연락 도로를 건설하기 위한 자금이 투표로 승인되었다.

EXERCISES 번역
p.221

3. 1) 임박한 사건은 가까운 장래에 속한다.
2) 밥은 배타적인 성격이 아니다. 그는 친구를 잘 사귄다.
3) 존 스미스 선장은 포카혼타스가 그를 위해 중재에 나선 덕분에 목숨을 건졌다.
4) 당내 분쟁이라면 참여자 중 누구도 제3자가 아니다.
5) 한 차례 있었던 사흘 동안의 휴전을 제외하고는 전투가 중단되지 않았다.
6) 의욕이 지나친 그 학생은 열의를 억제하지 못하고 해답을 외쳤다.

UNIT 3 | 라틴어 접두어 13-18

ⓜ miniexercise | IN-, IL-, IM-, IR- 번역
p.225

01 나그네는 몸이 반쯤 얼어붙은 채 낯선 문을 두드렸다. 난롯불도 쬐지 못하게 문전 박대할 정도로 사람들 인심이 사납진 않기를 바라며.
02 갱단은 체포되기 전 수 차례 절도죄를 범했지만 처벌은 받지 않았다.

03 형사는 모든 단서를 추적해 풀릴 기미가 보이지 않던 수수께끼를 푸는 데 마침내 성공했다.

04 보스턴 그래너리 공동묘지에 있는 아주 오래된 비석들 중 일부는 비문을 거의 알아볼 수 없다.

05 다리가 놓이기 전에는 나룻배가 아니면 본토에서 섬으로 갈 수 없었다.

ⓜ miniexercise | BENE-, MAL-, MALE- 번역　　　　　　　　　p.228

01 북극곰은 추운 기후에서는 편하게 지내지만, 두꺼운 털이 있어 따뜻한 환경에는 적응하기 어렵다.

02 찰스 디킨스의 소설 <위대한 유산>의 주인공은 정체를 알 수 없는 독지가로부터 상당한 재정을 지원 받았다.

03 애덤스 부인이 재산을 상속 받을 것이다. 왜냐하면 부유한 이모가 남긴 유언에 유일한 수령인으로 지명되었기 때문이다.

04 폴라는 누군가가 자신의 수첩을 갈기갈기 찢어 놓을 정도로 악의를 품는 이유를 알 수 없었다.

05 에드워드 에버렛 헤일의 단편 <조국이 없는 남자>에서 필립 놀런은 미국을 비방한 죄로 처벌 받는다.

ⓜ miniexercise | DE- 번역　　　　　　　　　p.231

01 버스 운전기사는 노선 이탈이 허용되지 않으므로 너를 집 앞까지 데려다 줄 수는 없다.

02 가을이면 낙엽수가 늘어선 거리에 낙엽이 흩어져 있다.

03 환자의 말은 조리에 맞지 않고 실성한 사람이 하는 말 같았다.

04 은퇴한 사람들은 다른 사람한테 손을 벌리는 일이 없도록 자기 수입을 갖고 싶어한다.

05 서기 400년 무렵 로마인들은 찬란했던 전성기를 훌쩍 지나 타락한 민족이 되었다.

ⓜ miniexercise | DIS- 번역　　　　　　　　　p.233

01 당대표는 몇몇 당내 반대파 인사들을 만나 자신의 의견을 따르도록 설득을 시도했다.

02 여러 부분의 시험 점수를 더해 총점과 동일한지 확인하세요. 차이가 있으면 선생님께 알리세요.

03 나태한 주인은 장비가 못 쓸 지경이 되도록 방치했다.

04 믿을 만한 소식통에서 나온 정보였으므로 나는 의심할 이유가 없었다.

05 집중하려고 할 때는 텔레비전을 꺼라. 그렇지 않으면 주의가 산만해진다.

ⓜ miniexercise | SE- 번역　　　　　　　　　p.235

01 법에는 공공기관이 인종, 성별, 종교에 따라 사람을 차별하는 것이 금지되어 있다.

02 독재정권에서 국가원수를 비판하는 사람은 누구든 선동죄로 기소될 수 있다.

03 3개 팀은 경기마다 심판이 최소 2명 배정되지 않으면 리그에서 탈퇴하겠다고 엄포를 놓았다.

04 폭풍이 다가오자 해안가 주민들은 해안에서 떨어진 더 안전한 숙소로 대피했다.

05 어떤 학생은 친구들과 함께 시험 공부하는 것을 선호하고, 어떤 학생은 책만 갖고 혼자 틀어박혀 공부하는 것을 더 좋아한다.

EXERCISES 번역　　　　　　　　　p.237

3.　1) 폴의 연은 손이 닿지 않는 높은 참나무 가지에 걸렸다.

　　2) 삼촌 두 분이 4년 전 정치 문제로 심하게 다툰 뒤로 아직까지 화해하지 않으셨다.

　　3) 어떤 나라도 핵공격을 하면 무사할 수 없다는 인식이 평화를 지키는 굳센 힘이다.

　　4) 갑자기 극심한 증오로 제정신이 아닌 사람에게 이성적인 행동을 기대할 수는 없다.

　　5) 만약 분리 독립이 허용됐다면 우리나라 연방정부는 진작에 와해됐을 것이다.

　　6) 아파트를 빼앗기고 궁핍해진 가족은 인심 좋은 이웃들에게 며칠 동안 지낼 곳과 음식을 제공받았다.

　　7) 육지로 둘러싸인 국가는 바다로 나가려면 인접국가들에게 의존해야 한다.

　　8) 갑자기 내린 소나기에 책들이 흠뻑 젖는 바람에 노트 몇 권은 더 이상 글자를 알아볼 수 없게 되었다.

　　9) 고맙다는 뜻도 표하지 않고 계속 도움을 받으면 배은망덕 하디는 비난을 받을 수도 있다.

　 10) 신체는 다 자랐지만 정신적으로 미성숙한 사람들도 있다.

UNIT 4　　라틴어 접두어 19-24

ⓜ miniexercise | CIRCUM- 번역　　　　　　　　　p.240

01 의사는 심장병 환자의 신체 활동과 식단을 제한하기로 결정할 수 있다.

02 규칙을 지키세요. 교묘하게 빠져나가려고 하지 마세요.

03 네가 만약 신중했더라면 중고 카메라를 사기 전에 한번 써봤을 텐데.

04 적도를 기준으로 지구 둘레는 약 25,000마일이다.

05 뱃사공들은 두어 시간이면 섬을 한 바퀴 돌 거라고 예상했지만 저녁 무렵까지 절반도 채 돌지 못했다.

ⓜ miniexercise | CON-, CO-, COL-, COR- 번역   p.242

01 새로운 의회는 짝수해 11월에 선출되지만, 이듬해 1월이 돼야 소집된다.

02 좌석번호가 티켓 번호와 일치하지 않으면 안내원이 자리 이동을 요청할 수 있다.

03 화평의 사도인 빌리 버드가 승선하면 선원들 사이는 더할 나위 없이 화목했다.

04 저와 함께 작업하시겠어요, 아니면 혼자 일하시겠어요?

05 세인트루이스 바로 위에서 미주리강과 미시시피강이 합쳐져 하나의 물길이 된다.

ⓜ miniexercise | OB- 번역   p.244

01 중퇴자는 고등학교 졸업장이 없으면 취업에 심각한 걸림돌이 된다는 사실을 알게 된다.

02 감시원들이 입장을 막으려고 정면 입구 계단에 앉아 있었다.

03 매표소 앞에서 줄 서서 기다리지 않으려면 우편으로 표를 주문하세요.

04 해리는 운전할 때 매우 조심스럽지만, 해리의 부모는 혹시 큰 사고를 당할지도 모른다는 생각을 떨쳐버릴 수가 없다.

05 클레어는 그 일을 잊으려 했지만 머릿속에서 지울 수가 없었다.

ⓜ miniexercise | PER- 번역   p.246

01 세금을 과하게 물리고 있다는 임금 근로자들의 주장은 결코 새삼스럽지 않다. 그들은 끊임없이 그 점에 대해 불평해왔다.

02 노트가 없다고 했는데 왜 자꾸 노트를 보여 달라는 거야?

03 열차 차장들은 구멍 뚫는 도구를 사용해 승객의 표에 구멍을 뚫는다.

04 우리는 제인이 그 소식에 당황할 줄 알았지만, 제인은 동요하는 기색이 없었다.

05 이 지역 주민도 헷갈리게 하는 도로 표지판들은 외지 방문객들에게 더더욱 혼란스럽다.

ⓜ miniexercise | PRE- 번역   p.248

01 다섯 살에 작곡을 시작한 모차르트는 분명 조숙했다.

02 지불해야 할 청구서 때문에 더 이상 못 사는 건 아니다. 신용카드를 쓰면 된다.

03 내가 짐작하기엔 바바라의 집으로 가는 길이 맞아. 그녀가 직접 내게 일러줬거든.

04 전시회가 대중에게 공개되기 전에 저명한 전문가들이 먼저 관람했다.

05 대통령이 시내에 있다는 보도는 너무 일렀다. 왜냐하면 대통령이 탄 비행기가 착륙도 하기 전이었기 때문이다.

ⓜ miniexercise | PRO- 번역   p.251

01 급여가 꽤 많이 인상되리라는 기대에 부풀어 신입사원은 최선을 다했다.

02 당신의 열성 지지자들은 당신의 장점을 칭찬하는 데 아낌이 없다.

03 조지 스티븐슨은 최초로 증기력을 사용해 기관차를 움직인 사람이었다.

04 견습생이 숙련된 일꾼처럼 능숙하리라 기대하면 안 된다.

05 유서 깊은 그 건물을 철거하자고 제안한다면 분명 항의가 폭주할 것이다.

EXERCISES 번역   p.253

3. 1) 윌버 라이트는 동생 오빌과 힘을 합쳐 비행기를 발명했다.

   2) 재소자는 불가피하게 이동의 자유가 제한된다.

   3) 졸린 아이가 하는 말은 그다지 조리가 없었다.

   4) 데이비드는 불상사가 오로지 자기 책임이라는 생각에 사로잡혀 있다.

   5) 대충 주차해 놓은 차량이 도로로 튀어나와 교통에 방해가 됐다.

   6) 나는 감기가 떨어지도록 온갖 노력을 다했지만 감기는 끈질기게 남아 있다.

   7) 조가 현역에 복귀했다는 보도는 성급하다. 조는 아직도 집에서 회복하고 있다.

   8) 플로리다는 섬이 아니므로 너는 결코 주변을 일주할 수는 없었을 것이다.

   9) 불길이 강풍을 타고 번지면서 수백 에이커의 삼림지를 순식간에 휩쓸었다.

   10) 오래된 기념비에 새긴 글은 세월이 흘러 지워졌다.

ENLARGING VOCABULARY THROUGH LATIN ROOTS

ⓜ mini**exercise** | AM, AMOR, ANIM 번역
p.263

01 영화에서 연인 역으로 처음 성공을 거둔 후, 그 배우는 누군가를 사랑하는 배역으로만 캐스팅되었다.

02 금전적인 보상에 대한 기대로 많은 아마추어들이 프로로 전향했다.

03 패배를 곱씹지 마라. 냉정하게 받아들여라.

04 나르시스는 너무 교만해서 어느 누구도 좋아하지 않았다. 그는 자신에게 푹 빠졌다.

05 9대0 판정은 심사원들이 만장일치였음을 보여준다.

ⓜ mini**exercise** | FIN, FLU, FLUC, FLUX 번역
p.266

01 러시아에서 우리를 대표하는 외교관은 러시아어를 유창하게 구사해야 한다.

02 늦은 봄이면 해변 리조트들은 예상되는 여름 방문객 유입에 대비한다.

03 마지막 장면이 끝난 후 출연진 전체가 무대에 올라 박수갈채에 응했다.

04 상고심에서 번복될 수 있는 하급법원의 판결과 달리 대법원 판결은 최종 결정이다.

05 동급생들 사이에는 종종 가족에 대한 애착만큼이나 강한 친밀감이 있다.

ⓜ mini**exercise** | GEN, GENER, GENIT, GREG 번역
p.269

01 신규 주택단지, 쇼핑센터, 학교로 쇠락해 가는 지역을 재건할 수 있다.

02 예배에 모인 사람들은 모두 일어나 찬송가를 불렀다.

03 이런 적개심이 곧 가라앉지 않는다면 틀림없이 무력 분쟁이 일어날 것이다.

04 시합 결과표에는 각 선수가 득점한 점수와 팀의 종합 점수가 기록되어 있다.

05 나는 처음 이곳에 왔을 때 친구도 없이 혼자 지냈다. 나는 사교성이 별로 없었다.

ⓜ mini**exercise** | HERE, HES, LATERAL 번역
p.273

01 대다수 도시 구획은 4각형 모양이다.

02 클럽 전체 회원을 대변하는 건가요, 아니면 당신 혼자 의견만 제시하는 건가요?

03 어떤 사람들은 '힘이 정의'라고 믿지만, 나는 그 신조를 고수하지 않는다.

04 우리가 <조니 트리메인>을 공부할 때, 선생님은 숙제로 미국 독립전쟁에 관한 자료를 보충해서 읽으라고 하셨다.

05 그 정치인은 정의의 대변자, 빈민의 수호자, 교육 후원자, 업계의 친구 등 다양한 역할을 해 많은 추종자를 끌어모았다.

ⓜ mini**exercise** | LITERA, LUC, LUM 번역
p.276

01 네가 읽고 쓸 수 있다는 것을 증명할 필요는 없다. 네가 읽고 쓸 줄 안다는 건 아무도 의심하지 않는다.

02 밤에 운전하는 사람들이 볼 수 있도록 도로 표지판에는 야광 페인트가 사용된다.

03 게리는 그 일에 대해 해명하려고 했지만, 우리를 더 혼란스럽게 만들 뿐이었다.

04 수많은 팬들이 스포츠 스타를 둘러싸고 사인을 요청했다.

05 필립의 문자 그대로 뜻이 '말을 좋아하는 사람'이라는 것을 아셨나요?

EXERCISES 번역
p.278~279

4. 1) 구조물이 붕괴된 것은 본래부터 취약했기 때문인가, 아니면 외부 압력의 결과인가?

2) 유행이 계속 변할 때는 옷을 고르기가 어렵다.

3) 시인 존 메이스필드는 작가 경력을 시작하기 전에 선원으로 일했다.

4) 아침 출근시간대에는 시내로 차량이 대거 몰리면서 교통 혼잡이 생긴다.

5) 당신이 쓴 마지막 단락을 이해하기가 어려웠어요. 그다지 명쾌하지 않더군요.

6) "The furrow followed free."라는 구절은 두운법을 보여주는 훌륭한 예다.

7) 우리 전부가 그 안에 동의해야 하지만, 지금까지 만장일치를 이끌어내지 못했다.

8) 역사를 보면 수많은 세계 열강이 이류 국가로 전락했다.

9) 논점에서 벗어나지 말고 주제에만 국한하세요.

10) 쉽게 화를 내는 학생은 평정심이 부족함을 보여준다.

ⓜ miniexercise | MAN, MANU, PEND, PENS 번역　　　　　　　p.285

01 이 기기를 작동할 수 있나요? 전 조작하는 법을 몰라요.

02 적군이 다가오자 수비병들은 곧 닥칠 공격에 대비했다.

03 장기간 노동쟁의로 시 일간지들은 발행을 중단해야 했다.

04 마약 중독자들을 마약의 굴레에서 벗어나게 만들 수 있을까?

05 퇴임하는 관리자는 후임자가 선정될 때까지 남기로 합의했다.

ⓜ miniexercise | PON, POS, SCRIB, SCRIPT 번역　　　　　　　p.288

01 대통령은 언론에 사전 공개된 대본에는 없는 몇 가지 발언을 연설에 끼워 넣었다.

02 반란세력은 독재자를 끌어내리고 공화국을 수립하는 것이 목표다.

03 주춧돌에 새겨 넣은 글귀에 따르면 이 학교는 1969년에 건립되었다.

04 전쟁이 임박한 가운데 나라에서는 서둘러 건장한 시민들을 모조리 징집했다.

05 더 이상은 결정을 미룰 수 없습니다. 지원서 제출 마감일은 월요일입니다.

ⓜ miniexercise | SIMIL, SIMUL, SOL, SOLI 번역　　　　　　　p.292

01 내가 여우처럼 교활하다고 말할 때 당신이 직유법을 쓴다는 건 알고 있었나요?

02 합창단이 첫 곡을 부른 뒤 스탠리가 독주로 바이올린을 연주했다.

03 아주 큰 공장이 폐쇄됐지만 이사 간 직원이 거의 없었기 때문에 지역이 을씨년스럽지는 않았다.

04 제인과 페기를 비교하지 마세요. 둘은 판이하게 달라요.

05 너무 빨리 말하면 청중은 말하는 내용을 소화할 수 없을지도 모른다.

ⓜ miniexercise | SOLV, SOLU, SOLUT, UND, UNDA 번역　　　　　　　p.296

01 서로 의심하고 시샘하면서 결국 동맹이 깨졌다.

02 한때 남극해에 많이 살았던 대왕고래가 점점 더 희귀해지고 있다.

03 그 회사는 도산할 위험이 없다. 상환 능력이 충분하기 때문이다.

04 몇 군데 연안 지역에는 석유가 풍부하다.

05 계약자 일방은 30일 이전에 상대방에게 서면으로 통지하면 계약을 해제할 수 있다.

ⓜ miniexercise | VER, VERA, VERI, VID, VIS 번역　　　　　　　p.300

01 나는 훌륭한 학생이 못 되지만 노마는 진정한 학자다.

02 말만으로는 개념이 전달되지 않을 수도 있으므로 교사들은 종종 그림, 차트, 영화 같은 시각 보조자료를 활용한다.

03 라구아디아 공항은 구름이 낮게 깔려 가시도가 떨어졌다고 보고한다.

04 연사는 미처 준비가 되지 않아 즉석에서 연설해야 했다.

05 이 진술서는 믿어도 좋다. 두말할 나위 없이 진실한 사람이 썼기 때문이다.

EXERCISES 번역　　　　　　　p.302~303

4. 1) 파멜라는 자기 생각과 내 생각에 유사한 면이 있다고 주장하지만, 내가 보기엔 비슷한 구석이 전혀 없다.

　 2) 당신이 수상쩍어 하는 건 사실일 수도, 아닐 수도 있어요. 따라서 난 당신 추정을 진실로 간주하지 않아요.

　 3) 링컨의 '게티즈버그 연설'은 링컨의 필체를 볼 수 있는 아주 좋은 견본이다.

　 4) 만약 내가 약속을 어겼다면 평판이 나빠졌을 것이다.

　 5) 로페즈 씨는 그 업체의 유일한 업주가 아니다. 그에게는 동업자가 둘 있다.

　 6) 이민자들은 자신과 자녀를 위해 더 나은 미래를 꿈꾸고 미국으로 왔다.

　 7) 짧은 기간에 대다수 이민자들은 주류를 이루는 미국 생활에 동화되었다.

　 8) 이 진주들은 진품인가요, 모조품인가요?

CHAPTER 6

ENLARGING VOCABULARY THROUGH GREEK WORD ELEMENTS

01 일부 회원들은 클럽 회칙을 무시하고 독단적으로 행동한다며 회장을 불신임하고 싶어한다.
02 지성을 사용하지 않고 기계처럼 행동하면 자동인형이나 다를 바 없다.
03 수상은 자서전을 쓸 시간도, 의욕도 없었기 때문에 자신의 인생 이야기를 남들 손에 맡겼다.
04 카메라에는 자동 플래시가 내장되어 있어 빛이 부족할 때마다 작동한다.
05 여러 세대에 걸쳐, 자치권을 요구했던 식민지인들에게 돌아온 대답은 대체로 자치제를 실시할 준비가 되지 않았다는 것이었다.

01 귀족의 일원이 귀족에 속하지 않는 사람과 결혼하는 것은 아주 이례적이었다.
02 부유한 사람들만이 통치에 적합하다고 믿는다면 당신은 틀림없이 금권정치 신봉자다.
03 독재국가에서 통치자는 절대적이며 무한한 권력을 거머쥔다.
04 다수결 원칙을 지지하지 않는다면 어떻게 민주주의자라고 자처할 수 있겠는가?
05 많은 사람이 전문 기술자들의 통치를 받고 싶어하지 않으므로 기술자가 지배하는 정치체제에 반대한다.

01 14세기에 흑사병이라는 전염병이 돌아 수백만 명이 죽었다.
02 어떤 사람은 한 번 이상 투표하고 어떤 사람은 투표가 금지됐기 때문에 그 선거는 민주적이지 않았다.
03 똑똑한 유권자는 사심 없는 정치 지도자와 선동가를 구별할 수 있다.
04 그 국가에 민주주의를 확립하기 위해 새로운 헌법을 제정하고 모든 계층에 속하는 사람들에게 동등한 권리를 부여했다.
05 국왕이 지사를 임명하는 것보다 국민이 선출하는 것이 더 민주적이다.

01 경기가 5초 남은 상황에서 카렌이 균형을 깨는 골을 넣자 난리가 났다.
02 많은 사람은 교육이 사회의 온갖 병폐를 고칠 만병통치약이라고 생각한다.
03 높이 3605피트인 버몬트주 스노우산 정상에 서면 멋진 그린산맥 전경이 펼쳐진다.
04 팬터마임에서 배우들은 얼굴 표정, 몸동작, 몸짓만으로 자신을 표현한다.
05 가을 색이 만발한 숲은 숨이 막힐 듯한 풍경이다.

01 정확한 연대순으로 지난 5년 동안 월드시리즈 챔피언을 기억할 수 있나요?
02 고대 그리스인들이 트로이 함락을 텔레비전으로 지켜봤다고 말한다면 유쾌한 시대착오일 것이다.
03 영화는 클라이맥스 무렵에서 시작하다가 통상적인 시간순서를 어기고 주인공의 어린 시절로 되돌아간다.
04 마을 사람들은 마을은행 밖에 있는 시계에 시계를 맞추곤 했다.
05 현재의 <세계 연감>은 지난해 사건들을 기록한 연대기이다.

01 그 집에서 들려오는 미친 듯한 비명과 신음소리를 들으면 그곳에 미쳐 날뛰는 광인이 살고 있다고 생각할지도 모른다.
02 샤론은 초콜릿을 광적으로 좋아한다. 말리지 않으면 눈 깜짝할 사이에 한 상자를 먹어 치우곤 한다.
03 허브는 도벽이 있어 남의 물건을 빼앗지 않고는 배길 수가 없다.
04 관계자들은 최근 연달아 일어난 작은 화재들이 방화광의 소행이라고 믿고 있다.
05 버릇없는 꼬마는 맘대로 되지 않자 미친 듯이 고래고래 악을 썼다.

01 소아과는 어린이들이 앓는 질병을 치료한다.
02 이제 CD 하나에 담긴 22권짜리 백과사전 전집을 구입할 수 있어, 집에서 상당한 공간을 아낄 수 있다.
03 교사의 직업교육에는 교육학 과정이 포함된다.
04 생후 6개월까지 아기는 매달 소아과에 갔다.
05 정형외과 전문의는 아이의 척추 기형을 바로잡는 수술을 했다.

ⓜ miniexercise | ORTHO 번역   p.326

01 식사할 때 디저트부터 먹는 것은 특이하다.
02 필리스가 철자 맞추기 대회에서 또 우승했다. 그녀는 철자법 실력이 탁월하다.
03 그 젊은 환자는 하지 기형으로 유명한 정형외과 의사의 치료를 받고 있다.
04 젖먹이는 새벽 4시에 일어난다. 우리는 아기가 오전 7시처럼 더 정상적인 시간에 깼으면 하고 바란다.
05 치아 교정 전문의는 로라의 부모에게 치열을 고르게 만들 수 있다고 장담했다.

ⓜ miniexercise | GEN, GENO, GENEA 번역   p.328

01 그 반은 중급 및 상급 무용수에 초급도 몇 명 있어 다양하게 모인 이질적인 집단이다.
02 대대로 출생, 혼인, 사망이 기록되어 있는 가정용 성경은 한 사람의 족보를 알 수 있는 출처이다.
03 당신이 곡물을 요리하면 언제나 덩어리가 뭉쳐 있어요. 고루 고루 저을 줄 모르는군요.
04 그 구획에 있는 집의 외관이 모두 같으면 동질성 때문에 단조로워진다.
05 민주주의는 미국이 만든 것이 아니다. 민주주의의 기원은 고대 그리스이다.

ⓜ miniexercise | METER, METR 번역   p.330

01 이 상자 속에 있는 사과는 전부 지름이 2¼인치가 넘는다.
02 속도계가 고장 나는 바람에 얼마나 빨리 가고 있는지 알 수 없었다.
03 인체의 대칭 구조에 주목하라. 오른쪽이 왼쪽과 짝을 이룬다.
04 주행 기록계를 보면 자동차 제조 이후 몇 마일을 주행했는지 알 수 있다.
05 100m 단거리 경주 코스는 100야드가 넘는다.

EXERCISES 번역   p.332~333

3. 1) 내용물이 균일하므로 상자에서 선택하는 것은 그다지 어렵지 않다.
   2) 독재국가에서는 모든 권력이 지배자에게 귀속된다.
   3) 자동화로 옷 세탁 과정이 자동으로 작동하게 되었다.
   4) 그 통치자의 계보를 연구하면 혈통을 속속들이 알게 될 것이다.
   5) 부검을 실시하면 환자가 사망한 진짜 원인이 드러날 것이다.
   6) 우리 연극은 팬터마임이므로 말을 사용하는 것이 금지되어 있다.
   7) 광도계는 빛의 세기를 측정한다.
   8) 믿을 만한 소식통에서 나온 이야기라면 의심하지 말아야 한다.

UNIT 2   그리스어 단어 요소 11-20

ⓜ miniexercise | ANT, ANTI 번역   p.337

01 의사가 처방한 항히스타민제는 일부 감기 및 알레르기 환자의 증세를 잠시 진정시킬 수 있다.
02 우리 군은 어떤 외부 적으로부터도 우리를 방어할 역량이 있어야 한다.
03 살아있는 미생물에서 개발된 항생물질인 스트렙토마이신은 결핵 치료에 쓰인다.
04 소독제를 사용했다면 감염되지 않았을 것이다.
05 나는 호수 유람선 여행에서 뱃멀미를 한 이후로 줄곧 배 여행이라면 질색이다.

ⓜ miniexercise | ONYM, ONOMATO 번역   p.339

01 "deer"와 "dear"는 동음이의어다.
02 정체를 숨기고 싶은 게 아니라면 가명을 쓸 필요가 없다.
03 스쿠버(scuba)는 자립식 수중 호흡 장치(self-contained underwater breathing apparatus)의 약자다.
04 선생님이 말한 이름 없는 시험지가 내 것으로 드러나자 창피했다. 나는 깜박하고 시험지에 이름을 적지 않았다.
05 "hiss," "mumble," "splash"는 한 단어 의성어를 보여주는 좋은 예다.

ⓜ miniexercise | DERM, DERMATO 번역   p.341

01 박제사는 플라스틱으로 된 동물 모양 거푸집 위에 가죽을 팽팽하게 붙였다.
02 항생제를 복용했나요 아니면 피하주사로 투여했나요?
03 표피, 즉 피부 외층에는 모공이라는 작은 구멍이 수없이 나 있다.
04 리타는 피부과 전문의를 세 번 찾아간 끝에 왼쪽 발바닥 피부에서 욱신거리는 사마귀를 제거했다.
05 땀샘은 진피, 즉 피부 내층에 위치한다.

ⓜ miniexercise | NOM, NEM 번역   p.343

01 악당은 몇 차례 강도행각을 꾀하다가 강적인 셜록 홈즈를 만났다.
02 과잉생산은 중대한 경제문제다.
03 일부 박물관과 미술품 수집가들은 명화를 손에 넣기 위해 천문학적인 비용을 지출하고 있다.
04 저개발국들은 농경법의 원칙을 적용해 농작물의 수확량과 품질을 개선하기 위해 노력하고 있다.
05 평판이 자자한 그 미식가는 함께 식사하는 사람들이 메뉴를 고를 때 선선히 도왔다.

CHAPTER 7

EXPANDING VOCABULARY THROUGH DERIVATIVES

ⓜ **mini**exercise | 접두어 번역　　　p. 364~365

01 overripe 너무 익은
02 disintegrate 분해하다
03 unnecessary 불필요한
04 antiaircraft 고사포, 대공포
05 inaudible 알아들을 수 없는
06 underrated 과소평가된
07 foreseen 예견된
08 extraordinary 비상한
09 unnoticed 간과된
10 withheld 억제된
11 emigrate 이주하다
12 misspent 낭비된
13 overestimated 과대평가된
14 disinterred 발굴된
15 semicircle 반원
16 unnerve 무기력하게 하다
17 preexistence 이전에 존재함
18 dissolution 용해
19 extracurricular 과외의
20 unnavigable 통행할 수 없는
21 overrun 침략하다
22 inappropriate 부적당한
23 semiautonomous 반자치적인
24 dissatisfied 불만스러운
25 unabridged 삭제하지 않은

ⓜ **mini**exercise | in- 번역　　　p. 366~367

01 (in), ingratitude 배은망덕
02 im, impatiently 성급하게
03 ir, irresponsible 무책임한
04 in, inequitable 불공평한
05 im, immoderate 무절제한
06 il, illiteracy 문맹
07 ir, irreplaceable 대체할 수 없는
08 in, inconsistently 변덕스럽게
09 im, impersonal 비개인적인
10 il, illegible 읽기 어려운
11 im, implausible 믿기 어려운
12 in, inarticulate 알아들을 수 없는

13 im, immaterial 무형의
14 ir, irreversible 변경할 수 없는
15 in, insecurity 불안
16 il, illiberal 편협한
17 im, imperceptibly 알아보지 못하게
18 in, inflexible 경직된
19 ir, irrelevant 부적절한
20 im, immoral 부도덕한

ⓜ **mini**exercise | 접미어 번역　　　p. 368

01 government 정치
02 tailless 꼬리가 없는
03 synonymous 같은 뜻의
04 radioed 무선으로 전해진
05 unilaterally 일방적으로
06 embarrassment 당황
07 suddenness 갑작스러움
08 roommate 룸메이트
09 skier 스키 타는 사람
10 foreseeable 미리 알 수 있는

ⓜ **mini**exercise | -y 번역　　　p. 369~371

1.

01 decayed 쇠퇴한
02 fanciful 상상력이 풍부한
03 stealthily 은밀히
04 foolhardiness 무모함
05 magnifying 확대하는
06 pluckiest 가장 용감한
07 defiance 도전
08 overpaid 과다하게 지불된
09 accompaniment 부산물
10 costliness 값이 비쌈
11 ceremonious 형식적인
12 denial 부정
13 momentarily 잠시
14 craftier 더 교활한
15 displayed 표시된
16 burial 매장
17 shyly 수줍게
18 oversupplying 과잉 공급하는
19 harmonious 조화로운
20 disqualified 자격을 잃은

2.

01 clumsy(서투른), clumsier, clumsiest, clumsily, clumsiness

02 noisy(시끄러운), noisier, noisiest, noisily, noisiness

03 sturdy(튼튼한), sturdier, sturdiest, sturdily, sturdiness

04 uneasy(불안한), uneasier, uneasiest, uneasily, uneasiness

05 greedy(탐욕스러운), greedier, greediest, greedily, greediness

06 flimsy(얇은), flimsier, flimsiest, flimsily, flimsiness

07 weary(피곤한), wearier, weariest, wearily, weariness

08 hearty(마음에서 우러난), heartier, heartiest, heartily, heartiness

09 wary(조심성 있는), warier, wariest, warily, wariness

10 unhappy(불행한), unhappier, unhappiest, unhappily, unhappiness

ⓜ miniexercise | 묵음 -e 번역   p.372~373

01 depreciation 하락
02 survival 생존
03 suspenseful 긴장감이 넘치는
04 fatiguing 고된
05 censurable 비난받을 만한
06 acquiescent 묵인하는
07 ninth 제9의
08 hostility 적의
09 malicious 악의적인
10 dawdler 게으름피우는 사람
11 reversible 뒤집을 수 있는
12 immaculately 오점이 없게
13 spineless 척추가 없는
14 outrageous 난폭한
15 demotion 강등
16 homogenized 균질화된
17 rechargeable 재충전 가능한
18 abatement 감소
19 emancipator 해방자
20 disputable 논란의 소지가 있는

21 wholly 완전히
22 provoking 자극하는
23 argument 논쟁
24 fragility 부서지기 쉬움
25 replaceable 대신할 수 있는

ⓜ miniexercise | -ly 번역   p.374~376

1.

01 (압도적인), overwhelmingly
02 (표준의), normally
03 (학교 간의), interscholastically
04 (상호의), mutually
05 (충분한), amply
06 (뚜렷한), conspicuously
07 (경제의), economically
08 (솔직한), outspokenly
09 (그림의), graphically
10 (명백한), incontrovertibly
11 (시간을 잘 지키는), punctually
12 (배타적인), exclusively
13 (부주의한), unwarily
14 (상습적인), chronically
15 (종합적인), synthetically
16 (간헐적인), intermittently
17 (수동의), manually
18 (무거운), heavily
19 (절대 확실한), infallibly
20 (미친 듯한), frantically

2.

01 (민주주의), (democratic, democratically)
02 (역사), (historic, historically)
03 (독재 정치), autocratic, autocratically
04 (속기), stenographic, stenographically
05 (적대자), antagonistic, antagonistically
06 (교육학), pedagogic, pedagogically
07 (경제학), economic, economically
08 (천문학), astronomic or astronomical, astronomically
09 (외교), diplomatic, diplomatically
10 (관료 제도), bureaucratic, bureaucratically
11 (자서전), autobiographical or autobiographic, autobiographically
12 (대칭), symmetric, symmetrically

1.

01 concurring 일치하는
02 entailed 필연적으로 수반된
03 abhorrent 매우 싫은
04 flatter 평평하게 하는 것
05 retractable 취소할 수 있는
06 referral 추천, 위탁
07 dispelled 쫓겨난
08 deterrent 방해하는
09 ungagged 해제된
10 drummer 드럼 주자
11 eliciting 이끌어 내는
12 imperiled 위태롭게 된
13 absorbent 흡수성의
14 deference 복종
15 propellant 추진시키는 것
16 interring 매장하는
17 appendage 부속물
18 covetous 탐욕스러운
19 discredited 신용이 떨어진
20 adaptable 적응할 수 있는
21 cowering 위축되는
22 disinterred 발굴된
23 pilferer 좀도둑
24 slimmest 가장 가느다란
25 excellent 뛰어난

2.

01 (후회하다), regretting, regretted, regretful
02 (죄를 범하다), sinning, sinned, sinner
03 (통제하다), controlling, controlled, controller
04 (발생하다), occurring, occurred, occurrence
05 (연기하다), adjourning, adjourned, adjournment
06 (손가락으로 튀기다), flipping, flipped, flippant
07 (보내다), transmitting, transmitted, transmitter
08 (이익을 얻다), profiting, profited, profitable
09 (연기하다), deferring, deferred, deferment
10 (의견이 다르다), dissenting, dissented, dissenter
11 (연장하다), protracting, protracted, protractor
12 (얼룩지게 하다), spotting, spotted, spotter
13 (맡기다), committing, committed, commitment
14 (능가하다), excelling, excelled, excellence
15 (재발하다), recurring, recurred, recurrent

1.

01 inflexible 경직된
02 tenancy 차용
03 vehemence 격렬함
04 benefactor 은인
05 self-reliance 자립
06 visibility 눈에 보임
07 dispenser 약제사
08 relevance 타당성
09 infallibility 절대 확실함
10 unchangeable 불변의
11 collaborator 협력자
12 impregnability 견고
13 reflector 반사물
14 currency 화폐
15 correspondence 조화
16 contender 경쟁자
17 impermanent 비영구적인
18 irreversible 뒤집을 수 없는
19 inaccessibility 접근하기 어려움
20 semidependent 반의존적인

2.

01 (능력), (capable)
02 (긴급), urgent
03 (저항), resistant
04 (절대 확실), infallible
05 (복종), subservient
06 (양립 가능성), compatible
07 (고귀함), eminent
08 (무단 결석), truant
09 (들을 수 있음), audible
10 (부유), opulent
11 (변하기 쉬움), inconstant
12 (악의), malevolent
13 (끈기 있음), indefatigable
14 (준수), observant
15 (타당성), cogent
16 (적응성), adaptable
17 (고온 발광), incandescent
18 (이용할 수 없음), unavailable
19 (수락), compliant
20 (일시적임), transient

1. 1) transgress(범위를 넘다), transgressor, transgression
   2) depend(의존하다), dependent, dependence
   3) correspond(일치하다), correspondent, correspondence
   4) consult(상담하다), consultant, consultation
   5) exhibit(전시하다), exhibitor, exhibition
   6) observe(관찰하다), observer, observation
   7) intercept(가로채다), interceptor, interception
   8) oppose(반대하다), opponent, opposition
   9) immigrate(이주하다), immigrant, immigration
   10) collaborate(협력하다), collaborator, collaboration

2. 1) happiness(행복), happy, happily
   2) courage(용기), courageous, courageously
   3) amicability or amicableness(우호), amicable, amicably
   4) immaturity(미성숙), immature, immaturely
   5) originality or origin(원천), original, originally
   6) coherence(밀착), coherent, coherently
   7) benevolence(자비심), benevolent, benevolently
   8) harmony(조화), harmonious, harmoniously
   9) stubbornness(완고함), stubborn, stubbornly
   10) proficiency(숙달), proficient, proficiently
   11) legibility(읽기 쉬움), legible, legibly
   12) unanimity(만장일치), unanimous, unanimously
   13) shyness(수줍음), shy, shyly
   14) weariness(피곤함), weary, wearily
   15) insecurity(불안), insecure, insecurely
   16) autonomy(자치), autonomous, autonomously
   17) logic(논리), logical, logically
   18) outrage(분개), outrageous, outrageously
   19) consistency(일관성), consistent, consistently
   20) hostility(적의), hostile, hostilely

Vocabulary

3rd Edition

22000

미니 단어장

DAY 01 | 빈출어휘 1~30위

1	**vulnerable**	취약한, 연약한
2	**comprehensive**	포괄적인, 종합적인
3	**distinguish**	구별하다
4	**abandon**	버리다, 그만두다
5	**intrepid**	대담한, 용기있는
6	**ephemeral**	수명이 짧은, 단명하는
7	**devastate**	완전히 파괴하다
8	**mandatory**	법에 정해진, 의무적인
9	**impartial**	공정한
10	**candor**	공평무사, 솔직
11	**ruminate**	숙고하다
12	**elaborate**	정교한, 공들인
13	**generous**	후한[너그러운]
14	**dismiss**	묵살하다, 해고하다
15	**release**	풀어 주다, 석방하다
16	**belie**	착각하게 만들다, 거짓임을 보여주다
17	**eradicate**	근절하다, 뿌리뽑다
18	**ambiguous**	애매모호한
19	**enhance**	향상시키다
20	**impetuous**	성급한, 충동적인
21	**comply**	(법·명령 등에) 따르다
22	**deteriorate**	악화되다, 악화시키다
23	**concern**	관련되다; 우려
24	**inactive**	활동하지 않는, 활발하지 않은
25	**extinction**	멸종
26	**susceptible**	받아들이는, 허락하는
27	**accumulate**	모으다, 축적하나
28	**initial**	처음의, 초기의
29	**deceive**	속이다, 기만하다
30	**exhaustive**	철저한[완전한]

DAY 02 | 빈출어휘 31~60위

31	**confrontation**	대치, 대립
32	**impromptu**	즉흥적으로 한
33	**infuriate**	극도로 화나게 만들다
34	**commit**	(범죄를) 저지르다
35	**obsolete**	더 이상 쓸모가 없는, 구식의
36	**disperse**	흩어지다, 해산시키다
37	**adequate**	충분한[적절한]
38	**tangible**	만질 수 있는
39	**innate**	타고난, 선천적인
40	**conduct**	(특정한 활동을) 하다, 지휘하다
41	**ratify**	비준[재가]하다
42	**precarious**	불안정한, 위태로운
43	**affection**	애착, 애정
44	**incorporate**	법인체를 설립하다, 포함하다
45	**capricious**	변덕스러운

46	**substantial**	(중요성이) 상당한
47	**affect**	영향을 미치다
48	**thrive**	번창하다, 잘 자라다
49	**incompatible**	양립할 수 없는, 공존할 수 없는
50	**candid**	솔직한
51	**alleviate**	완화하다
52	**insatiable**	만족할 줄 모르는
53	**futile**	헛된, 소용없는
54	**discrimination**	차별
55	**negligible**	무시해도 될 정도의
56	**alter**	변경하다, 바꾸다
57	**account**	계좌; 간주하다
58	**hereditary**	유전적인
59	**unprecedented**	전례 없는
60	**conflict**	갈등; 상충하다

DAY 03 | 빈출어휘 61~90위

61	**appropriate**	적절한
62	**respect**	존경; 존경하다
63	**sustain**	지속시키다, 견디다
64	**obedient**	고분고분한, 순종하는
65	**radical**	급진적인, 과격한
66	**insecure**	자신이 없는, 불안정한
67	**detrimental**	해로운
68	**dominate**	지배하다
69	**surpass**	능가하다, 뛰어넘다
70	**term**	용어, 학기
71	**available**	이용할 수 있는, 시간이 있는
72	**feasible**	실현 가능한
73	**variety**	다양성
74	**current**	현재의, 지금의
75	**effect**	영향, 결과

76	**insipid**	맛이 없는, 재미없는
77	**ban**	금하다
78	**disparity**	차이
79	**diversity**	다양성
80	**conventional**	관습적인, 전통적인
81	**obligation**	(법적·도의적) 의무
82	**inevitable**	불가피한, 필연적인
83	**indigenous**	(어떤 지역) 원산의
84	**reiterate**	반복하다 [되풀이하다]
85	**innocuous**	무해한, 위험하지 않은
86	**altruistic**	이타적인
87	**indifferent**	무관심한
88	**obscure**	이해하기 힘든, 모호한
89	**equivocal**	모호한
90	**arbitrary**	임의적인, 제멋대로인

91	precipitate	(특히 나쁜 일을) 촉발시키다
92	temporary	일시적인, 임시의
93	persistent	끈질긴, 집요한
94	determinedly	결연히, 단호히
95	perpetuate	영구화하다, 영속시키다
96	deadly	치명적인, 극도의
97	endorse	지지하다, 홍보하다
98	liability	법적 책임, 부채
99	apathetic	무관심한, 심드렁한
100	lenient	관대한
101	potential	가능성이 있는; 가능성
102	complacent	현실에 안주하는, 자기만족적인
103	discretion	(자유) 재량, 신중함
104	reveal	드러내다[폭로하다]
105	potent	강한[강력한]

106	integral	필수적인
107	ubiquitous	어디에나 있는, 아주 흔한
108	ambivalent	반대 감정이 병존하는
109	contradictory	모순되는
110	relevant	관련 있는, 적절한
111	curtail	축소하다, 줄이다
112	dwindle	줄어들다
113	decline	감소; 줄어들다
114	increment	증가, 증대
115	fertile	비옥한, 기름진
116	ostentatious	과시하는, 허세 부리는
117	gullible	남을 잘 믿는
118	substantiate	입증하다
119	oblivious	의식하지 못하는
120	notorious	악명 높은

DAY 05 | 빈출어휘 121~150위

121	repel	쫓아버리다, 물리치다
122	charge	요금; 청구하다
123	reluctant	꺼리는, 마지못한
124	restricted	제한된[한정된]
125	suppress	진압하다
126	sluggish	게으른, 나태한
127	attribute	~의 덕분으로 보다, ~의 탓으로 하다
128	confiscate	몰수[압수]하다
129	immune	면역성이 있는
130	extinct	멸종된
131	specific	구체적인, 명확한
132	compose	구성하다, 작곡하다
133	constant	끊임없는, 변함없는
134	sedentary	주로 앉아서 하는
135	exceed	넘다[초과하다]

136	scrutiny	정밀 조사
137	eligible	적격의, 적임의
138	adept	능숙한
139	mundane	재미없는, 일상적인
140	affable	상냥한, 사근사근한
141	surge	밀려들다, 급등하다
142	implement	시행하다; 도구
143	accountable	책임이 있는
144	bolster	북돋우다, 강화하다
145	agile	날렵한, 민첩한
146	alienate	(사람을) 소원하게 만들다
147	coincide	동시에 일어나다, 일치하다
148	flatter	아첨하다
149	abuse	남용, 학대
150	plight	역경, 곤경

151	disseminate	(정보·지식 등을) 전파하다
152	agreeable	기분 좋은, 선뜻 동의하는
153	transitory	일시적인, 덧없는
154	proliferate	급증하다, (빠르게) 확산되다
155	agitate	(액체를) 흔들다, (사람을) 선동하다
156	prevalent	일반적인[널리 퍼져 있는]
157	confidential	비밀의, 신뢰를 받는
158	institution	기관, 제도
159	opulent	호화로운, 엄청나게 부유한
160	injection	주입, 주사
161	obliquely	비스듬히, 간접적으로
162	odious	끔찍한, 혐오스러운
163	mediocre	보통의, 평범한
164	parsimonious	인색한
165	peer	또래; 자세히 들여다보다

166	monotonous	단조로운 [변함없는]
167	pernicious	해로운, 치명적인
168	persuade	설득하다
169	obstinate	고집 센, 완강한
170	omniscient	모든 것을 다 아는, 박식한
171	pleased	기쁜, 만족해하는
172	overlook	간과하다, ~을 내려다보다
173	observation	관찰, 감시
174	intrinsic	고유한, 본질적인
175	nervous	불안해 하는
176	perceive	감지하다, 이해하다
177	intriguing	아주 흥미로운
178	moderate	온건한, 알맞은
179	platitude	평범한 의견, 평범
180	instigate	부추기다, 선동하다

DAY 07 | 빈출어휘 181~210위

181	measure	측정하다, 재다
182	infertile	메마른, 불모(不毛)의
183	pragmatic	실용적인
184	perpetual	영속하는, 영구의
185	pathetic	불쌍한, 애처로운
186	modest	겸손한, 신중한
187	abstract	추상적인
188	wane	약해지다, 줄어들다
189	impair	손상시키다
190	abjure	(신념 등을) 포기하다
191	austere	꾸밈없는, 소박한
192	outrage	격분, 격노
193	placate	(화를) 달래다
194	defiant	반항하는
195	subversive	파괴하는, 전복하는

196	elude	(교묘히) 피하다
197	hamper	방해하다
198	immutable	불변의
199	alternate	번갈아 생기는, 교대의
200	competition	경쟁, 대회
201	indelible	잊을 수 없는
202	mobile	이동하는, 이동식의
203	emulate	모방하다
204	analogous	유사한
205	celestial	하늘의, 천체의
206	identical	동일한
207	infer	추론하다
208	commitment	약속, 헌신
209	competent	유능한, 능력이 있는
210	passionate	열정적인, 열렬한

211	**trivial**	사소한, 하찮은	226	**cause**	원인; ~을 야기하다
212	**conducive**	~에 좋은	227	**anxiety**	걱정, 근심
213	**viable**	실행 가능한	228	**prolific**	다산하는, 열매를 많이 맺는
214	**contempt**	경멸, 멸시	229	**legitimate**	합법적인, 적법의
215	**concentrate**	집중하다, 전념하다	230	**equivalent**	동등한
216	**spontaneous**	자발적인, 즉흥적인	231	**anonymity**	익명(성)
217	**sensible**	분별있는, 합리적인	232	**capacity**	능력
218	**discriminate**	차별하다	233	**invaluable**	매우 유용한, 귀중한
219	**sensitive**	예민한, 감성 있는	234	**valid**	유효한, 타당한
220	**anguish**	괴로움, 비통	235	**durable**	내구성이 있는, 오래가는
221	**intent**	몰두하는; 의도	236	**appreciate**	진가를 알아보다, 고마워하다
222	**parsimony**	인색함	237	**inspiration**	영감
223	**conservative**	보수적인	238	**disdain**	무시; 무시하다
224	**pervasive**	만연하는	239	**brittle**	잘 부러지는, (기분·정서가) 불안정한
225	**flourish**	번창하다	240	**fledgling**	어린 새, 초보자

DAY 09 | 빈출어휘 241~270위

241	**rudimentary**	가장 기본적인, 제대로 발달하지 못한
242	**calculate**	계산하다, 산출하다
243	**volatile**	변덕스러운, 불안한
244	**beguile**	속이다, 기만하다
245	**unstable**	급변할 듯한, 불안정한
246	**appearance**	모습, (뜻밖에) 나타남
247	**capitalize**	대문자로 쓰다
248	**undermine**	약화시키다
249	**immortal**	죽지 않는, 불후의
250	**lethal**	치명적인
251	**approve**	찬성하다, 괜찮다고 생각하다
252	**fallacious**	잘못된, 틀린
253	**experiment**	(과학적인) 실험
254	**ignorance**	무지, 무식
255	**gradual**	점진적인, 서서히 일어나는

256	**evidence**	증거, 흔적
257	**feeble**	아주 약한, 허약한
258	**exclusion**	제외, 배제
259	**hasten**	서둘러 하다, 재촉하다
260	**expressive**	(생각·감정을) 나타내는, 표정이 있는
261	**indiscriminate**	무분별한, 지각 없는
262	**identity**	신원, 신분
263	**equilibrium**	평형, (마음의) 평정
264	**furious**	몹시 화가 난, 맹렬한
265	**impede**	지연시키다
266	**estimate**	추정, 추산
267	**havoc**	대파괴, 큰 혼란
268	**exposure**	(유해한 환경 등에의) 노출, 폭로
269	**incorrigible**	고질적인, 구제 불능의
270	**inadequate**	불충분한, 부적당한

271	fiscal	국가 재정의		

271	**fiscal**	국가 재정의	286	**reliable**	믿을 수 있는
272	**gluttonous**	게걸들린, 많이 먹는	287	**reprimand**	질책하다
273	**furtive**	은밀한, 엉큼한	288	**significant**	중요한, 특별한 의미가 있는
274	**identify**	(신원 등을) 확인하다, 발견하다	289	**property**	재산, 소유물
275	**evaporate**	증발하다, 사라지다	290	**reckless**	무모한, 신중하지 못한
276	**dire**	대단히 심각한, 엄청난	291	**reproach**	비난, 책망
277	**occur**	일어나다, 발생하다	292	**reservation**	예약, (권리 등의) 보류
278	**attract**	마음을 끌다, (어디로) 끌어들이다	293	**solemn**	침통한, 근엄한
279	**breakthrough**	돌파구	294	**safeguard**	보호하다; 보호장치
280	**conspicuous**	눈에 잘 띄는, 튀는	295	**refer**	알아보도록 하다, 참조하게 하다
281	**stable**	안정된	296	**reticent**	말을 잘 안 하는, 과묵한
282	**survey**	조사, 측량	297	**reptile**	파충류
283	**remarkable**	놀랄 만한, 주목할 만한	298	**stationary**	움직이지 않는, 정지된
284	**psychologist**	심리학자	299	**steel**	강철, 철강업
285	**productive**	생산하는	300	**reputation**	평판, 명성

DAY 11 | 빈출어휘 301~330위

301	restraint	규제, 통제
302	sagacious	현명한
303	prudent	신중한
304	refrain	삼가다; 자주 반복되는 말
305	relatively	비교적
306	responsibility	책임(맡은 일), 책무
307	reinforce	강화하다, (구조 등을) 보강하다
308	stubborn	완고한, 고집스러운
309	preserve	지키다, 보존하다
310	prompt	즉각적인, 지체 없는
311	shun	피하다
312	reliability	신뢰할 수 있음, 확실성
313	promote	촉진하다, 홍보하다
314	auspicious	상서로운
315	conviction	유죄 선고[판결]
316	assault	폭행(죄), 공격
317	proceed	진행하다
318	plausible	타당한 것 같은, 이치에 맞는
319	down-to-earth	현실적인, 실제적인
320	commensurate	어울리는
321	prescription	처방전, 처방된 약
322	erudite	학식 있는, 박식한
323	deleterious	해로운, 유해한
324	dignity	위엄, 존엄성
325	pretend	~인 척하다, 가식적으로 행동하다
326	abstruse	난해한
327	nebulous	흐릿한, 모호한
328	blurred	흐릿한, (기억이) 희미한
329	consume	(연료·에너지·시간을) 소모하다, 먹다
330	obesity	비만

DAY 12 | 빈출어휘 331~360위

331	merge	합병하다
332	narrow	좁은
333	violate	위반하다, (남의 사생활 등을) 침해하다
334	testimony	증거, 증언
335	variation	변화
336	widespread	광범위한, 널리 퍼진
337	admonish	꾸짖다, 책망하다
338	tolerance	용인, 관용
339	utterly	완전히, 순전히
340	amass	모으다, 축적하다
341	threaten	협박하다
342	affluence	풍족, 부
343	adopt	입양하다, 채택하다
344	accommodation	거처, 숙소
345	absorption	흡수, 통합

346	unique	유일무이한, 독특한
347	alien	생경한, 외국의
348	annoy	짜증나게 하다
349	unscrupulous	부도덕한, 무원칙한
350	advocate	지지하다; 옹호자
351	vigorous	활발한, 격렬한
352	absorb	흡수하다
353	vindictive	앙심을 품은
354	vehicle	차량, 운송 수단
355	accessible	접근 가능한, 이해하기 쉬운
356	virtually	사실상, 가상으로
357	affability	상냥함, 붙임성 있음
358	taciturn	(성격이) 뚱한
359	abhorrence	혐오
360	adventurous	모험심이 강한, 모험을 즐기는

361	ambiguity	애매모호함, 애매모호한 말
362	undergo	(안 좋은 일 등을) 겪다
363	convince	납득시키다, 설득하다
364	desperate	자포자기한, 필사적인
365	turmoil	혼란, 소란
366	dismay	실망; 경악하게 만들다
367	exacerbate	(특히 질병·문제를) 악화시키다
368	contrast	차이, 대조
369	disturb	방해하다, 불안하게 하다
370	appease	달래다, 요구를 들어주다
371	tranquility	평온
372	absurd	우스꽝스러운, 터무니없는
373	mean	~라는 뜻이다; 못된
374	assiduous	근면 성실한
375	impeccable	흠 잡을 데 없는
376	accomplice	공범(자)
377	intrigue	강한 흥미를 불러일으키다, 모의하다
378	corporal	상등병; 신체의
379	accidental	우연한, 돌발적인
380	continually	계속해서, 계속적으로
381	collision	충돌 (사고), 부딪침
382	cede	양도하다
383	construe	~을 이해하다
384	circulate	순환하다, 순환시키다
385	assurance	확언, 장담
386	chaotic	혼돈 상태인
387	assume	추정하다, (권력·책임을) 맡다
388	condemn	규탄하다, 선고를 내리다
389	competitive	경쟁을 하는, 경쟁력 있는
390	concession	양보, 인정

DAY 14 | 빈출어휘 391~420위

391	**contemporary**	동시대의, 현대의
392	**ardent**	열렬한, 열정적인
393	**clutter**	채우다; 잡동사니
394	**benefit**	혜택, 이득
395	**compile**	엮다, 편집하다
396	**compensation**	보상(금)
397	**consummate**	완성하다, 극점에 달하게 하다
398	**capital**	수도, 자본금
399	**bellicose**	호전적인, 싸우기 좋아하는
400	**congenial**	마음이 맞는, 성격에 맞는
401	**bulge**	(~으로) 가득 차다
402	**boredom**	지루함, 따분함
403	**compliant**	순응하는, 따르는
404	**attractive**	매력적인, 멋진
405	**aqueduct**	송수로

406	**contemplate**	고려하다, 예상하다
407	**conclusion**	결론, 판단
408	**confound**	어리둥절하게 만들다
409	**counterfeit**	위조의, 모조의; 위조하다
410	**forge**	구축하다, 위조하다
411	**spurious**	거짓된, 겉으로만 그럴싸한
412	**trickery**	사기, 협잡
413	**deprivation**	박탈[부족]
414	**disparate**	이질적인
415	**entice**	유도하다
416	**arduous**	몹시 힘든, 고된
417	**courteous**	공손한, 정중한
418	**stringent**	엄중한, 긴박한
419	**strict**	엄격한[엄한]
420	**disprove**	틀렸음을 입증하다

DAY 15 | 빈출어휘 421~450위

421	elevation	승진, 승격
422	dispatch	보내다[파견하다]
423	congruous	일치하는, 조화하는
424	distinctive	독특한
425	disrupt	방해하다, 지장을 주다
426	curb	억제하다
427	obvious	분명한, 확실한
428	prescient	선견지명이 있는
429	distribute	나누어 주다, 분배하다
430	concede	인정하다, 내주다
431	conformity	(규칙·관습 등에) 따름, 순응
432	comparison	비교, 비유
433	anticipate	예상하다, 예측하다
434	tedious	지루한, 싫증나는
435	concise	간결한, 축약된

436	diminish	줄어들다, 줄이다
437	elusive	피하는, 규정하기 힘든
438	deduct	(돈·점수 등을) 공제하다
439	periphery	(어떤 범위의) 주변, (덜 중요한) 주변부
440	nominal	이름뿐인, 아주 얼마 안 되는
441	distraction	집중을 방해하는 것
442	converge	모여들다, 집중되다
443	condense	(기체가) 응결되다, 응결시키다
444	perfunctory	형식적인
445	frivolous	경솔한, 바보 같은
446	drastic	과감한, 극단적인
447	disorder	엉망, 어수선함
448	attenuate	약화시키다, 희석시키다
449	devoid	~이 전혀 없는
450	deduce	추론하다, 연역하다

DAY 16 | 빈출어휘 451~480위

451	convict	유죄를 선고하다
452	corporation	기업[회사]
453	clone	클론, 복제
454	deficient	부족한, 결함이 있는
455	disregard	무시하다; 묵살
456	cursory	대충 하는, 피상적인
457	conciliatory	달래는, 회유하기 위한
458	corroborate	제공하다, 확증하다
459	disclose	밝히다[폭로하다]
460	discern	알아차리다
461	corruption	부패, 오염
462	duplicity	이중성, 표리부동
463	dissatisfaction	불만
464	denote	조짐을 보여주다
465	eerie	괴상한, 으스스한

466	decry	매도하다
467	depression	우울증, 우울함
468	desirable	바람직한, 호감 가는
469	deplorable	개탄스러운
470	camouflage	위장
471	disparaging	얕보는, 험담하는
472	count	세다, 계산하다
473	deflect	방향을 바꾸다, 피하다
474	complexity	복잡성, 복잡함
475	contradict	부정하다, 반박하다
476	composition	구성 요소들, 구성
477	detest	몹시 싫어하다
478	contribution	기부, 기여
479	diplomacy	외교, 외교술
480	deplore	개탄하다

DAY 17 | 빈출어휘 481~510위

481	deposit	착수금[보증금]
482	devastating	대단히 파괴적인
483	dour	시무룩한, 음침한
484	delivery	배달, 출산
485	deserted	사람이 없는, 사람들이 떠나 버린
486	define	정의하다, 규정하다
487	debatable	이론[논란]의 여지가 있는
488	domestic	국내의, 가정(용)의
489	contraction	수축, 축소
490	closet	벽장; 드러나지 않은
491	cumbersome	다루기 힘든, 번거로운
492	confirmed	확고부동한
493	avalanche	눈사태, 산사태
494	drastically	과감하게, 철저하게
495	congruent	크기와 형태가 동일한, 알맞은

496	deem	(~로) 여기다
497	efface	지우다, 없애다
498	benign	상냥한, 유순한
499	baneful	사악한
500	formerly	이전에, 예전에
501	embarrass	당황스럽게 만들다, 곤란하게 만들다
502	enthusiasm	열광, 열정
503	endangered	멸종 위기에 처한
504	exhaust	다 써버리다, 소진시키다
505	ensure	반드시 ~하게 하다, 보장하다
506	frank	솔직한[노골적인]
507	empirical	경험에 의거한, 실증적인
508	berate	질책하다
509	enervate	기력을 떨어뜨리다
510	enormous	막대한, 거대한

511	blur	흐릿한 형체, (기억이) 희미한 것	
512	awry	(계획 등이) 빗나간, (흐트러져) 엉망인	
513	expose	드러내다, 폭로하다	
514	foil	(음식을 싸는 알루미늄) 포장지	
515	genocide	집단[종족] 학살	
516	boisterous	활기가 넘치는, 잠시도 가만히 있지 못하는	
517	enigmatic	수수께끼 같은, 불가사의한	
518	equitable	공정한, 공평한	
519	fatigue	피로	
520	harsh	가혹한, 냉혹한	
521	browbeat	으르다, 협박하다	
522	burnish	윤을 내다	
523	eternal	영원한, 끊임없는	
524	expeditiously	신속하게, 급속하게	
525	blanch	표백하다, (특히 야채를) 데치다	

526	evolution	진화, (점진적인) 발전	
527	fiasco	낭패	
528	hail	(택시·버스 등을) 부르다; 우박	
529	biracial	혼혈의	
530	brevity	간결성, 짧음	
531	bogus	가짜의, 위조의	
532	endanger	위험에 빠뜨리다, 위태롭게 만들다	
533	blend	섞다, 혼합하다	
534	epitomize	완벽한 보기이다, 전형적으로 보여주다	
535	ensue	(어떤 일·결과가) 뒤따르다	
536	brightly	밝게, 빛나게	
537	formula	공식, 방식	
538	formal	격식을 차린, 공식적인	
539	canine	개의; 송곳니	
540	fatal	죽음을 초래하는, 치명적인	

541	extrovert	외향적인 사람; 외향적인
542	blemish	티, 흠; 흠집을 내다
543	balk	방해하다, 좌절시키다
544	breach	위반, 침해
545	batter	난타하다, 강타하다
546	felicity	더할 나위없는 행복
547	cajole	꼬드기다, 회유하다
548	feature	특색, 특징
549	banner	플래카드, 현수막
550	excessive	지나친, 과도한
551	enact	(법을) 제정하다
552	fortify	요새화하다, 기운을 돋우다
553	foster	육성하다, 발전시키다
554	haggle	실랑이를 벌이다, 흥정을 하다
555	anodyne	진통제, 완화물

556	inordinate	과도한, 지나친
557	inanimate	무생물의, 죽은
558	imbibe	마시다, (특히 정보를) 흡수하다
559	anachronism	시대착오, 연대의 오기
560	inure	익히다, 단련하다
561	inflict	(괴로움 등을) 가하다
562	arable	곡식을 경작하는
563	impassive	무표정한, 아무런 감정이 없는
564	insolent	버릇없는, 무례한
565	askance	의심의 눈으로, 비스듬히
566	holistic	전체론의, 전체론적 의학의
567	obtain	얻다, 입수하다
568	heredity	유전
569	ascribe	(원인을) ~에 돌리다, (결과를) ~의 탓으로 돌리다
570	intermittent	간헐적인

571	**antibody**	항체
572	**artery**	동맥
573	**insulation**	절연 처리, 절연체
574	**incremental**	증대하는, 증가의
575	**impregnable**	난공불락의, 무적의
576	**encompass**	포함하다, 아우르다
577	**extract**	발췌, 추출물
578	**employ**	고용하다, (기술·방법 등을) 쓰다
579	**erase**	지우다
580	**perform**	실행하다, 이행하다
581	**eventually**	결국, 종내
582	**forgo**	~없이 지내다, 그만두다
583	**elucidate**	설명하다, 밝히다
584	**bicker**	말다툼하다, 언쟁하다
585	**harass**	괴롭히다[희롱하다]

586	**fabricate**	날조하다
587	**captious**	흠잡기 잘하는, 말꼬리를 잡고 늘어지는
588	**cardinal**	추기경; 주요한
589	**bluff**	허세를 부리다, 엄포를 놓다
590	**brash**	성급한, 경솔한
591	**voluntarily**	자발적으로
592	**predicament**	곤경, 궁지
593	**manage**	(힘든 일을) 간신히 해내다, 경영하다
594	**adamant**	요지부동의, 단호한
595	**considerable**	상당한, 많은
596	**extensive**	대규모의, 광범위한
597	**evacuate**	대피시키다
598	**inhibition**	금지, 억제
599	**facilitate**	가능하게 하다
600	**expediency**	편의, 형편 좋음

DAY 21 | 빈출어휘 601~630위

601	**contagious**	전염되는, 전염성의	
602	**foundation**	토대[기초]	
603	**resentment**	분함, 억울함	
604	**ominous**	불길한	
605	**eccentric**	괴짜인, 별난	
606	**distort**	비틀다, 왜곡하다	
607	**vanish**	(갑자기) 사라지다	
608	**recede**	물러나다, 멀어지다	
609	**induce**	설득하다, 유도하다	
610	**abolish**	(법률·제도·조직을) 폐지하다	
611	**fortuitous**	우연한, 행운의	
612	**staggering**	충격적인, 믿기 어려운	
613	**menace**	위협적인 존재	
614	**impact**	(강력한) 영향, 충격	
615	**epitome**	발췌, 전형	

616	**applaud**	박수를 치다
617	**similar**	비슷한, 닮은
618	**retrospect**	회상, 회고
619	**compound**	복합체, 화합물
620	**reciprocal**	상호간의
621	**mutual**	상호간의, 서로의
622	**perishable**	잘 상하는
623	**prevail**	만연하다, 승리하다
624	**stingy**	인색한
625	**augment**	늘리다, 증가시키다
626	**copious**	엄청난, 방대한
627	**deplete**	대폭 감소시키다
628	**despicable**	비열한, 야비한
629	**humiliate**	굴욕감을 주다
630	**mortify**	굴욕감을 주다, 몹시 당황하게 만들다

631	**stigma**	오명, 치욕
632	**acclaim**	칭송하다, 환호를 보내다
633	**acute**	격심한, 극심한
634	**favorable**	호의적인, 찬성하는
635	**ruthless**	무자비한, 가차 없는
636	**appalling**	간담을 서늘케 하는, 끔찍한
637	**prowess**	용기, 뛰어난 솜씨
638	**undaunted**	의연한
639	**overwhelming**	압도적인, 너무도 강력한
640	**tenable**	방어될 수 있는
641	**dismal**	음울한, 울적하게 하는
642	**alert**	기민한, 정신이 초롱초롱한
643	**rampant**	걷잡을 수 없는, 만연하는
644	**intractable**	다루기 힘든, 고집불통의
645	**strenuous**	몹시 힘든, 격렬한
646	**hazardous**	위험한
647	**impulsive**	충동적인
648	**exuberant**	활기 넘치는, 무성한
649	**sanguine**	낙관적인, 자신감이 넘치는
650	**exhilarating**	아주 신나는
651	**nonchalant**	차분한, 태연한
652	**skeptical**	의심 많은, 회의적인
653	**lethargic**	기면성의, 혼수(상태)의
654	**indolent**	게으른, 나태한
655	**acquire**	습득하다
656	**secular**	세속적인, 일반 대중들 속에 사는
657	**peculiar**	이상한, 특유한
658	**contract**	계약, 약정
659	**compensate**	보상하다, 보상금을 주다
660	**afford**	(경제적·시간적으로) 여유가 되다, 할 수 있다

DAY 23 | 빈출어휘 661~690위

661	**trigger**	촉발시키다, 일으키다	
662	**corollary**	필연적인 결과, 당연한 귀결	
663	**consequential**	~의 결과로 일어나는, ~에 따른	
664	**derivative**	파생어, 파생물	
665	**evade**	(어떤 일이나 사람을) 피하다	
666	**eschew**	피하다, 삼가다	
667	**impute**	~에게 돌리다, 씌우다	
668	**convert**	전환시키다	
669	**intact**	온전한, 손상되지 않은	
670	**spot**	반점, 장소	
671	**tarnish**	흐려지다, 변색시키다	
672	**recurring**	되풀이하여 발생하는	
673	**sporadically**	산발적으로	
674	**remedy**	처리 방안, 해결책	
675	**palpable**	감지할 수 있는, 뚜렷한	

676	**explicit**	분명한, 명쾌한	
677	**cryptic**	수수께끼 같은, 아리송한	
678	**unconscious**	의식을 잃은, 의식이 없는	
679	**hypocrite**	위선자	
680	**minute**	(시간 단위의) 분, 잠깐	
681	**meager**	메마른	
682	**immediate**	즉각적인, 당면한	
683	**abruptly**	갑자기, 불쑥	
684	**misdemeanor**	경범죄	
685	**plagiarism**	표절	
686	**infamous**	악명 높은, 오명이 난	
687	**arrogant**	오만한	
688	**exorbitant**	과도한, 지나친	
689	**idiosyncratic**	특유한, 기이한	
690	**protrude**	튀어나오다, 내밀다	

691	**prior**	사전의, 우선하는	
692	**descendant**	자손, 후손	
693	**substitute**	대신하는 사람, 대용물	
694	**classification**	분류, 유형	
695	**embody**	(사상·특질을) 구현하다, 포함하다	
696	**subsidiary**	부수적인, 자회사의	
697	**counterpart**	상대, 대응 관계에 있는 사람	
698	**prefer**	~을 더 좋아하다, 선호하다	
699	**familiarize**	익숙하게 하다	
700	**carnivorous**	(동물이) 육식성의, (식물이) 식충성의	
701	**concoct**	(특히 음식이나 음료를 섞어) 만들다, (이야기 등을) 지어내다	
702	**adulterate**	불순물을 섞다	
703	**detain**	구금하다	
704	**roam**	돌아다니다, 천천히 훑다	
705	**ecology**	생태, 생태학	

706	**arid**	매우 건조한, 무미건조한
707	**discard**	버리다, 폐기하다
708	**maturity**	성숙함, 원숙함
709	**paternity**	아버지임
710	**embrace**	안다, 받아들이다
711	**sobriety**	술에 취하지 않은 상태, 맨 정신
712	**assess**	재다, 평가하다
713	**confidence**	신뢰, 자신감
714	**critical**	비판적인, 대단히 중요한
715	**symptom**	증상, 징후
716	**conjecture**	추측
717	**delve**	뒤지다
718	**boost**	신장시키다, 북돋우다
719	**offset**	상쇄하다
720	**decimate**	대량으로 죽이다, 심하게 훼손하다

DAY 25 | 빈출어휘 721~750위

721	**deride**	조롱하다
722	**harassing**	괴롭히는, 귀찮게 구는
723	**galvanize**	충격 요법을 쓰다, ~에 아연 도금을 하다
724	**amorphous**	확실한 형태가 없는, 무정형의
725	**salvage**	구조, (침몰선의) 인양
726	**cramp**	(근육에 생기는) 경련, 위경련
727	**suffocate**	질식사하다, 질식사시키다
728	**tenuous**	미약한, 보잘것없는
729	**restrain**	저지하다, 억누르다
730	**precursor**	선도자
731	**slack**	느슨한, 늘어신
732	**heinous**	악랄한, 극악무도한
733	**verbose**	장황한
734	**officious**	거들먹거리는, 위세를 부리는
735	**predict**	예측하다, 예언하다

736	**dearth**	부족, 결핍
737	**allude**	암시하다, 시사하다
738	**resolution**	결의, 결심
739	**prosperous**	번영한, 번창한
740	**revolve**	(축을 중심으로) 돌다
741	**retribution**	(강력한) 응징
742	**pensive**	깊은 생각에 잠긴, 수심 어린
743	**saturate**	흠뻑 적시다, 포화시키다
744	**replicate**	(정확히) 모사하다
745	**nepotism**	친족 등용, 족벌주의
746	**lukewarm**	미지근한, 미온적인
747	**maneuver**	책략, 술책
748	**tendency**	성향, 기질
749	**practical**	현실적인, 실현 가능한
750	**precipitately**	다급히, 갑자기

751	**exponent**	설명자, 해설자	
752	**presumptuous**	주제넘은, 건방진	
753	**prenatal**	태어나기 전의, 태아기의	
754	**ferocious**	흉포한, 맹렬한	
755	**malicious**	악의적인, 적의 있는	
756	**premature**	조숙한, 시기상조의	
757	**respite**	일시적인 중단, 휴지	
758	**rustle**	바스락거리다, 사각거리다	
759	**faint**	희미한, (가능성 등이) 아주 적은	
760	**mesmerize**	~에게 최면술을 걸다	
761	**prosaic**	평범한, 따분한	
762	**pacify**	진정시키다	
763	**decipher**	판독하다	
764	**prerequisite**	전제 조건	
765	**laconic**	말을 많이 하지 않는, 할 말만 하는	

766	**maxim**	격언, 금언	
767	**impoverished**	빈곤한, 결핍된	
768	**moribund**	소멸 직전의, 빈사 상태의	
769	**obnoxious**	아주 불쾌한, 몹시 기분 나쁜	
770	**blatant**	노골적인, 뻔한	
771	**revere**	숭배하다	
772	**nuisance**	성가신 사람[일], 골칫거리	
773	**marked**	표가 있는, 뚜렷한	
774	**petrify**	겁에 질리게 만들다, 석화하다	
775	**fatality**	재난, 참사	
776	**insolvent**	파산한	
777	**ostensible**	표면적으로는, 허울만의	
778	**deprecate**	반대하다, 비난하다	
779	**paltry**	보잘것없는, 쥐꼬리만한	
780	**articulate**	분명히 표현하다	

DAY 27 | 빈출어휘 781~810위

781	sacred	성스러운, 종교적인	
782	abridge	요약하다	
783	haughty	거만한, 오만한	
784	presidency	대통령직, 회장직	
785	ample	충분한, 풍만한	
786	prestige	위신, 명망	
787	restive	가만히 못 있는	
788	vague	막연한, 애매한	
789	miserly	구두쇠인, 인색한	
790	ignominious	수치스러운, 창피한	
791	stagnant	고여 있는, 침체된	
792	prejudice	편견; 편견을 갖게 하다	
793	dull	따분한, 재미없는	
794	laudatory	칭찬하는, 감탄하는	
795	blunt	무딘, 퉁명스러운	

796	oppressive	압제적인, 가혹한
797	revoke	폐지하다, 취소하다
798	override	기각하다, ~보다 우선하다
799	precision	정확, 정밀
800	sympathy	동정, 연민
801	menial	하찮은, 천한
802	thwart	좌절시키다
803	frustration	불만, 좌절감
804	diagnosis	진단
805	aftermath	여파[후유증]
806	revision	수정, 개정
807	shift	(장소를) 옮기다, 이동하다
808	setback	차질
809	encounter	(우연히) 만나다, (위험·곤란 등에) 부닥치다
810	confront	직면하다, 맞서다

DAY 28 | 빈출어휘 811~840위

811	tentative	잠정적인, 머뭇거리는
812	precaution	예방책
813	sanction	허가, 승인
814	contingent	대표단, 파견대
815	qualify	자격을 얻다
816	resistant	저항력 있는, ~에 잘 견디는
817	strain	부담, 중압감
818	vain	헛된, 소용없는
819	ingenious	기발한, 독창적인
820	imaginative	창의적인, 상상력이 풍부한
821	conceive	(생각·계획 등을) 마음속으로 하다, 상상하다
822	imply	넌지시 나타내다, 은연중에 풍기다
823	acquaint	익히다, 숙지하다
824	nimble	(동작이) 빠른, 날렵한
825	keen	간절히 ~하고 싶은, ~을 열망하는

826	astound	경악시키다, 큰 충격을 주다
827	disguise	변장하다
828	mock	놀리다[조롱하다]
829	soothe	(마음을) 달래다
830	landmark	주요 지형지물, 랜드마크
831	decelerate	속도를 줄이다
832	impasse	궁지, 난국
833	deadlock	막다른 상태, 교착
834	obdurate	고집 센
835	odorous	냄새가 나는
836	declare	선언하다
837	claim	주장하다
838	enunciate	(또렷이) 말하다
839	denounce	맹렬히 비난하다
840	evince	(감정·특질을) 분명히 밝히다, 명시하다

DAY 29 | 빈출어휘 841~870위

841	**perspicuous**	명쾌한, 명료한
842	**reject**	거부하다
843	**dissuade**	단념시키다, 만류하다
844	**consensus**	의견 일치, 합의
845	**forthright**	솔직 담백한
846	**insinuate**	암시하다, 넌지시 말하다
847	**inculcate**	(생각 등을) 심어 주다
848	**digressive**	본론을 떠난, 지엽적인
849	**affliction**	고통, 괴로움
850	**adversity**	역경
851	**drudgery**	힘들고 단조로운 일
852	**complaint**	불평, 고소
853	**slander**	모략, 중상
854	**derogatory**	경멸하는, 비판적인
855	**terse**	(문체 표현이) 간결한, 간명한

856	**garrulous**	수다스러운, 말이 많은
857	**flippant**	경솔한, 건방진
858	**fervent**	열렬한, 강렬한
859	**obtrusive**	눈에 띄는
860	**indefatigable**	포기할 줄 모르는
861	**sophisticated**	세련된, 교양 있는
862	**innovation**	혁신, 쇄신
863	**fraud**	사기, 속임
864	**tout**	손님을 끌다, 강매하다
865	**pretext**	구실, 핑계
866	**insidious**	서서히 퍼지는
867	**enthralling**	마음을 사로잡는, 아주 재미있는
868	**riveting**	관심을 사로잡는, 눈을 못 떼게 하는
869	**lure**	꾀다, 유혹하다
870	**propagate**	(사상·신조·정보를) 전파하다, 번식시키다

871	squander	낭비하다
872	scarce	부족한, 드문
873	gratis	무료로, 거저
874	fend	받아넘기다, 피하다
875	render	(어떤 상태가 되게) 만들다
876	impart	(정보·지식 등을) 전하다
877	asset	자산
878	retrieve	되찾다, 만회하다
879	rehabilitation	사회 복귀, 갱생
880	replenish	다시 채우다, 보충하다
881	philanthropic	인정 많은, 인자한
882	puritanical	청교도적인, 금욕주의적인
883	cultivate	경작하다, 일구다
884	predator	포식자, 포식 동물
885	perfidy	배신

886	betray	(적에게 정보를) 넘겨주다, 배신하다
887	indignation	분개, 분함
888	revenge	복수, 보복
889	atrocity	잔혹 행위
890	meddling	간섭, 참견
891	pugnacious	싸우기 좋아하는, 호전적인
892	eclectic	절충적인, 다방면에 걸친
893	vindicate	~의 정당성을 입증하다, 무죄를 입증하다
894	hideous	흉측한, 흉물스러운
895	fret	조바심치다, 초조하게 하다
896	profound	(영향 등이) 엄청난, (지식·이해 등이) 깊은
897	inscrutable	(사람·표정이) 불가해한
898	ponder	숙고하다, 곰곰이 생각하다
899	considering	~을 고려하면
900	ultimate	궁극적인, 최후의

DAY 31 | 빈출어휘 901~930위

901	culminate	끝이 나다
902	nadir	최악의 순간
903	lapse	실수, 깜박함
904	discomfit	혼란스럽게 만들다
905	subside	가라앉다, 진정되다
906	plunge	거꾸러지다, 급락하다
907	morbid	병적인
908	invade	침입하다, 쳐들어가다
909	ordinary	보통의, 일상적인
910	erratic	불규칙한, 일정치 않은
911	characteristic	특유의; 특성
912	sloth	나태, 태만
913	makeshift	임시변통의
914	criterion	기준
915	milestone	중요한 단계
916	momentous	중대한
917	pivotal	중추적인, 중요한
918	marginal	미미한, 중요하지 않은
919	adorn	꾸미다, 장식하다
920	urbane	세련된, 점잖은
921	affiliation	소속
922	conglomerate	복합 기업, 대기업
923	ambience	분위기
924	regime	정권
925	elastic	탄력 있는, 탄성의
926	dilate	확장하다, 키우다
927	longevity	장수, 오래 지속됨
928	underpin	뒷받침하다
929	unwieldy	다루기 불편한
930	authenticate	진짜임을 증명하다

DAY 32 | 빈출어휘 931~960위

931	**attest**	증명하다
932	**overhaul**	점검; 분해 검사하다
933	**debunk**	(생각·믿음 등이) 틀렸음을 드러내다
934	**sedative**	진정제
935	**placid**	차분한
936	**mess**	지저분하고 엉망인 상태
937	**inclination**	의향, 성향
938	**dedicate**	(시간·노력을) 바치다, 전념하다
939	**engross**	몰두하게 만들다
940	**indulgent**	멋대로 하게 놔두는, 너그러운
941	**recourse**	의지
942	**prerogative**	특권, 특혜
943	**abrogate**	폐지하다
944	**repeal**	무효로 하다, 철회하다
945	**nullify**	무효화하다

946	**dissipate**	소멸시키다, (시간·돈 등을) 낭비하다
947	**paradox**	역설적인 사람[것]
948	**solicit**	간청하다, 얻으려고 하다
949	**procure**	구하다[입수하다]
950	**skepticism**	회의, 회의론
951	**retail**	소매의, 소매상의
952	**trump**	(일부 카드놀이에서) 으뜸패, 최후의 수단
953	**rescind**	폐지하다
954	**access**	(장소로의) 입장, 접근권
955	**germane**	밀접한 관련이 있는
956	**nascent**	발생기의, 초기의
957	**progeny**	(사람·동식물의) 자손
958	**waive**	(권리 등을) 포기하다
959	**acquiesce**	묵인하다
960	**soar**	(가치·물가 등이) 급증하다

DAY 33 | 빈출어휘 961~990위

961	**amend**	(법 등을) 개정하다
962	**sheer**	얇은, 비치는
963	**aberration**	일탈, 일탈적인 행동
964	**subscribe**	구독하다, (인터넷·유료 TV 채널 등에) 가입하다
965	**shiver**	떨리다, 전율하다
966	**priority**	우선 사항
967	**acrid**	(냄새나 맛이) 매캐한
968	**consecutive**	연이은
969	**ameliorate**	개선하다
970	**insulated**	격리된, 절연 처리가 된
971	**exemplary**	모범적인, 본보기를 보이기 위한
972	**striking**	눈에 띄는, 두드러진
973	**prolong**	연장시키다, 연장하다
974	**indecisive**	우유부단한, 뚜렷한 해답을 내놓지 못하는
975	**grim**	엄숙한, 암울한

976	**esthetic**	심미적
977	**urgent**	긴급한, 시급한
978	**cutlery**	날붙이류 (나이프·포크·숟가락 등)
979	**ubiquitously**	편재하여, 도처에 존재하는 식으로
980	**solely**	혼자서, 단독으로
981	**agenda**	의제
982	**serve**	제공하다, 차려 주다
983	**recapitulate**	개요를 말하다
984	**stain**	얼룩지게 하다, 더럽히다
985	**incessantly**	그칠 새 없이, 계속적으로
986	**tacit**	암묵적인, 무언의
987	**subsistence**	생존, 존재
988	**succumb**	굴복하다, 무릎을 꿇다
989	**terminal**	끝의, 종말의
990	**unflagging**	쇠하지 않는, 지칠 줄 모르는

991	**apparel**	의류, 의복
992	**soporific**	최면성의
993	**prop**	지주, 버팀목
994	**flaw**	결함
995	**trenchant**	정곡을 찌르는
996	**taint**	(평판 등을) 더럽히다, 오염시키다
997	**stake**	말뚝, 내기에 건 돈
998	**sterile**	불임의, 불모의
999	**sweeping**	전면적인, 광범위한
1000	**strand**	가닥[올/줄]
1001	**proclivity**	성향
1002	**allocate**	할당하다
1003	**abrasive**	연마재의, 신경에 거슬리는
1004	**intimate**	친한, 사적인
1005	**seductive**	유혹적인, 매혹적인

1006	**starvation**	기아, 굶주림
1007	**persevere**	인내하며 계속하다
1008	**pseudonym**	필명
1009	**qualm**	거리낌, 꺼림칙함
1010	**amenity**	*pl.* 생활 편의 시설
1011	**sibling**	형제자매
1012	**solace**	위안, 위로
1013	**sever**	자르다, 절단하다
1014	**conceit**	자만심, 자부심
1015	**stark**	삭막한, 냉혹한
1016	**nocturnal**	야행성의
1017	**extort**	갈취하다
1018	**dissect**	해부하다
1019	**agnostic**	불가지론자
1020	**stem**	(식물의) 줄기; (흐름을) 막다

1021	skillful	숙련된, 솜씨 좋은	1036	provisional	임시의, 일시적인

1021 **skillful** 숙련된, 솜씨 좋은

1022 **anthropology** 인류학

1023 **disconcert** 불안하게 만들다

1024 **dilapidated** 다 허물어져 가는

1025 **derisive** 조롱하는

1026 **due** ~로 인한, ~ 때문에

1027 **dispose** 배치하다

1028 **amalgamation** 수은을 섞은 것, (회사 등의) 합병

1029 **deference** 존중

1030 **charitable** 자선의, 자선을 베푸는

1031 **creed** 교리, 신념

1032 **dismantle** (기계·구조물을) 분해하다

1033 **diversion** (방향) 바꾸기, 전환

1034 **gingerly** 아주 조심스럽게

1035 **gratitude** 고마움, 감사

1036 **provisional** 임시의, 일시적인

1037 **disciplinary** 징계의

1038 **disinterested** 사심이 없는, 객관적인

1039 **domesticate** (동물을) 길들이다

1040 **complex** 복잡한

1041 **chemical** 화학의, 화학적인

1042 **consign** 위탁하다, 위임하다

1043 **constructive** 건설적인

1044 **compassion** 연민, 동정심

1045 **draft** 초고, 초안

1046 **portent** (특히 불길한) 전조

1047 **advance** 진전; 진전시키다

1048 **coax** 구슬리다, 달래다

1049 **derive** (이익·즐거움 등을) 끌어내다, 얻다

1050 **contention** 논쟁, 언쟁

DAY 36 | 빈출어휘 1051~1080위

1051	ceaseless	끊임없는	1066	spacious	넓은
1052	cue	신호	1067	profitable	수익성이 있는
1053	vegetarian	채식주의자, 고기를 안 먹는 사람	1068	deploy	(군대·무기를) 배치하다
1054	deterrent	제지하는 것	1069	cliché	상투적인 문구
1055	gratified	만족한, 기뻐하는	1070	discrete	별개의
1056	compelling	주목하지 않을 수 없는, 강렬한	1071	delicacy	여림, 연약함
1057	decent	괜찮은, 품위 있는	1072	description	서술, 묘사
1058	crooked	구부러진, 부정직한	1073	consecrate	신성하게 하다, 정화하다
1059	unravel	(엉클어진 것 등을) 풀다, 해명하다	1074	guide	안내자; 안내하다
1060	altruism	이타주의, 이타심	1075	dermatologist	피부과 전문의
1061	derail	탈선하다	1076	combustible	불이 잘 붙는, 가연성인
1062	gratuitous	불필요한, 쓸데없는	1077	startling	깜짝 놀랄, 아주 놀라운
1063	demise	(기관·사상·기업 등의) 종말	1078	cease	중단되다, 그치다
1064	custody	보관, 관리	1079	plague	전염병, 페스트
1065	connotation	함축	1080	conscience	양심

DAY 37 | 빈출어휘 1081~1110위

1081 **stern**	엄한, 엄격한	
1082 **bizarre**	기이한, 특이한	
1083 **aberrant**	도리를 벗어난, 일탈적인	
1084 **delicate**	연약한, 여린	
1085 **acrimonious**	폭언이 오가는, 험악한	
1086 **culpable**	과실이 있는, 비난받을 만한	
1087 **deceptive**	기만적인, 현혹하는	
1088 **archaic**	낡은, 폐물이 된	
1089 **banal**	지극히 평범한, 따분한	
1090 **classless**	계급 없는	
1091 **distinction**	차이	
1092 **bleak**	암울한, 절망적인	
1093 **buttress**	(벽의) 지지대, 부벽	
1094 **esteem**	존경	
1095 **euthanasia**	안락사	

1096 **endemic**	(특정 지역·집단) 고유의, 고질적인
1097 **credulous**	잘 믿는
1098 **grueling**	녹초로 만드는, 호된
1099 **harness**	마구(馬具); 마구를 채우다
1100 **allege**	(증거 없이) 혐의를 제기하다
1101 **amenable**	말을 잘 듣는, ~을 잘 받아들이는
1102 **deficiency**	(필수적인 것의) 결핍
1103 **defuse**	진정시키다, (폭탄의) 뇌관을 제거하다
1104 **abortion**	낙태
1105 **delinquent**	비행의, 범죄 성향을 보이는
1106 **irksome**	짜증나는, 귀찮은
1107 **languid**	힘없는
1108 **dichotomy**	의견의 양분, 둘로 갈리기
1109 **discernible**	보고 알 수 있는, 인식할 수 있는
1110 **disclaimer**	(책임·연루 등에 대한) 부인, 권리 포기 각서

DAY 38 | 빈출어휘 1111~1140위

1111 **efficient**	능률적인, 유능한	
1112 **gratify**	만족시키다, 기쁘게 하다	
1113 **emerge**	(어둠 속에서) 나오다, 나타나다	
1114 **emit**	(빛·열·가스·소리 등을) 내다	
1115 **encroach**	(남의 권리·생활 등을) 침해하다	
1116 **cluster**	(작은 열매의) 송이, (같은 종류의 물건·사람의) 무리	
1117 **erode**	침식시키다, 침식되다	
1118 **caliber**	(총·포의) 구경, (원통의) 직경	
1119 **callous**	냉담한	
1120 **exterminate**	몰살시키다	
1121 **fascinate**	마음을 사로잡다, 매혹하다	
1122 **fastidious**	세심한, 꼼꼼한	
1123 **pompous**	젠체하는, 거만한	
1124 **embark**	승선하다, (배·비행기 등에) 태우다	
1125 **grievance**	불만	

1126 **grudge**	원한, 유감
1127 **crucial**	중대한, 결정적인
1128 **crude**	대충의, 대강의
1129 **pretentious**	허세 부리는, 가식적인
1130 **probe**	캐묻다, 조사하다
1131 **inquisitive**	꼬치꼬치 캐묻는, 탐구심이 많은
1132 **derelict**	버려진, 유기된
1133 **desultory**	두서 없는, 종잡을 수 없는
1134 **loquacious**	말이 많은
1135 **fatuous**	어리석은, 얼빠진
1136 **posthumous**	사후(死後)의
1137 **precis**	요약
1138 **preposterous**	말도 안 되는, 터무니없는
1139 **hypnosis**	최면
1140 **incisive**	(사물 인식 능력이) 예리한, 날카로운

1141	retard	(발전·진전을) 지연시키다
1142	settle	해결하다, 결정하다
1143	prone	(좋지 않은 일을) 당하기 쉬운
1144	subtle	미묘한, 감지하기 힘든
1145	succinct	간단명료한, 간결한
1146	refute	논박하다, 부인하다
1147	vestige	자취, 흔적
1148	vulgar	저속한, 천박한
1149	curative	치유력이 있는
1150	retaliate	보복하다, 앙갚음하다
1151	proclaim	선언하나
1152	promulgate	(사상·신조 등을) 널리 알리다
1153	specious	허울만 그럴 듯한
1154	squalid	지저분한, 불결한
1155	comely	어여쁜

1156	subject	주제, 과목
1157	subordinate	종속된, 부차적인
1158	propensity	성향, 경향
1159	proximity	가까움
1160	supplant	대신하다, 대체하다
1161	debacle	대 실패, 큰 낭패
1162	circumspect	신중한
1163	tenet	주의(主義), 교리(敎理)
1164	unpredictable	예측할 수 없는, 예측이 불가능한
1165	relentless	수그러들지 않는, 끈질긴
1166	reprehensible	부끄러운, 비난 받을 만한
1167	resilience	(충격·부상 등에서의) 회복력
1168	affectionate	다정한, 애정 어린
1169	circuitous	빙 돌아가는, 완곡한
1170	classified	기밀의, 주제별로 분류된

1171	**surreptitious**	은밀한, 슬쩍 하는	1186	**discredit**	존경심을 떨어뜨리다
1172	**tamper**	쓸데없는 참견을 하다, 간섭하다	1187	**continuous**	계속되는, 지속적인
1173	**altercation**	언쟁, 논쟁	1188	**relegate**	격하시키다, 좌천시키다
1174	**dilatory**	미적거리는, 지체시키는	1189	**coastal**	해안의
1175	**dank**	눅눅한	1190	**stumble**	발이 걸리다, 발을 헛디디다
1176	**smuggle**	밀수하다	1191	**doleful**	애절한
1177	**incidental**	부수적인, ~에 따르기 마련인	1192	**decompose**	분해되다, 분해시키다
1178	**caste**	힌두교 사회의 카스트, 계급	1193	**embargo**	금수(禁輸) 조치, 통상 금지령
1179	**chagrin**	원통함, 분함	1194	**census**	인구 조사
1180	**prodigious**	엄청난	1195	**considered**	깊이 생각한 후의, 존경받는
1181	**civic**	시의, 도시의, 시민의	1196	**chicanery**	교묘한 속임수
1182	**certify**	(문서로) 증명하다, 인증하다	1197	**defend**	방어하다, 옹호하다
1183	**glorify**	미화하다	1198	**correlation**	연관성, 상관관계
1184	**provision**	공급, 제공	1199	**given**	정해진, 특정한
1185	**celebrated**	유명한	1200	**challenge**	도전; 도전하다

1201 **convergence**	한 점으로 집합함, 집중성	
1202 **partake**	참가하다, 함께 하다	
1203 **outbreak**	(전쟁·질병) 등의 발발, 돌발	
1204 **renounce**	포기하다, 포기를 선언하다	
1205 **corrosive**	부식을 일으키는, 부식성의	
1206 **composure**	평정, 침착	
1207 **credential**	자격증을 수여하다	
1208 **glimpse**	잠깐 봄, 일별	
1209 **detect**	발견하다	
1210 **circumlocution**	에둘러 말하기	
1211 **ground**	땅바닥, 지면	
1212 **catholic**	전반적인, 보편적인	
1213 **descent**	내려오기, 하강	
1214 **delay**	지연; 미루다	
1215 **abrade**	마멸시키다, 찰과상을 입히다	

1216 **deject**	~의 기를 꺾다, 낙담시키다
1217 **conjugal**	부부의, 부부 관계의
1218 **gravity**	중력
1219 **device**	장치, 폭발물
1220 **creditor**	채권자
1221 **delusion**	망상, 착각
1222 **graduate**	대학 졸업자
1223 **dim**	어둑한
1224 **definite**	확실한, 확고한
1225 **ailment**	질병
1226 **dated**	구식의, 구시대의
1227 **dogged**	완강한, 끈덕진
1228 **dense**	빽빽한, 밀집한
1229 **deficit**	적자, 부족액
1230 **constitutional**	헌법의, 입헌의

DAY 42 | 빈출어휘 1231~1260위

1231	**oversight**	간과, 실수
1232	**certificate**	증명서, 자격증
1233	**devout**	독실한
1234	**trepidation**	두려움, 공포
1235	**grapple**	붙잡고 싸우다, 해결하려고 노력하다
1236	**dexterous**	손재주가 비상한, 솜씨 좋은
1237	**grasp**	꽉 잡다, 움켜잡다
1238	**clog**	막다, 막히다
1239	**chunk**	덩어리
1240	**earmark**	귀표; 귀표를 하다
1241	**dub**	별명을 붙이다, 더빙하다
1242	**facial**	얼굴의, 안면의
1243	**embellish**	장식하다, 꾸미다
1244	**falter**	비틀거리다, 말을 더듬다
1245	**fabrication**	제작, 위조

1246	**facility**	*pl.* 편의 시설, 설비
1247	**fallacy**	틀린 생각, 오류
1248	**egalitarian**	평등주의의
1249	**felony**	중죄, 흉악 범죄
1250	**faulty**	흠이 있는, 불완전한
1251	**fawning**	아양떠는, 아첨하는
1252	**ecstasy**	황홀감, 황홀경
1253	**dumb**	벙어리의, 말을 못 하는
1254	**eloquence**	웅변, 능변
1255	**drain**	물을 빼내다
1256	**eclipse**	(일식월식의) 식(蝕), 빛을 잃음
1257	**cataclysm**	(홍수·전쟁 등의) 대재앙, 대변동
1258	**dampen**	(물에) 축이다
1259	**overjoyed**	매우 기뻐하는
1260	**embolden**	대담하게 만들다, 용기를 주다

DAY 43 | 빈출어휘 1261~1290위

1261	traumatic	충격적인, (상처가) 외상성의
1262	forthcoming	다가오는, 곧 있을
1263	outcome	결과
1264	outspoken	노골적으로 말하는
1265	dent	움푹 들어가게 만들다
1266	uninterested	흥미없는, 무관심한
1267	principal	주요한; 학장
1268	parasite	기생충, 기생 동물
1269	temporal	현세적인, 속세의
1270	monopoly	독점, 전매
1271	befuddle	정신을 잃게 하다, 어리둥절하게 하다
1272	urge	충동; 촉구하다
1273	entreat	간청하다
1274	unruly	다루기 힘든, 제멋대로 구는
1275	malady	심각한 문제, 병폐
1276	decade	10[십]년
1277	belittle	하찮게 만들다
1278	unearth	파내다, 발굴하다
1279	discontinue	중단하다
1280	euthenics	생활 개선학, 환경 우생학
1281	pneumatic	공기가 가득한
1282	organize	정리하다, 체계화하다
1283	centimeter	센티미터
1284	haphazard	무계획적인, 되는 대로의
1285	paragon	귀감, 모범
1286	thoroughfare	(특히 도시의) 주요 도로
1287	abbreviate	(단어 등을) 줄여 쓰다, 축약하다
1288	counteract	대응하다
1289	enlarge	확대하다, 확장되다
1290	vainglorious	자만심이 강한

1291 **temperance**	금주	1306 **harbor**	항구, 항만
1292 **hectic**	정신없이 바쁜, 빡빡한	1307 **inform**	알리다, 통지하다
1293 **torpid**	무기력한, 활기 없는	1308 **excoriate**	피부를 벗기다, 맹비난하다
1294 **united**	연합한, 통합된	1309 **immaterial**	중요하지 않은
1295 **withstand**	견뎌내다	1310 **gullibility**	잘 속음
1296 **firsthand**	직접, 바로	1311 **capitulate**	굴복하다
1297 **posterity**	후세, 후대	1312 **offspring**	자식
1298 **facetious**	경박한, 까부는	1313 **external**	외부의, 밖의
1299 **enable**	~을 할 수 있게 하다, 가능하게 하다	1314 **decennial**	10년간의, 10년마다
1300 **toil**	힘들게 일하다	1315 **seamless**	솔기가 없는, 아주 매끄러운
1301 **effrontery**	뻔뻔스러움	1316 **dislike**	싫어하다; 반감
1302 **underestimate**	과소평가하다, (비용·규모 등을) 너무 적게 잡다	1317 **titular**	명목상의
1303 **topple**	넘어지다, 넘어뜨리다	1318 **paradigm**	사고의 틀, 패러다임
1304 **bountiful**	너그러운, 풍부한	1319 **hypodermic**	피하 주사기; 피하에 주입되는
1305 **vapid**	맛이 없는, 흥미롭지 못한	1320 **bereave**	사별하다

DAY 45 | 빈출어휘 1321~1350위

1321 **single**	단 하나의, 단일의	1336 **catalyst**	촉매, 촉진제
1322 **discover**	발견하다	1337 **omnipresent**	편재하는, 어디에나 있는
1323 **uncanny**	이상한, 묘한	1338 **decimal**	십진법의
1324 **unify**	통합하다	1339 **tractable**	다루기 쉬운
1325 **unassuming**	잘난 체하지 않는, 겸손한	1340 **justify**	옳음을 보여 주다, 정당화하다
1326 **bimonthly**	두 달에 한 번씩, 한 달에 두 번씩	1341 **deadhead**	무임승객, 무료입장자
1327 **pedestrian**	보행자	1342 **millimeter**	밀리미터
1328 **uneasiness**	불안, 걱정	1343 **askew**	삐딱하게, 삐뚜름히
1329 **emaciated**	쇠약한, 수척한	1344 **outlaw**	불법화하다, 금하다
1330 **affront**	모욕, (마음의) 상처	1345 **singular**	(명사·동사의) 단수형; 뛰어난
1331 **changeable**	바뀔 수도 있는, 변덕이 심한	1346 **hind**	뒤쪽의, 후방의
1332 **brace**	정신을 차리다, 긴장하다	1347 **headstrong**	고집불통의
1333 **unsung**	찬양 받지 못한	1348 **capsize**	뒤집다, 뒤집히다
1334 **adrift**	표류하는	1349 **vex**	성가시게 하다
1335 **utopia**	이상향, 유토피아	1350 **lean**	기울다, (몸을) 숙이다

DAY 46 | 빈출어휘 1351~1380위

1351	outweigh	~보다 더 크다[대단하다]
1352	vilify	비난하다
1353	tighten	팽팽해지다, 조여지다
1354	coed	(남녀 공학의) 여학생
1355	denture	틀니, 의치
1356	doubt	의심, 의혹
1357	millennium	천년(간)
1358	underpinning	토대, 받침대
1359	omnibus	버스, (한 작가 등의) 작품집
1360	categorize	분류하다
1361	undertake	(책임 등을) 맡다, 착수하다
1362	recycle	재활용하다
1363	zeal	열심, 열성
1364	disable	무능[무력]하게 하다
1365	escalate	확대[증가]되다

1366	hamlet	아주 작은 마을
1367	interpret	해석하다, 설명하다
1368	toxin	독소
1369	overthrow	타도하다
1370	unequivocal	명백한, 분명한
1371	lessen	줄다, 줄이다
1372	vacuous	멍청한, 얼빠진
1373	trinity	(기독교에서) 삼위 일체
1374	centipede	지네
1375	uncompromising	타협하지 않는, 단호한
1376	underscore	~에 밑줄을 긋다, 강조하다
1377	twin	쌍둥이
1378	triple	3부로 된, 3배의
1379	underlying	근본적인, 기초적인
1380	venomous	독이 있는, 앙심에 찬

DAY 47 | 빈출어휘 1381~1410위

1381	taunt	놀리다, 비웃다
1382	upend	(위아래를) 거꾸로 하다
1383	beseech	간청하다, 애원하다
1384	foretoken	전조, 징후
1385	tranquil	고요한, 평온한
1386	upturn	전복; 뒤집어 엎다
1387	unbridled	억제되지 않은
1388	harmful	해로운
1389	internal	내부의
1390	unveil	~의 베일을 벗기다, (비밀 등을) 밝히다
1391	trait	특성, 특징
1392	bewilder	어리둥절하게 만들다
1393	veto	거부권
1394	unfold	펴다[펼치다]
1395	level-headed	온건한, 분별있는

1396	bonanza	노다지, 아주 수지맞는 일
1397	pedestal	(기둥·동상 등의) 받침대, 기초
1398	misogynist	여자를 혐오하는 남자
1399	hapless	불운한, 불행한
1400	degrade	좌천시키다, 비하하다
1401	podium	(연설자·지휘자 등이 올라서는) 단(壇)
1402	insuperable	대처할 수 없는
1403	dual	둘의, 둘을 나타내는
1404	particular	특별한, 특유의
1405	hardship	어려움
1406	peddler	행상인
1407	somatic	신체의, 육체의
1408	multiple	많은, 다수의
1409	union	조합, 협회
1410	entitle	자격을 주다

DAY 48 | 빈출어휘 1411~1440위

1411	incarnation	인간화, 구체화	1426	pedigree	가계, 혈통
1412	centennial	100년마다의, 100년간의	1427	voluble	유창한, 달변의
1413	upscale	평균 이상의	1428	disloyal	불충실한, 불충한
1414	upstart	벼락 출세한 사람, 벼락 부자	1429	polygon	다각형
1415	hackney	승마용 말	1430	pandemonium	대혼란
1416	double	두 배의	1431	acquisition	인수, 취득
1417	viability	생존 능력, (특히 태아·신생아의) 생존력	1432	hindsight	뒤늦은 깨달음
1418	homograph	동형이의어	1433	auto-pilot	자동조종장치
1419	triangle	삼각형	1434	duo	이중주(곡), 2인조
1420	forlorn	쓸쓸해 보이는, 황량한	1435	amoral	도덕관념이 없는
1421	hazy	연무가 낀, 흐릿한	1436	multilingual	여러 언어를 하는
1422	withhold	억제하다, 보류하다	1437	overrule	기각하다
1423	verdant	신록의, 파릇파릇한	1438	untimely	때 아닌, 철이 아닌
1424	kindly	친절하게	1439	amateurish	비전문적인, 서투른
1425	handout	유인물, 인쇄물	1440	immoral	비도덕적인, 부도덕한

1441	heuristic	학습을 돕는, 문제 해결을 돕는
1442	century	100년
1443	juncture	연결, 접속
1444	tactile	촉각[촉감]의
1445	contravene	위반하다
1446	elliptical	생략된, 타원형의
1447	accentuate	강조하다
1448	bandage	붕대; 붕대를 감다
1449	subjugate	예속시키다, 지배하에 두다
1450	ethics	윤리학
1451	detach	떼다, 분리되다
1452	penchant	경향, 기호
1453	horizontal	수평의, 가로의
1454	contaminate	오염시키다
1455	frenzied	광분한, 광란한

1456	lax	느슨한
1457	gross	총(總)-, 전체의
1458	franchise	선거권, 참정권
1459	adjoining	서로 접한, 부근의
1460	lag	뒤에 처지다
1461	vent	통풍구, 환기구
1462	arboretum	수목원
1463	lookism	얼굴 생김새로 사람을 판단하는 것
1464	egregious	지독한
1465	failure	실패
1466	precinct	(행정상의) 구역
1467	consolidate	(회사 등을) 합병하다, 통합하다
1468	stupidity	어리석음, 어리석은 짓
1469	perpendicular	직각의, 수직적인
1470	annex	부가하다, 첨부하다

1471	racism	인종 차별		

1471 **racism** 인종 차별

1472 **storage** 저장, 보관

1473 **intercede** 중재하다, 조정하다

1474 **appendix** 부록

1475 **elitism** 엘리트주의

1476 **provenance** 기원, 출처

1477 **entangle** 얽어매다, 꼼짝 못하게 하다

1478 **cowardly** 겁이 많은, 비겁한

1479 **affirm** 단언하다

1480 **piracy** 해적질, 저작권 침해

1481 **convenience** 편의, 편리

1482 **secede** 분리 독립하다

1483 **stubbornness** 완고, 완강

1484 **egocentric** 자기중심적인, 이기적인

1485 **patriotism** 애국심

1486 **itinerary** 여행 일정표

1487 **compendium** 개요, 요약

1488 **analysis** 분석, 분해

1489 **tactful** 요령있는

1490 **bondage** 농노의 신세, 속박

1491 **blandish** 부추기다, 아첨하다

1492 **touchy** 화를 잘 내는, 과민한

1493 **routine** 판에 박힌 일, 일상의 일

1494 **associate** 연상하다, 결부짓다

1495 **tangential** 별로 관계가 없는

1496 **revenue** (정부·기관의) 수익

1497 **itinerant** 순회하는, 떠돌아다니는

1498 **orbit** 궤도, 영향권

1499 **obituary** 사망 기사

1500 **fare** (교통) 요금, 승객

1501	be concerned with	~에 관계가 있다, ~에 관심이 있다
1502	be engaged in	~에 종사하고 있다
1503	be engrossed in	~에 열중해 있다
1504	be good at	~에 능숙하다
1505	be hard on	~을 심하게 대하다[나무라다]
1506	be proud of	~을 자랑으로 여기다
1507	be responsible for	~에 책임이 있다
1508	be subject to	지배를 받다, ~에 걸리기 쉽다
1509	be tired of	싫증이 나다
1510	be vulnerable to	~에 영향을 받기 쉽다, 민감하다
1511	get across	이해시키다
1512	get along	살아가다
1513	get along with	~와 잘 지내다
1514	get away with	처벌을 모면하다
1515	get cold feet	무서워하다, 주눅 들다

1516	get down to	시작하다
1517	get even with	앙갚음하다
1518	get in the way	방해되다
1519	get in touch with	~와 연락[접촉]하다
1520	get off	내리다, 떠나다, 퇴근하다
1521	get off the ground	이륙하다, 순조롭게 시작하다
1522	get on one's nerves	신경을 건드리다
1523	get out of hand	감당할 수 없게 되다
1524	get somewhere	성공하다
1525	get the ax	해고 당하다
1526	get the better of	~을 이기다[능가하다]
1527	get the edge on	~ 보다 우세하다
1528	get the hang of	~을 할 줄 알게 되다
1529	get the picture	이해하다
1530	get through	~를 끝내다, 완수하다

DAY 53 | 빈출숙어 1531~1545위

1531	have ~ at one's finger's ends	~에 정통하다
1532	have a big mouth	말이 많다
1533	have a hard time (in) v-ing	힘든 시간을 보내다
1534	have a voice in	~에 발언권[투표권]이 있다
1535	have an ax to grind	다른 속셈이 있다
1536	have ~ in mind	~을 계획하다
1537	have it in for	~에게 앙심을 품다
1538	have it out (with)	결판을 내다
1539	have no idea	전혀 모르다
1540	have one's hands full	매우 바쁘다
1541	have something to do with	~와 관계가 있다
1542	have the upper hand	이기다, 우세하다
1543	make a difference	영향을 주다, 중요하다
1544	make a fuss	소란을 피우다
1545	make allowances for	~을 고려하다

1546	make (both) ends meet	빚지지 않고 살다, 수입과 지출을 맞추다
1547	make for	~로 향하다, ~에 기여하다
1548	make good	성공하다, 이행하다
1549	make use of	~을 이용하다
1550	make it	성공하다, (어떤 곳에) 시간 맞춰 가다
1551	make oneself at home	편히 쉬다
1552	make one's way	나아가다, 출세하다
1553	make oneself understood	자기 의사를 남에게 이해시키다
1554	make out	작성하다, 이해하다
1555	make room for	자리를 양보하다
1556	make sense	이해가 되다
1557	make the best of	~을 최대한 이용하다
1558	make up	구성하다, 지어내다, 보상하다
1559	make up for	보상하다
1560	come across	우연히 마주치다

DAY 55 | 빈출숙어 1561~1575위

1561	come around to	~로 생각을 바꾸다
1562	come by	~을 얻다, 잠깐 들르다
1563	come into	(유산으로) ~을 물려받다
1564	come off	(~에서) 떨어지다, 성공하다
1565	come up against	~에 직면하다
1566	come up with	~을 생각해 내다, 제안하다
1567	come upon	~을 우연히 만나다[발견하다]
1568	go by	(시간이) 지나가다[흐르다]
1569	go down	내려가다, 기록되다
1570	go down with	병에 걸리다
1571	go Dutch	비용을 각자 부담하다
1572	go for	~을 좋아하다, 찬성하다
1573	go in for	(대회에) 참가하다, ~에 관심이 있다
1574	go into	검토[조사]하다
1575	go off	폭발하다, (경보기 등이) 울리다, (음식이) 상하다

1576	go out with	~와 데이트를 하다[사귀다]
1577	go over	조사하다
1578	go up	(가격·기온 등이) 오르다
1579	go without	(~이) 없이 견디다
1580	take A for B	A를 B로 여기다
1581	take ~ to task	~를 꾸짖다[비난하다]
1582	take advantage of	이용하다
1583	take care of	~을 돌보다
1584	take down	받아 적다, 분해하다
1585	take exception to	~에 이의를 제기하다, ~에 화를 내다
1586	take in	소화하다, 이해하다
1587	take into account	~을 고려하다, 계산에 넣다
1588	take ~ for granted	~을 당연한 일로 생각하다
1589	take off	이륙하다, 떠나가다, 출발하다
1590	take on	떠맡다, 고용하다

1591	take over	인수하다, 떠맡다
1592	take place	발생하다
1593	take the place of	~을 대신하다
1594	take to	~이 좋아지다, ~에 전력하다
1595	take up	(직장 등을) 시작하다, (시간·공간을) 차지하다[쓰다]
1596	take sides	편을 들다
1597	put across	~을 잘 해내다, ~을 이해시키다
1598	put away	(물건을 보관 장소에) 넣다[치우다], 저축하다
1599	put down	내려놓다, (글·메모 등을) 적다, (무력으로) 진압하다
1600	put off	미루다, (옷 등을) 벗다, ~을 제거하다
1601	put on	~을 입다, (얼굴에) ~을 바르다, ~인 척하다
1602	put one's nose into	~에 참견하다
1603	put out	(불을) 끄다, 생산하다, 출판하다
1604	put someone through	(전화로) 연결해 주다
1605	put up with	참고 견디다

1606	keep ~ company	~와 동행하다
1607	keep abreast of[with]	~에 뒤떨어지지 않다
1608	keep close tabs on	~을 예의 주시하다
1609	keep good time	시간이 잘 맞다
1610	keep in mind	명심하다
1611	keep someone posted	정보를 알리다
1612	keep up	지탱하다, 유지하다
1613	keep up with	시류[유행]를 따르다, ~에 뒤지지 않다
1614	turn aside	(본론에서) 벗어나다
1615	turn down	거절하다, (소리·온도 등을) 낮추다
1616	turn in	반납하다, 제출하다
1617	turn off	(전기·가스·수도 등을) 끄다
1618	turn on	(라디오, TV, 전기, 가스 따위를) 켜다
1619	turn out	~인 것으로 드러나다, 생산하다
1620	turn over	뒤집다, 곰곰이 생각하다

1621	turn to	~에 의지하다, ~로 바뀌다
1622	turn up	(잃어버렸던 물건 등이) 나타나다, (사람이) 도착하다[나타나다]
1623	do away with	~을 버리다, 폐지하다
1624	do good	(~에게) 도움이 되다
1625	do justice to	~을 공평히 다루다
1626	do in	~을 다치다, 녹초가 되게 하다
1627	do up	수리하다, 고치다, 잠그다
1628	do with	~을 처리하다, ~와 관계가 있다
1629	do without	~없이 지내다
1630	look after	~을 보살피다[돌보다]
1631	look down on	~을 경시하다
1632	look for	찾다, 구하다
1633	look forward to v-ing	~을 기대하다
1634	look into	조사하다
1635	look like	닮다

DAY 60 | 빈출숙어 **1636~1650위**

1636	look on A as B	A를 B로 간주하다
1637	look out	주의하다, 경계하다
1638	look over	~을 대충 훑어보다
1639	look to	~에 기대하다, 주의하다
1640	look up	(사전·컴퓨터 등에서 정보를) 찾아보다
1641	look up to	~을 존경하다
1642	cut a fine figure	두각을 나타내다
1643	cut back on	~을 줄이다
1644	cut down	줄이다
1645	cut off	(말을) 중단시키다, (공급을) 끊다
1646	cut out for	~에 적합한
1647	run a risk of	위험을 무릅쓰다
1648	run across	~을 우연히 만나다
1649	run away	도망치다
1650	run down	(건전지 등이) 다 되다, (기능·규모 등이) 줄다[위축되다]

DAY 61 | 빈출숙어 1651~1665위

1651	run for	~에 입후보하다
1652	run into	~와 충돌하다, ~와 우연히 만나다
1653	run out of	~을 다 써버리다
1654	run over	재빨리 훑어보다, (차가 사람을) 치다
1655	run short	(~이) 부족하다
1656	break down	고장 나다
1657	break in	침입하다, ~을 길들이다
1658	break off	(갑자기) 중단하다
1659	break out	(전쟁 등이) 발발하다
1660	break ground	공사를 시작하다, 착공하다
1661	break the ice	서먹서먹한 분위기를 깨다
1662	break up	~을 부수다, (관계 등을) 끝내다
1663	lose heart	낙담하다
1664	lose one's mind	미치다
1665	lose one's temper	화를 내다

1666	lose sight of	~이 더 이상 안 보이게 되다
1667	lose track of	~을 잊어버리다
1668	hold back	~을 비밀로 하다, (감정을) 누르다
1669	hold down	억제하다
1670	hold good	유효하다
1671	hold one's tongue	말을 삼가다
1672	hold out	버티다, 지속되다
1673	hold over	미루다, 연장하다
1674	hold up	견디다, 지연시키다
1675	see eye to eye	의견을 같이하다
1676	see off	배웅하다
1677	see to it that	반드시 ~하도록 하다
1678	stand by	대기하다, 지지하다
1679	stand for	~을 상징하다, ~을 의미하다
1680	stand out	눈에 띄다, 빼어나다

DAY 63 | 빈출숙어 1681~1695위

1681	in a bind	곤경에 처한
1682	in a nutshell	아주 간결하게
1683	in a row	연속하여
1684	in accordance with	~에 따라서
1685	in addition to	~에 더하여
1686	in advance	미리
1687	in behalf of	~을 위해
1688	in case	~에 대비하여
1689	in charge of	~을 맡고 있는, 담당의
1690	in comparison with[to]	~와 비교하여
1691	in conjunction with	~와 함께, ~와 관련하여
1692	in detail	상세히
1693	in earnest	진지하게
1694	in favor of	~에 찬성하여, ~을 위하여
1695	in full accord	만장일치의

1696	in good taste	점잖은, 격조 높은
1697	in honor of	~에게 경의를 표하여, ~을 기념하여
1698	in line with	~과 동의하는
1699	in no time	곧, 바로
1700	in person	본인이, 직접
1701	in proportion to	~에 비례하여
1702	in return for	~에 대한 답례로
1703	in spite of oneself	자신도 모르게
1704	in store	(~에게) 닥쳐올, 재고의
1705	in succession	잇달아, 계속하여
1706	in terms of	~에 관하여
1707	in that	~이기 때문에
1708	in the air	아직 미정인
1709	in the balance	불확실한 상태에
1710	in the face of	~의 앞에서

DAY 65 | 빈출숙어 1711~1725위

1711	in the nick of time	아슬아슬하게 때를 맞추어
1712	in the same boat	같은 운명인
1713	in the wake of	~에 뒤이어, ~의 결과로서
1714	in token of	~의 표시로, 기념으로
1715	on par with	~과 동등한
1716	on account of	~때문에
1717	on and off	때때로, 불규칙하게
1718	on and on	계속해서
1719	on behalf of	~을 대신하여
1720	on edge	긴장된, 초조한
1721	on good terms with	~와 친한 관계인
1722	on hand	수중에, 이용 가능한
1723	on leave	휴가 중인
1724	on pins and needles	매우 불안한
1725	on purpose	고의로, 일부러

1726	on the air	방송 중인
1727	on the alert	경계하는
1728	on the brink of	~의 직전에
1729	on the contrary	그와는 반대로
1730	on the go	끊임없이 활동하여, 아주 바쁜
1731	on the horns of dilemma	진퇴양난에 빠져
1732	on the house	(식당에서 술·음식이) 무료로 제공되는
1733	on the point of v-ing	막 ~하려고 하는
1734	on the spot	즉시
1735	on the tip of one's tongue	말이 혀끝에서 뱅뱅 돌며 (생각이 안나는)
1736	on the whole	전반적으로, 대체로
1737	at a loss	어찌할 바를 몰라
1738	at any rate	아무튼, 하여간
1739	at length	마침내, 길게[상세히]
1740	at odds	(~와) 다투어, 불화하여

1741	at one's disposal	마음대로 할 수 있는
1742	at random	무작위로
1743	at stake	위태로운
1744	at the expense of	~을 희생하여
1745	at the mercy of	~에 좌우되는
1746	at the risk of	~의 위험을 무릅쓰고
1747	at the same time	동시에
1748	out and out	철저히, 완전히
1749	out of date	구식의, 시대에 뒤떨어진
1750	out of humor	기분이 안 좋은, 풀이 죽은
1751	out of one's mind	미쳐서, 제정신을 잃고
1752	out of one's wits	미쳐서, 제정신을 잃고
1753	out of order	고장난
1754	out of place	제자리에 있지 않은, 부적절한
1755	out of question	틀림없이, 물론

1756	out of season	제철이 지난, 시기를 놓친
1757	out of sorts	건강이 좋지 않은, 화가 난
1758	out of stock	품절되어, 매진되어
1759	out of the blue	뜻밖에, 돌연
1760	out of the question	불가능한
1761	out of work	실직한
1762	for a song	헐값으로
1763	for all	~에도 불구하고
1764	for all I know	내가 아는 바로는
1765	for good	영원히
1766	for nothing	이유 없이, 공짜로, 헛되이
1767	for one thing	우선
1768	for one's life	필사적으로
1769	for the sake of	~을 위하여
1770	for the time being	당분간

DAY 69 | 빈출숙어 1771~1785위

1771	by and by	곧, 머지않아
1772	by and large	전반적으로, 대체로
1773	by halves	불완전하게
1774	by leaps and bounds	급속하게
1775	by means of	~에 의하여
1776	by no means	결코 ~가 아닌
1777	by the book	규칙대로
1778	by the skin of one's teeth	가까스로, 간신히
1779	off the cuff	즉흥적으로
1780	off hand	즉시
1781	off the record	비공식적인; 비공식적으로
1782	off the wall	엉뚱한, 별난
1783	with a view to v-ing	~할 목적으로
1784	with all	~에도 불구하고
1785	with open arms	두 팔을 벌려, 진심으로

1786	with regard to	~과 관련하여
1787	to one's heart's content	흡족하게, 실컷
1788	to the effect that~	~라는 뜻으로
1789	to the letter	글자 그대로, 정확히
1790	to the point	적절한; 적절히
1791	under the table	뇌물로서, 은밀히
1792	under the weather	몸이 안 좋은
1793	under way	진행 중인
1794	without fail	틀림없이, 반드시
1795	without a letup	계속하여
1796	without regard to[for]	~을 고려하지 않고, ~에 상관없이
1797	of itself	자연히, 저절로
1798	of moment	중요한
1799	from scratch	맨 처음부터
1800	into the bargain	게다가